U0449533

西南政法大学新时代法学教育丛书
总主编丨樊伟 林维

法科学生职业能力培养的理论与实践

THEORY AND PRACTICE OF PROFESSIONAL DEVELOPMENT FOR LAW STUDENTS

主　编／李　燕
副主编／高星阁

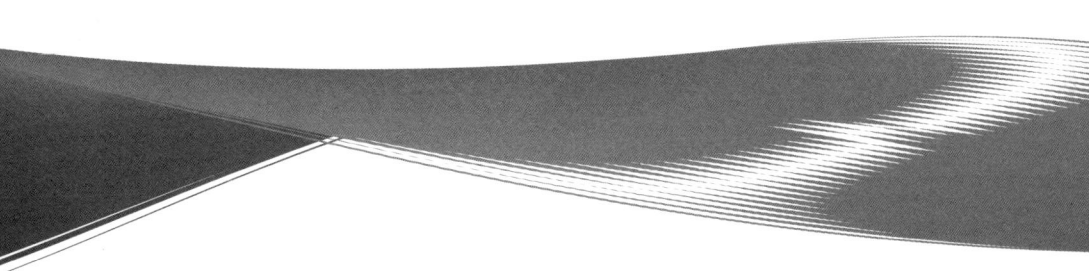

撰稿人（以撰写章节先后为序）
林少伟　赵　吟　何滨妤　孙　莹
高星阁　李　滨　李　燕

法律出版社
LAW PRESS·CHINA
北京

图书在版编目（CIP）数据

法科学生职业能力培养的理论与实践 / 李燕主编.
北京：法律出版社，2025. -- ISBN 978 - 7 - 5244 - 0218 - 3

Ⅰ. D920.4

中国国家版本馆 CIP 数据核字第 2025V7D127 号

| 法科学生职业能力培养的理论与实践
FAKE XUESHENG ZHIYE NENGLI PEIYANG DE
LILUN YU SHIJIAN | 李　燕　主　编
高星阁　副主编 | 责任编辑　罗　欣
装帧设计　鲍龙卉 |

出版发行　法律出版社	开本　710 毫米×1000 毫米　1/16
编辑统筹　法律教育出版分社	印张　18　　　字数　266 千
责任校对　李慧艳	版本　2025 年 6 月第 1 版
责任印制　刘晓伟	印次　2025 年 6 月第 1 次印刷
经　　销　新华书店	印刷　保定市中画美凯印刷有限公司

地址：北京市丰台区莲花池西里 7 号（100073）
网址：www.lawpress.com.cn　　　　　　　　销售电话：010 - 83938349
投稿邮箱：info@ lawpress.com.cn　　　　　　客服电话：010 - 83938350
举报盗版邮箱：jbwq@ lawpress.com.cn　　　　咨询电话：010 - 63939796
版权所有·侵权必究

书号：ISBN 978 - 7 - 5244 - 0218 - 3　　　　　定价：52.00 元

凡购买本社图书，如有印装错误，我社负责退换。电话：010 - 83938349

编委会

总主编

樊 伟　林 维

编委会成员

（按姓氏笔画排列）

王怀勇　刘 革　李 燕　辛 杰
宋龙华　张伟莉　张晓君　林 维
周尚君　赵 骏　胡尔贵　敖 山
樊 伟

"新时代法学教育丛书"总序

教育是国之大计、党之大计。中国共产党历来高度重视教育工作,将教育作为强国建设、民族复兴之基。尤其是党的十八大以来,以习近平同志为核心的党中央把教育摆在更加突出的优先发展战略地位,推动新时代教育事业取得历史性成就并发生格局性变化,教育强国建设迈出坚实步伐。法学教育是我国教育事业的重要组成部分,是推进全面依法治国、建设社会主义法治国家的基础性工程。习近平总书记指出:"法治人才培养上不去,法治领域不能人才辈出,全面依法治国就不可能做好。"高校作为法治人才培养的第一阵地,承担着办好法学教育、为党和国家输送大批德法兼修的高素质法治人才的时代使命。在此背景下,西南政法大学组织编纂了这套"新时代法学教育丛书"。

西南政法大学是新中国最早建立的高等政法学府,是改革开放后国务院确定的全国首批重点大学,是教育部和重庆市人民政府共建高校,入选国家首批卓越法律人才教育培养基地、首批国家级涉外法治研究基地、教育部首批涉外法治人才协同培养创新基地(培育)。学校坚持以习近平新时代中国特色社会主义思想为指导,全面贯彻新时代党的教育方针,不忘立德树人初心,牢记为党育人、为国育才使命,坚持心中有方向感、工作有使命感、师生有获得感的工作理念,不断推进学校教育教学工作高质量内涵式发展和特色发展,着力培养德智体美劳全面发展的社会主义建设者和接班人,全力书写西政事业发展的"奋进之笔"。

新时代新征程,党和国家事业发展对法学教育提出了更高要求。西南政法大学充分利用学科齐全、人才密集的优势,加强法学教育基础理论和重大问题研究,组织相关领域的知名专家学者,精心编纂了这套"新时代法学教育丛书"。该套丛书以习近平新时代中国特色社会主义思想为指导,紧紧围绕新时代法学教育实践,系统开展扎根中国文化、立足中国国情、解决中国问题的法学教育理论研究,总结提炼新时代法学教育具有主体性、原创性、标识性的概念、观点、理论,致力于构建中国自主的法学知识体系。

本套丛书选题多样、内容丰富,涵盖了法学学科体系、教学体系等法学教育教学的重要领域,涉及课程思政教学、涉外法治人才培养、法科学生职业能力培养等法学教育教学中的重大与前沿性议题。第一批将先行出版《法学核心课程课程思政教学指南》《法学特色课程课程思政教学指南》《涉外法治人才培养的探索与实践》《法科学生职业能力培养的理论与实践》等著作,今后还将继续围绕新时代法学教育中的重大理论和实践问题陆续推出具有代表性的理论成果。

衷心希望这套"新时代法学教育丛书"的出版能够获得法学界、教育界对于我校多年来进行法治人才培养的考评与建言,能够获得学术界对于我校多年来从事法学教育研究的检视与指引,能够获得社会各界对于我校长期发展的关注与支持,共同开创新时代法学教育事业发展新局面!

是为序。

序

人类社会的发展历史深刻印证了任何一次巨大的科学技术革命都会带来总体性的制度变迁和范式转换。大数据、云计算以及生成式人工智能技术的发展不仅使人类社会迈入了数字时代，也在某种程度上重塑了传统社会治理格局。在科技革命与法治文明交相辉映、数字经济浪潮席卷全球，人工智能触角延伸至社会的每一个角落的时代，法治是不可或缺的灯塔。法治人才，正是这座灯塔的守护者与建设者。在新时代推进全面依法治国的伟大征程中，法治人才肩负着为国家治理体系现代化建设提供智力支持和实践保障的重任，是时代进步的见证者和参与者。时代有需求，国家有召唤。如何培养法治人才，培养什么样的法治人才，是每一个高等教育法学工作者必须回答的历史之问。

法学教育与法律职业有着天然的联系。法律职业群体素质的高低决定着法治水平，而这一群体的素养又有赖于法学教育的塑造和培养。近年来，以习近平同志为核心的党中央高度重视法学教育，强调法学教育改革，创新法治人才培养机制，推动我国法学教育高质量发展。2025 年年初，中共中央、国务院印发的《教育强国建设规划纲要（2024—2035 年）》在"构建中国哲学社会科学自主知识体系"中明确指出要"完善以实践为导向的法学院校教育培养机制"。2023 年，在中共中央办公厅、国务院办公厅印发的《关于加强新时代法学教育和法学理论研究的意见》中，"实践"一词被提及 24 次，在"健全法学教学体系"部分着重强调"强化法学实践教学，深化协同育人，推动法学院校与法治工作部门在人才培养方案制定、课程建设、教材建设、学生实习实训等环节深度衔接"。法科学生职业能力培养的核心在于实践，关键在于创新实践教育机制。因此，加强和繁荣法科学生职业能力导向型的实践法学研究不仅是落实实践法学教育的重要内容和关键步骤，更是落实党中央重要决策部署,推动我国法学教育高质量发展的重要内容之一。西南政法大学是国家首批卓越法律人才教育培养基地。学校始终坚持服务国家重大战略,紧紧围绕党中央的要求和国家经济、社会发展需要,坚持科学的法科学生职业能力教育培养观,始终把提高人才培养质量作为提升学校品牌的重要支点,坚定不移推进教育教学改革,以实施科教兴国战略和满足新时代对高层次、创新型、数字型法治人才的需求为出发点,努力发展法科学生职业能力教育。本书作为西南政法大学编纂的"新时代法学教育丛书"系列之一,不仅是总结我校实践法学教育教学成果,深化实践法学教育教学改革的具体落实,更是紧扣时代脉搏,回答法学教育时代之问,服务国家需要的重要体现。

法学学科是实践性很强的学科。实践教学作为法学教育的重要组成部分,是培养学生法律职业能力,提升法治人才培养质量的关键环节。因此,法学教育改革举措必须明确法律职业教育的发展理念,探索符合我国国情、适应时代需要的职业化教育模式,实现法学教育和法学职业的深度契合。基于此,本书的编写主要围绕以下内容展开:

第一,关注本土实践教育,强化思政教学引领,以服务国家战略和时代需求为人才培养的根本遵循。党的十八大以来,以习近平同志为核心的党中央大力推进全面依法治国这场伟大的历史性变革实践,开创了新时代法治的中国之路、中国之治,蕴含着丰富的"中国问题"、自身经验和理论资源。[①] 2020年召开的中央全面依法治国工作会议上正式提出了习近平法治思想。习近平法治思想具有十分重大的理论和实践意义,是我国法学教育和法治人才培养的根本遵循。本书在编写过程中通过系统总结新中国法治人才培养的历史演进规律,着重提出新时代中国法治人才的培养必须关注中国实践;系统总结中国司法经验,细化习近平法治思想进教材、进课堂、进头脑的教学方法创新,坚持立德树人、德法兼修,努力培养和造就一大批高素质法治人才及后备力量[②]。

第二,以法科学生职业能力培养为根本,重塑实践教学课程体系,强化多元师资融入,注重产教协同一体育人模式构建。习近平总书记指出:"法学教

---

① 景汉朝:《在法治实践中提炼升华法学理论》,载《中国社会科学报》2022年9月27日,第1版。

② 卓泽渊:《习近平法治思想的理论体系》,载《行政管理改革》2021年第7期。

育要处理好法学知识教学和实践教学的关系。"①《法学类教学质量国家标准(2021年版)》提出:"法学类专业教育具有很强的应用性和实践性……""法学类专业教育是素质教育和专业教育基础上的职业教育。"该标准明确了课程体系总体框架,即"法学类专业课程总体上包括理论教学课程和实践教学课程。理论教学课程体系包括思想政治理论课、通识课、专业课;实践教学课程体系包括实验和实训课、专业实习、社会实践与毕业论文"。本书通过总结我国法学主流院校法科学生职业能力培养的模式变革、教学方法实践、多元师资融入、培养方案设计、课程教材体系和考核体系重塑,立体式、多维度提出了新时代我国法科学生产教协同一体育人模式的中国路径和方案。

第三,探索交叉融合,培养新时代复合型法治人才。2021年,习近平总书记在清华大学考察时强调:"高等教育体系是一个有机整体,其内部各部分具有内在的相互依存关系。要用好学科交叉融合的'催化剂',加强基础学科培养能力,打破学科专业壁垒……推进新工科、新医科、新农科、新文科建设,加快培养紧缺人才。"在推进全面依法治国的进程中,建设新文科的呼声越来越响亮,将新文科建设与推进全面依法治国结合,无疑将在法学教育领域掀起一阵热潮与新兴改革。目前,我国复合型卓越法治人才培养工作尚不能完全适应法治中国建设的需要,主要存在传统法律人才培养学科壁垒难以打破、对"法学＋N"模式中特色课程的学习不深入等现实困境。本书在编写过程中立足国家战略需要,以法学新文科建设为指引,通过对我国复合型法治人才培养模式的探索分析,初步提出了我国新时代法治人才培养的基本原则、基本要求和具体路径。

第四,侧重培养服务对外开放,精通涉外法律实务的涉外高端法治人才。习近平总书记高度重视涉外法治人才培养,强调"要加强专业人才培养和队伍建设。坚持立德树人、德法兼修,加强学科建设,办好法学教育,完善以实践为导向的培养机制,早日培养出一批政治立场坚定、专业素质过硬、通晓国际规则、精通涉外法律实务的涉外法治人才"②。本书在系统分析我国涉外法律人培养的基本原则和基本要求的基础上,提出了分层次优化培养模式和

---

① 习近平:《论坚持全面依法治国》,中央文献出版社2020年版,第177页。
② 《习近平在中共中央政治局第十次集体学习时强调 加强涉外法制建设 营造有利法治条件和外部环境》,载《人民日报》2023年11月29日,第1版。

侧重区域国别法治人才培养的具体路径,并针对性构建了涉外法治人才培养的课程体系和实训体系。

第五,紧跟时代步伐,运用新兴技术,培养既谙熟法律又深刻理解和善用人工智能的数字型高端法律人才。人工智能作为更高级的科技思维方式和新质生产力的代表,是当今世界综合科技发展的顶峰和最前沿。当下,制约法学教育高质量发展的"瓶颈"之一是法学教育与数字技术和数字文明之间的脱节。① 伴随汹涌而来的数字浪潮和人工智能时代,法学教育必须转变传统教育思维,主动适用人工智能时代法学教育新范式,并以此为基础创新传统社会治理法治思维方式,培育和构建数字时代法治人才的"智能法治"。本书在编写过程中通过系统分析"互联网+"时代区块链技术、生成式人工智能技术高速发展给法科学生职业能力培养所带来的机遇和挑战,提出了在人工智能时代运用新兴技术培养数字型法治人才的基本设想。

路虽远,行则将至。面对充满机遇但不确定性无处不在的数字时代,我们比以往任何时候都更需要一批既精通法律理论又深谙实践技能的复合型法治人才、既扎根中国大地又胸怀全球视野的国际化法治人才、既坚守法治信仰又勇于开拓创新的数字型法治人才。他们是法治中国的未来,是中华民族伟大复兴的法治力量。作为高校法学教育工作者,我们将始终坚持师者本色,牢记为党育人、为国育才的崇高使命,立足国家需要,为中国特色社会主义现代化建设提供有力的高素质法律人才保障。

本书各章具体分工如下:林少伟(第一章、第八章);赵吟(第二章);何滨妤(第三章);孙莹(第四章);高星阁(第五章);李滨(第六章);李燕(第七章)。

本书得以面世,首先要感谢校内诸位同仁的精诚合作和辛勤笔耕;同时还要感谢法律出版社的大力支持与宝贵建议;此外还有很多校内外人员对本书的编写默默付出辛劳,在此对他们一并表示诚挚的谢意。

李 燕
2025 年 2 月 18 日于西南政法大学

---

① 张文显:《论法学教育同人工智能的深度融合》,载《数字法治》2025 年第 1 期。

目 录

第一章　我国法科学生职业能力培养的发展历程　　1
 第一节　法科学生职业能力培养的顶层设计与理论渊源　　1
 第二节　法科学生职业能力培养的发展历史与内在规律　　17
 第三节　新时代下法科学生职业能力培养的基本要求　　36

第二章　我国法科学生职业能力培养的理念与目标　　40
 第一节　我国法科学生职业能力培养的现状检视　　40
 第二节　我国法科学生职业能力培养的基本理念　　50
 第三节　我国法科学生职业能力培养的主要目标　　63

第三章　域外法科学生职业能力培养模式的考察　　76
 第一节　大陆法系法科学生职业能力培养模式的考察　　76
 第二节　英美法系法科学生职业能力培养模式的考察　　85
 第三节　域外法科学生职业能力培养模式的比较与参考　　95

第四章　我国法科学生职业能力培养的实践探索　　106
 第一节　法科学生职业能力培养模式的变革　　107
 第二节　法科学生职业能力培养教学方法实践　　113
 第三节　法科学生职业能力培养与教学内容实践的衔接　　123
 第四节　创新与发展法科学生职业能力培养模式　　132

第五章　我国法科学生职业能力培养的课程体系重塑　144
第一节　法科学生职业能力培养教材体系优化　144
第二节　法科学生职业能力培养方案设计　155
第三节　法科学生职业能力导向型考核模式改革　165

第六章　我国法科学生职业能力培养的多元师资融入　179
第一节　实务师资引入　179
第二节　双导师制的经验与成效　191
第三节　实务大讲堂　198

第七章　法科学生职业能力培养的协同机制　204
第一节　产教协同一体育人的理论基础　204
第二节　产教协同一体育人的实践现状　214
第三节　产教协同一体育人存在的问题与完善建议　228

第八章　新时代我国法科学生职业能力培养的新要求与新探索　239
第一节　涉外法治人才培养　239
第二节　复合法治人才培养　252
第三节　人才培养创新　265

第一章　我国法科学生职业能力培养的发展历程

第一节　法科学生职业能力培养的顶层设计与理论渊源

一、我国法科学生职业能力培养的顶层设计

"法治兴则国兴，法治强则国强。"2014年10月，党的十八届四中全会审议通过了《中共中央关于全面推进依法治国若干重大问题的决定》，对全面依法治国作出战略部署。全面依法治国是中国特色社会主义的本质要求，是我们党治国理政的经验总结，是新征程上全面建设社会主义现代化国家的重要保障。在全面依法治国的系统工程中，法治人才培养是其重要组成部分，并具有基础性、支撑性地位。对此，该决定提出，要"创新法治人才培养机制""培养造就熟悉和坚持中国特色社会主义法治体系的法治人才及后备力量。建设通晓国际法律规则、善于处理涉外法律事务的涉外法治人才队伍"。

2017年5月，习近平总书记在中国政法大学考察时强调，"全面推进依法治国是一项长期而重大的历史任务，要坚持中国特色社会主义法治道路，坚持以马克思主义法学思想和中国特色社会主义法治理论为指导，立德树人，德法兼修，培养大批高素质法治人才"。同月，最高人民法院第三巡回法庭在江苏南京召开与巡回区法学院（校）合作协议签署暨"法治人才基本素养"专题研讨会。在会上，时任最高人民法院党组副书记、副院长、第三巡回法庭分党组书记、庭长江必新站在司法角度提出了培养法治人才应注重的十个方面的素养①。

2018年,为加强党中央对法治中国建设的集中统一领导,健全党领导全面依法治国的制度和工作机制,更好地落实全面依法治国基本方略,中央全面依法治国委员会成立,并发布了一系列法治中国建设的规划与纲要。2021年,中共中央印发《法治中国建设规划(2020—2025年)》,规划提出要"构建凸显时代特征、体现中国特色的法治人才培养体系","培养信念坚定、德法兼修、明法笃行的高素质法治人才"。

2020年11月,中央全面依法治国工作会议召开,会上提出了习近平法治思想,并将习近平法治思想作为全面依法治国的指导思想。

为贯彻落实上述文件与讲话的重要精神,我国相关部门推出了一系列工作举措。其中,2018年9月教育部、中央政法委发布的《关于坚持德法兼修实施卓越法治人才教育培养计划2.0的意见》(以下简称"卓法计划2.0")与2023年2月中共中央办公厅、国务院办公厅印发的《关于加强新时代法学教育和法学理论研究的意见》意义重大,筹划深远。

(一)《关于坚持德法兼修实施卓越法治人才教育培养计划2.0的意见》

"卓法计划2.0"是对2011年教育部、中央政法委员会印发的《关于实施卓越法律人才教育培养计划的若干意见》(以下简称"卓法计划")的全面升级。"卓法计划"在肯定了我国法学教育的成就与贡献的同时,也指出了我国法学教育存在的问题,即"我国高等法学教育还不能完全适应社会主义法治国家建设的需要,社会主义法治理念教育还不够深入,培养模式相对单一,学生实践能力不强,应用型、复合型法律职业人才培养不足。提高法律人才培养质量成为我国高等法学教育改革发展最核心最紧迫的任务"。

---

① 一是对法、法治及法与社会存在关系的理性而深刻的认识;二是对公平正义与法治精神的精确把握和执着追求;三是对所有诉讼当事人的平等对待及对其权利的高度珍惜;四是对事实认定的审慎态度和对证明事实状态技能的娴熟运用;五是对法律规范精神的实质把握以及熟练运用及解释法律规范的科学方法;六是对法律程序的实质性遵守和对正当程序的坚守;七是对自由裁量权和判断余地的合理正当运用以及对滥用权力的警惕与戒备;八是对法律效果与社会效果有机统一以及最大限度实现的不懈追求;九是对法律伦理底线尤其是廉洁底线的严防死守;十是对人类命运的终极关怀和对诉讼当事人的悲悯情怀。

根据"卓法计划"的安排,我国经过遴选确定了一批应用型、复合型法律职业人才教育培养基地,涉外法律人才教育培养基地和西部基层法律人才教育培养基地,探索分类培养卓越法律人才的新体制机制。在法律人才实务能力培养上,"卓法计划"从教学与师资两方面下功夫:一方面,在校内,"卓法计划"要求提高实践教学环节在总学分(学时)中所占的比例,办好法律诊所与模拟法庭等学生实践活动;在校外,"卓法计划"鼓励高校与法律实务部门联合建设实习基地,开展学生专业实习。另一方面,针对部分法学教师缺乏实践经验因而教学不接地气的现象,"卓法计划"要求探索建立高校教师与实务部门人员互聘制度,打造一支既有较高理论水平,又有丰富实务经验的师资队伍。

"卓法计划"顺应了时代发展的需要,是在我国高校大规模扩张后实现从量变到质变的重要举措,①指明了我国法学教育发展的方向,让我们得以窥见现代法学教育的规律与趋势。②

然而,我国的经济社会发展日新月异,新兴事物不断涌现,"卓法计划"已难以满足新时代法学教育的发展要求;与此同时,有学者经过实证调研发现,尽管所调研的法学院校都根据"卓法计划"改进了法学人才培养的目标与模式,但实际实施情况却并不令人满意,一些法学院校对如何贯彻落实"卓法计划"缺乏清晰的认识,且与实务部门合作的效率不高,对"卓法计划"的培养目标也存在认同缺失的问题。③ 在时代与实践的呼唤下,2018 年 9 月,教育部、中央政法委发布了"卓法计划 2.0"。

"卓法计划 2.0"不仅仅是对"卓法计划"的简单升级,更是对法学教育本质理念、指导理念和实操理念的深刻回应,④法学教育与法治人才培养的高质量发展理念已贯穿全文。

首先,"卓法计划 2.0"更加强调对法治人才的道德要求。2016 年,习近平

---

① 阳建勋:《浅谈卓越法律人才培养中的六大关系》,载《经济研究导刊》2012 年第 10 期。
② 汤唯、房绍坤、金福海:《国家特色专业建设中的卓越法律人才培养方案及其实施》,载《中国大学教学》2012 年第 5 期。
③ 何跃军、陈淋淋:《从法律人才到法治人才——卓越法律人才培养计划实施六年检讨》,载《宁波大学学报(教育科学版)》2018 年第 5 期。
④ 刘坤轮:《中国法学教育改革的理念层次——深埋在"卓法计划 2.0"中的金丝银线》,载《中国大学教学》2019 年第 6 期。

总书记在全国高校思想政治工作会议上强调,高校立身之本在于立德树人。"德"总是摆在教育的第一位,其次才是知识的汲取和能力的养成;①法律作为社会公平正义的最后一道防线,决定了法治人才必须具有更高的道德情操;此外,仍然存在的司法腐败案件也反向论证了道德建设对于法治中国的必要性。因此,新时代法治中国建设不仅仅要求法治人才具有过硬的专业素质,更要有良好的道德修养。法学教育从"德智分离"过渡到"德法兼修"便成为法治人才培养的题中应有之义。"卓法计划2.0"明确要求要面向全体法学专业学生开设"法律职业伦理"必修课,该课程将与传统的思政课程交相融合,存续相依,构建起"大思政"格局,②共同培养德法兼修的法治人才。

其次,从"法律人才"到"法治人才",仅一字之差,内涵却另有千秋。"法治人才"在指导思想、培养目标上比"法律人才"更有精度与深度。③ 在指导思想上,"卓法计划2.0"以马克思主义法学思想和中国特色社会主义法治理论为指导,较之于"卓法计划"中以中国特色社会主义理论体系为指导的表述更为精确,背后则反映了我国本土法治理论的蓬勃发展。在培养目标上,"卓法计划2.0"明确"法治人才"是宪法法律的信仰者、公平正义的捍卫者、法治建设的实践者、法治进程的推动者、法治文明的传承者;而对于"法律人才","卓法计划"的培养目标为信念执著、品德优良、知识丰富、本领过硬。显然,与"法律人才"相比,"法治人才"被赋予了更多的历史使命,承载着更高的时代要求,法律已不仅仅是治理的工具,更逐渐成为社会的价值追求。

指导思想与培养目标的进步带来职业能力培养体系的全面深入发展。第一,"卓法计划2.0"坚持并发展了"卓法计划"的职业能力培养方案:在教学上,"卓法计划2.0"在原有校内法律诊所、模拟法庭的基础上,鼓励学生走出校门自主创业、参与法律援助,更加注重增强学生的社会责任意识;在师资上,除坚持高校与实务部门互聘制度以外,针对部分教师偏重西方理念、脱离我国法治实践的现象,"卓法计划2.0"要求建设全国法学专业教师培训基

---

① 陈云良:《新时代高素质法治人才法律职业伦理培养方案研究》,载《法制与社会发展》2018年第4期。

② 张慧、谭卜铭:《法律职业伦理课程中"大思政"格局的构建》,载《高等教育评论》2020年第2期。

③ 郜占川:《新时代卓越法治人才培养之道与术》,载《政法论坛》2019年第2期。

地,举办中国特色社会主义法治理论与实务研修班,开展法治中国国情教育活动,由此引导教师关注我国本土法治实践。第二,"卓法计划2.0"明确了法治实务部门协同育人的主体责任。对于"法治实务部门"不应进行狭义的理解,仅将其与法院、检察院、律师事务所等等同会使我国法学教育侧重培养法官、检察官、律师等人才,不能满足我国多层次的法治人才需求。[1] 如今,在全面依法治国的背景下,法律已经深入各行各业,几乎所有的实务部门离开法律都将寸步难行,因此,应对"法治实务部门"进行广义理解,所有行业和部门均应当包含在内。"卓法计划2.0"将接收、指导学生实习作为法治实务部门的职责,法治实务部门也要参与高校人才培养方案制定、课程设置、教育教学等方面的工作。特别是在培养复合型法治人才的过程中,学生应当根据复合的专业前往相关行业(如农业、税务、工程等)和单位(如政府部门、事业单位、公司等)实习,在实践中发现法律问题,解决法律问题,增强学习法律与复合学科的动力,[2]为该领域的法治建设贡献力量。实务部门也应当积极投身于该领域的法治人才培养。第三,伴随"一带一路"倡议的深入发展与我国综合国力的大幅提升,我国的国际地位显著提升,在国际治理中发挥的作用越来越大,但与我国国际地位不相匹配的是,中国籍职员在国际组织中的总人数偏低,就任国际组织高级别职务的人数也很不足。[3] 因此,"卓法计划2.0"提出要积极创造条件选送法学专业师生到国际组织任职实践,这既深刻回应了现实需求,也为法学职业能力培养提供了新渠道。

最后,"卓法计划2.0"更加强调信息化。在"卓法计划"出台的时期,我国互联网等新兴技术尚处于初步发展阶段,尚不具备教育信息化的能力。尽管将信息技术应用于教育工作的探讨已经开始出现,但"鉴于思想认识、政策抉择和体制建构还不成熟和确定,一切尚在试错纠错阶段,目前信息技术在我国大学法学教育领域的应用,除促进教学管理改革以及改进教学方法和手

---

[1] 梅哲、王志:《创新法治人才培养机制》,载《红旗文稿》2017年第5期。
[2] 杨春福:《新时代复合型法治人才及其培养路径探究》,载《法制与社会发展》2018年第5期。
[3] 周宝砚、曾艳:《新时代大力推动我国国际组织人才队伍建设研究》,载《学会》2022年第8期。

段外,在人才培养模式与机制方面不可能有太大作为"①,因此,法学教学仍以传统的线下课堂教授为主。但到"卓法计划2.0"出台的2018年,互联网已深入国家发展与个人生活的方方面面,深刻改变了经济发展方式与人们的认知、生活方式;法治建设也已进入信息时代,《人民法院信息化建设五年发展规划(2013—2017)》《全国检察机关智慧检务行动指南(2018—2020年)》等文件相继出台,各种信息化应用相继投入使用并产生了良好社会效果。在此背景下,法学教育自然应当与信息化深度融合,根据"卓法计划2.0"的文件要求,法学教育与信息化等技术结合体现在两方面,一是在"强专业"方面,将信息技术作为新兴学科,培养具有计算机应用能力与法学深厚功底的跨学科复合型人才;二是在"拓渠道"方面,将信息技术作为教学辅助手段,打造线上资源共享平台、建设多维度智慧学习环境、接入数字化法治实务资源,以信息技术辅助法治人才培养目标的实现,这对法科学生职业能力的培养大有裨益。

(二)《关于加强新时代法学教育和法学理论研究的意见》

中共中央办公厅、国务院办公厅于2023年2月发布的《关于加强新时代法学教育和法学理论研究的意见》是我国历史上第一个对法学教育与法学理论研究进行专门部署的中央文件。该意见在对过往法治人才的培养经验进行深入总结的基础上,"首次集中阐述了中国法学教育和法学理论研究的指导思想、工作原则、领导体制、发展目标、重点任务、相关要求和组织实施保障,体现了对法学教育顶层设计的系统性和完整性"②,擘画了法学教育与法学理论研究的发展蓝图,是培养法治人才的根本遵循与行动指南。

1. 发展目标"两步走"战略

在发展目标上,《关于加强新时代法学教育和法学理论研究的意见》立足百年未有之大变局和中华民族伟大复兴战略全局,确立了2025年、2035年两个时期的发展目标。其中,2025年的近期目标旨在优化法学教育的布局

---

① 朱继萍:《"互联网+"时代法学教育改革的踌躇与抉择》,载《法学教育研究》2018年第1期。
② 王健:《中国式现代化与法学教育发展之路》,载《中国大学教学》2023年第9期。

和提升人才培养质量,具体表现在:法学院校的区域布局与学科专业布局将更趋均衡,确保法学教育资源在地理分布和专业设置上的合理性;法学教育管理指导体制将得到进一步完善,以提供更加高效和有针对性的指导,促进法学教育的健康发展;人才培养质量稳步提升,注重学生的综合素质培养,特别是法律素养和实践能力;针对重点领域的人才短缺问题,加快补齐人才短板,确保法学人才队伍的全面性和均衡性;法学理论研究领域不断拓展,研究能力持续提高,为基础理论研究和应用对策研究提供更加繁荣的学术环境;中国特色社会主义法治理论研究将进一步创新发展,为法治建设提供坚实的理论支撑。

从宏观层面来看,2025年的这些目标为2035年的远景目标的实现奠定了坚实的基础。2035年的远景目标则更为具体和细化,与党的二十大报告中提出的发展目标相契合,具体表现在:在教育领域,建成一批具有中国特色、世界一流水平的法学院校,这些院校将成为培养高素质法治人才的重要基地;造就一批具有国际影响力的法学专家学者,提升我国法学在国际上的话语权和影响力;持续培养大批德才兼备的高素质法治人才,为国家的法治建设提供坚实的人才保障;构建起具有鲜明中国特色的法学学科体系、学术体系、话语体系,形成独具特色的法学教育和研究模式;形成内容科学、结构合理、系统完备、协同高效的法学教育体系和法学理论研究体系,为法治建设提供全方位的支持。可见,2025年、2035年的发展目标可概括为"内练内功,外塑形象"。① 前途光明美好,但任重而道远,特别是该意见出台时,距离实现2025年近期目标的时间要求仅有两年,我们更应当以"一万年太久,只争朝夕"的态度踔厉奋发、团结奋斗。②

2. 对政治方向的突出强调

在政治方向上,法学属于意识形态的重要组成部分,尽管我们要参考西方先进的法治成果,但我国法律与资本主义法律仍存在本质区别。为确保我国法学教育与法学理论研究在正确政治方向上前进,《关于加强新时代法学

---

① 刘坤轮:《中国法学教育与研究之新蓝图——详解两办〈关于加强新时代法学教育和法学理论研究的意见〉》,载《北京理工大学学报(社会科学版)》2023年第5期。

② 张文显:《加强新时代法学教育和法学理论研究的纲领性文献——对〈关于加强新时代法学教育和法学理论研究的意见〉的解读》,载《中国大学教学》2023年第9期。

教育和法学理论研究的意见》确立了若干指导思想与基本原则。

第一，要坚持和加强党的全面领导。2020年11月16日，习近平总书记在中央全面依法治国工作会议上指出，"党的领导是我国社会主义法治之魂，是我国法治同西方资本主义国家法治最大的区别。离开了党的领导，全面依法治国就难以有效推进，社会主义法治国家就建不起来"。党的领导是社会主义法治的根本保证，是办好教育的根本保证，也是繁荣发展我国哲学社会科学事业的根本保障。除在宏观层面强调党的全面领导外，该意见也压实了各级党组织的主体责任：中央全面依法治国委员会要"加强统筹规划"，"加强中央依法治国办对法学教育工作的宏观指导"；各级党委"要加强组织领导，及时研究解决重大问题，统筹推进任务落地落实"；法学院校、科研院所党组织要"履行好办学治校主体责任，切实将推进法学教育和法学理论研究各项工作举措落到实处"。①

第二，坚持以习近平法治思想为根本遵循。该意见要求，要坚持用习近平法治思想全方位占领法学教育和法学理论研究阵地，教育引导广大法学院校师生和法学理论工作者做习近平法治思想的坚定信仰者、积极传播者、模范实践者。为实现这一目标，该意见作出了具体要求：对于学生的培养，要全面推进习近平法治思想进教材、进课堂、进头脑，开设"习近平法治思想概论"法学专业核心必修课。在教材方面，要用好《习近平法治思想概论》等教材，并巩固法学类马克思主义理论研究和建设工程重点教材在法学教材体系中的核心地位，并适时予以修改；在课堂方面，要在法学专业开设"习近平法治思想概论"必修课，并视条件开设相关必修课、选修课。对于教师能力的提高，一是要将习近平法治思想的研究与阐释置于首要地位，对习近平法治思想展开全面而细致的研究，深入阐释其内涵和精髓，以不断丰富和发展中国特色社会主义法治理论；二是要加强习近平法治思想师资培训，教育部高等学校法学类专业教学指导委员会曾组织过一期"习近平法治思想大讲堂"培训，②这是习近平法治思想师资培训的积极探索。

---

① 翁铁慧：《坚持正确政治方向　推动法学教育和法学理论研究繁荣发展》，载《中国大学教学》2023年第9期。

② 刘坤轮：《中国法学教育与研究之新蓝图——详解两办〈关于加强新时代法学教育和法学理论研究的意见〉》，载《北京理工大学学报（社会科学版）》2023年第5期。

习近平法治思想是新时代十年法治建设最重要的标志性成果,是我们党百年来提出的最全面、最系统、最科学的法治思想体系,是全面依法治国的根本遵循和行动指南,为发展马克思主义法治理论作出了重大原创性贡献,实现了马克思主义法治理论中国化时代化新的飞跃。对于习近平法治思想的深入阐述将在下文展开。

第三,加强思想政治建设。一是始终坚守并强化思想政治工作的核心地位,确保它贯穿于法学教育的每一个环节和全过程;二是坚持新时代法学理论研究的正确政治方向。① 对于前者,2020 年 5 月,教育部曾印发《高等学校课程思政建设指导纲要》,该纲要指出"价值塑造、知识传授和能力培养三者融为一体、不可割裂",在法学教育中也应当深入挖掘法学专业课程中的思政要素,将课程思政与思政课程相融合,建立健全思政教育体系。对于后者,要坚持中国特色社会主义法治道路,立足于中国实际,解决中国问题,绝不能盲目崇拜或照搬外国模式,坚决抵制西方"宪政""三权鼎立""司法独立"等错误思潮。

相较于"卓法计划2.0",《关于加强新时代法学教育和法学理论研究的意见》对于法治人才提出了更高要求,即法治人才要具有正确的政治意识。2015 年 2 月 2 日,习近平总书记在省部级主要领导干部学习贯彻党的十八届四中全会精神全面推进依法治国专题研讨班上对政治与法治的关系进行了深刻论述,即"法治当中有政治,没有脱离政治的法治""每一种法治形态背后都有一套政治理论,每一种法治模式当中都有一种政治逻辑,每一条法治道路底下都有一种政治立场"。因此,法治理论和法治实践均受当时当地占据领导地位的政治理论、政治逻辑、政治立场的引领与制约,不存在脱离政治而独立存在的法治。② 法治必须服务于政治,从属于政治大局。这就决定了社会主义法治与资本主义法治具有根本区别。因此,我国的法学教育也应当坚持社会主义办学方向,以坚持和发展中国特色社会主义为己任,培养社会主义的继承者和接班人,全面提高法科学生的政治理论素养。

---

① 翁铁慧:《坚持正确政治方向 推动法学教育和法学理论研究繁荣发展》,载《中国大学教学》2023 年第 9 期。

② 韩喜平、刘一帆:《论习近平法治思想的重大原创性贡献》,载《社会科学研究》2022 年第 2 期。

3.着力解决法学教育发展不平衡不充分的问题

党的十九大报告指出,中国特色社会主义进入新时代,我国社会主要矛盾已经转化为人民日益增长的美好生活需要和不平衡不充分的发展之间的矛盾。在法学教育领域,法学教育发展不平衡不充分的问题也日益成为阻碍我国法治建设的绊脚石。对此,《关于加强新时代法学教育和法学理论研究的意见》也作出了回应。

在法学教育发展不平衡方面,我国的法学教育呈现出"东多西少,东强西弱"的格局:①东部发达地区法学教育质量较高,法治人才资源丰富;而中西部欠发达地区则面临着师资流失、教育资源薄弱等问题。该意见从院校布局、资源配置两方面发力:一是调整优化法学院校区域布局,统筹全国法学学科专业设置和学位授权点设置,确保各地区法学教育资源的均衡分布,提升法学教育的整体质量,并满足不同地区对法学人才的需求;二是积极支持西部地区法学院校发展,进一步优化法学学位授权点布局,在招生规模、师资、经费、就业等方面加大政策倾斜支持力度,积极推动全国范围内的法学教育东西对口支援工作,确保法学教育资源能够得到更加合理的配置和利用,助力西部地区法学教育的快速发展。

在法学教育发展不充分方面,改革开放后,我国的法学教育焕发生机进而迅猛发展,时至今日,我国已成为名副其实的法学教育大国,然而,我国法学教育质量还有待提高,跨学科人才、涉外法治人才等高端法治人才欠缺。该意见从设立退出机制和提高教学质量两方面作出规定:对于设立退出机制,针对一些院校"一哄而上"开设法学专业、滥竽充数的现象,该意见指出要"完善法学教育准入制度,健全法学相关学科专业办学质量预警机制,对办学条件不足、师资水平持续低下、教育质量较差的院校畅通有序退出机制"。对于提高教学质量,该意见从学科、教学、师资等方面作出要求,其中对法科学生职业能力的培养着墨颇多:在学科上,要推进学科交叉融合发展,培养高质量复合型法治人才,加快培养涉外法治紧缺人才;在教学上,要强化实践教学,建立实践教学基地和实习实训工作制度,拓宽到国际组织实习的渠道;在

---

① 张文显:《加强新时代法学教育和法学理论研究的纲领性文献——对〈关于加强新时代法学教育和法学理论研究的意见〉的解读》,载《中国大学教学》2023年第9期。

师资上,要推动法学院校、科研院所与法治工作部门人员双向交流,实施人员互聘计划。

二、我国法科学生职业能力培养的理论渊源

(一)马克思主义法学理论

习近平总书记在纪念马克思诞辰 200 周年大会上指出:"在人类思想史上,没有一种思想理论像马克思主义那样对人类产生了如此广泛而深刻的影响。"这一评价足以说明马克思主义对于人类历史的重要意义。在法学领域,曾出现过法学是否属于一门科学的争论,基尔希曼在柏林法学会的演讲《作为科学的法学的无价值性》曾引发轩然大波,即使百年之后,拉伦茨也以《论作为科学的法学的不可或缺性》进行回击。但实际上,只有马克思主义法学使法学成为一门真正的科学。① 马克思主义将法律置于社会发展历史中进行抽丝剥茧般的观察,发现了法律与社会经济基础的内在关系,揭示了法律的本质。马克思主义为我们研究法律提供了全新的视角和观点,其法学理论可归纳为以下几点。

1. 法的根源

马克思主义法学理论深刻阐述了法的产生根源,即法根源于物质生活的生产方式。在马克思主义看来,经济基础决定了法的内容及发展,法不过是记载经济关系的要求而已,立法者应当把自己视为自然科学家,他不是在创造法律,而是在发现法律。因此,法律不是社会的基础,相反,社会才是法律的基础。此外,马克思主义还看到了法律对社会发展的能动作用,当法律符合社会的发展规律时,就会促进社会的发展;而当法律不符合社会的发展规律(过于超前或滞后于社会的发展)时,就会对社会发展起到消极作用。

2. 法的阶级性

在马克思主义诞生之前的法学学说要么不承认法律的阶级性(如卢梭的公意说与霍布斯的法律命令说),要么认为阶级性不是法律的本质属性(如

---

① 张文显:《马克思主义法学中国化的百年历程》,载《吉林大学社会科学学报》2021 年第 4 期。

空想社会主义者的法律观）。① 马克思主义认为，法律不以个人意志为转移，而是社会统治阶级的整体意志和根本利益的体现。并不存在一种超阶级的法律。在此，马克思还论述了法与国家的关系：法律是统治阶级的共同意志上升为国家意志的体现，但统治阶级的意志并非能够自然地上升为法律，而是要经过国家立法机关的一系列程序才能成为具有国家强制力的法律，并且要依靠国家暴力机构才能得以实施，因此，国家与法律不可分离。

3. 法的人民性

在深刻揭示法律阶级性的基础上，马克思主义经典作家也表达了自己的阶级立场，即要站在无产阶级和最广大人民群众的立场上。马克思在《共产党宣言》中这样描述共产主义社会："在那里，每个人的自由发展是一切人的自由发展的条件。"马克思把人的全面发展作为法的终极价值，人才是法律的目的，法律的制定、实施乃至废除都应当基于人民的共同意愿和利益。

基于法的人民性，马克思主义法学理论认为法应当有如下价值追求：一是自由价值，青年马克思在《莱茵报》担任主编时就曾在《关于出版自由和公布等级会议记录的辩论》写道"法典就是人民自由的圣经"，表明马克思对法律与自由的关系已经有了深刻的认识；在《关于林木盗窃法的辩论》中，马克思对自由的认识进一步深化，认识到自由具有多种多样的种类，它们彼此依存，相互影响，一种自由受到影响，则其他自由也不能幸免。因此，完全不受限制的自由是不存在的，法律必须要对自由进行一定程度的限制。二是秩序价值，秩序是人类的基本生活需要，拉德布鲁赫曾说"比起忍受无规则，我更愿意经受不正义"即表明了其对于秩序的渴望。建立社会秩序的目的归根结底是要创造一种安居乐业的条件。三是平等原则，马克思曾在《哥达纲领批判》中批判了资本主义社会中的平等原则以形式上的平等掩盖了实质上的不平等，同时说明了社会主义社会中按劳分配的平等性，实现了实质平等。

（二）习近平法治思想

习近平法治思想是当代中国马克思主义法治理论、21世纪马克思主义

---

① 杨宗科：《马克思主义法学的当代价值》，载《法律科学（西北政法大学学报）》2019 年第 1 期。

法治理论,是思想深邃、内涵丰富、意蕴深刻、逻辑严密、系统完备的科学理论体系。① 习近平法治思想深刻回答了法治的初心使命问题、法治的治理模式问题、法治的外部环境问题、法治的根本道路问题等时代之问。②

在习近平法治思想的"十一个坚持"中特别提到要"坚持建设德才兼备的高素质法治工作队伍",这是新时代我国培养法治人才的根本遵循,回答了"培养什么人、怎样培养人、为谁培养人"的根本问题。习近平法治思想中的法学教育理论继承与发展了前述的马克思主义法学理论,例如,相关论述中提到法学教育要顺应新时代发展的观点源于法律根源于物质生活的生产方式的理论,法学教育"为谁培养人"的观点源于法律是社会统治阶级的整体意志和根本利益体现的理论,法科学生要成为德法兼修的法律人才的观点来自人的全面发展理论。③

1. 法治人才培养目标

2021 年 12 月 6 日,习近平总书记在中共中央政治局第三十五次集体学习时强调,努力培养造就更多具有坚定理想信念、强烈家国情怀、扎实法学根底的法治人才。这一重要指示明确了法治人才的培养目标。

功崇惟志,业广惟勤。理想信念教育就是立志的教育,就是要培养社会主义建设者和接班人。习近平总书记指出:"理想因其远大而为理想,信念因其执着而为信念。我们要把理想信念教育作为思想建设的战略任务……自觉做共产主义远大理想和中国特色社会主义共同理想的坚定信仰者、忠实实践者……"④当代大学生的成长路径与"两个一百年"奋斗目标的时间表完美契合,其施展才华的舞台空前广阔。要引导大学生将理想信念建立在对共产主义远大理想和中国特色社会主义共同理想的理性认同上,立志做堪当民族复兴大任的时代新人。对于法科学生而言,法学是具有强烈意识形态色彩的学科,尽管中西方可以交流互鉴,但在精神内核上仍然存在本质差异,这决定了我国法学教育必须坚定马克思主义立场,用习近平法治思想凝心聚魂。

---

① 张文显:《习近平法治思想的基本精神和核心要义》,载《东方法学》2021 年第 1 期。
② 汪习根:《论习近平法治思想的时代精神》,载《中国法学(文摘)》2021 年第 1 期。
③ 王琦、张晓凤:《习近平法治思想中的法学教育理论》,载《海南大学学报(人文社会科学版)》2021 年第 5 期。
④ 习近平:《在庆祝中国共产党成立 95 周年大会上的讲话》,载《求是》2021 年第 8 期。

在家尽孝、为国尽忠。家国情怀在中华民族的精神谱系中延绵不绝。家国情怀教育就是要讲明白中华文明的光辉历史、中国人民书写的壮丽篇章和中国共产党的伟大成就,增强学生对中国特色社会主义法治事业的认同感,使学生厚植家国情怀,实现个人价值与社会价值的统一。在此基础上,家国情怀还蕴含了依法治国的观念,礼与法在我国古代便已深度融合,礼是古代中国法的渊源,更是我国古代法的价值和灵魂所在。① 因此,在对法科学生进行家国情怀教育的过程中,也要引导学生将对个人价值的追求与全面依法治国的宏伟布局联系起来。

下苦功夫,求真学问。2018年9月,习近平总书记在全国教育大会上强调"要在增长知识见识上下功夫,教育引导学生珍惜学习时光,心无旁骛求知问学,增长见识,丰富学识,沿着求真理、悟道理、明事理的方向前进"。扎实的法学功底是法治人才的安身立命之本,法治人才不仅要对法律制度有翔实的了解,娴熟地运用法律适用方法,更要能了解法律制度的来龙去脉和价值理念。

2. 法治人才培养方法

(1) 强化思想指引。2016年,习近平总书记在全国高校思想政治工作会议上指出:"要坚持把立德树人作为中心环节,把思想政治工作贯穿教育教学全过程,实现全程育人、全方位育人,努力开创我国高等教育事业发展新局面。"在这一重要指示的指引下,当年,中共中央、国务院下发《关于加强和改进新形势下高校思想政治工作的意见》,该意见提出要坚持全员全过程全方位育人(三全育人)。② 全员包括高校的各类教职工,不仅有身在一线的教学人员,也有身处幕后、默默奉献的管理人员和后勤人员。全过程是指从学生入学到毕业的成长的过程。全方位则是指打通课上课下、线上线下、校内校外各场域,整合各领域的育人资源和力量,实现育人工作的整体统合。③

---

① 曾宪义、马小红:《中国传统法的结构与基本概念辨正——兼论古代礼与法的关系》,载《中国社会科学》2003年第5期。

② 王琦、张晓凤:《习近平法治思想中的法学教育理论》,载《海南大学学报(人文社会科学版)》2021年第5期。

③ 梁伟、马俊、梅旭明:《高校"三全育人"理念的内涵与实践》,载《学校党建与思想教育》2020年第4期。

从三全育人角度出发,一方面,要加强对习近平法治思想的研究和教育工作,加强思政课程建设,把习近平法治思想和社会主义核心价值观融入教育教学全过程;另一方面,要完善多元协同育人机制,坚持德智体美劳五育并举,让法科学生全方位受到思想政治工作的熏陶,加强大学生社会主义法治理念教育和法治精神培养,确保法治人才忠于党、忠于国家、忠于人民、忠于法律。①

(2)构建中国自主的法学学科体系、知识体系和话语体系。毋庸置疑的是,改革开放以来,世界各国的法学理论及法律制度融会交流,我国的法治建设及法学理论体系在此基础上不断发展;我国法学的学科体系、学术体系与话语体系也受到他国的影响。然而,经过40余年的发展,我国法学理论研究与法治建设也呈现了一些新的问题:一方面,一些老师离开西方的概念术语就难以进行学术表达②;另一方面,我国的法治建设与法学理论经过40多年的高速发展,在一些领域已经领先于西方,西方的法学理论已难以为中国的发展提供智力支撑。面对迫切的理论需求和实践需求,构建中国自主的法学学科体系、知识体系和话语体系刻不容缓。我国有悠久的历史文化、优越的体制机制,我国的国家治理具有特殊性和复杂性,也有我们自己长期积累的经验和优势,在法学学科体系建设上要有底气、有自信。③ 要立足于解决和回答法治中国建设中的重大理论和实践问题,立足于我国的法治实践,从我国优秀法治文化中汲取养分,对中国之路、中国之治、中国之理进行学理化凝练、学术化表达、体系化阐释、系统化建构,传播中国法治文明。④ 要"坚持以我为主,兼收并蓄,突出特色,真正打造出具有中国特色和国际视野的法学学科体系;坚持扬弃发展,回应实践,形成能够应对中国法治建设实践需求,回应世界法治发展挑战的法学理论体系;积极推出体现中国立场、中国智慧、中国价值的理念、主张、方案,打造具有中国特色、中国风格、中国气派的法学学

---

① 樊伟:《用习近平法治思想引领政法院校新发展》,载《法学教育研究》2022年第2期。
② 陈金钊:《"西方法学在中国"及中国法学学术转型》,载《济南大学学报(社会科学版)》2017年第2期。
③ 杨宗科:《习近平德法兼修高素质法治人才培养思想的科学内涵》,载《法学》2021年第1期。
④ 苗连营、郎志恒:《习近平法治思想关于法治人才培养的原创性理论贡献及其实践展开》,载《中国大学教学》2022年第8期。

术体系;积极参与全球治理,在中外法学学术交流中积极展现中国思想、发出中国声音、提出中国方案,打造中国法学教育和法治人才培养的法学话语体系"①。唯有如此,才能为法科学生的职业能力培养打下坚实的理论基础。

(3)打造高水平法学教师队伍。法学教师队伍既是法治人才培养的主力军,也是进行法学研究的主要群体。要重点打造一支政治立场坚定、理论功底深厚、熟悉中国国情、通晓国际规则的高水平专兼职教师队伍。习近平总书记指出:"法学专业教师要坚定理想信念,成为马克思主义法学思想和中国特色社会主义法治理论的坚定信仰者、积极传播者、模范实践者……"②法学教师要学深悟透习近平法治思想,用中国特色社会主义法治理论武装头脑、指导实践,自觉反对西方错误思潮。法学教师要具有深厚的理论功底,深入地理解和运用法律知识,如此才能在教学时言之有物而不是照本宣科。法学教师也要扎根中国大地,深入了解法律的运行现状,促进理论与实践的结合,增强法学教师的使命感,在丰富教学内容的同时提高学生的实践能力。法学教师也要立足中国、面向世界,注重涉外法治的研究,通晓国际规则,为培养涉外法治人才提供保障,为我国深入参与国际治理提供智力支持。

(4)完善协同育人机制。习近平总书记指出:"法学学科是实践性很强的学科。法学教育要处理好法学知识教学和实践教学的关系。学生要养成良好法学素养,首先要打牢法学基础知识,同时要强化法学实践教学。要打破高校和社会之间的体制壁垒,将实际工作部门的优质实践教学资源引进高校,加强校企、校地、校所合作,发挥政府、法院、检察院、律师事务所、企业等在法治人才培养中的积极作用。"③法治实践部门是法治人才培养的最大受益者,积极参与高校法治人才培养活动是其义不容辞的责任,也是国际上的通行做法。④ 实践教育是法学教育的重要环节,要让法科学生有更多前往实务部门进行实习实践的机会,做到知行合一、学以致用,在法治实践中深化理

---

① 马怀德:《法学教育法治人才培养的根本遵循》,载《中国党政干部论坛》2020年第12期。
② 习近平:《论坚持全面依法治国》,中央文献出版社2020年版,第178页。
③ 习近平:《论坚持全面依法治国》,中央文献出版社2020年版,第177页。
④ 杨宗科:《习近平德法兼修高素质法治人才培养思想的科学内涵》,载《法学》2021年第1期。

论学习,树立法治信仰。在习近平法治思想的指引下,高校法学教育的一项重要内容就是扩大法学实践教学的比重,提高法科学生的实践能力。

(5)优化法科学生职业能力教学课程体系。高校要以习近平法治思想为指导,不断顺应新时代法治中国的建设需要,优化职业能力教学课程体系。要结合法科学生职业能力形成的规律推进教学,优化从课堂上的案例教学与研讨的初级职业能力培养,到模拟法庭、法律诊所等中等职业能力培养,再到专业实习的高级职业能力培养的教学课程体系,①并积极运用新兴技术,创新职业能力培养课程。

第二节 法科学生职业能力培养的发展历史与内在规律

一、我国法科学生职业能力培养的发展历史

(一)近代至新中国成立时我国的法学教育

在鸦片战争之前,我国并不存在近代意义上的法学教育体制,更没有法律职业独立生长的土壤,因为我国古代司法从属于行政,法律不过是行政的工具,而非人民的保障,科举的考试内容也重在考查四书五经而非法律。鸦片战争后,在"西学东渐"的影响下,我国的法学教育体制逐步建立起来,同文馆是中国近代最早的新式法学教育机构,②其最初为清政府培养外语、洋务人才所设,后逐渐扩大了办学规模,增加了自然科学及社会科学内容,其中,"万国公法"课程可谓是中国近代法学教育的滥觞。这一课程的开设带有鲜明的实用性色彩:清政府在处理部分外交事件时发现了国际法的作用,于是首先开设国际法课程。该课程的考试内容也以现实中与外国交涉的实际问题为主。

---

① 龚志军:《习近平法治思想:法学实践教学改革的理论保障》,载《大视野》2022年第6期。

② 尹超:《法律文化视域中的法学教育比较研究》,中国政法大学出版社2012年版,第211页。

及至清末,在"废科举,兴学堂"的教育制度改革和"预备立宪""修律"等政治、法律制度改革的双重影响下,我国近代法学教育体制得以建立。1904年,直隶法政学堂成立,这是我国历史上第一所法学教育专门机构,此后,各地法政学堂大量开办。有数据显示,至1909年,全国共有法政学堂47所,学生13282人,分别占学堂总数的37%及学生总数的55%。① 但是,法政学堂实质上仅是政府部门的一个分支机构,其也仅招收在职官员或科举废除后无路可走的"举贡生员"和"各部裁撤及新分司员",目的在于对官员进行法律培训以及拓宽其仕途,②与法律职业能力培养的区别显而易见。

清朝末年是近代法学教育的萌芽阶段,法科课程设置与教学内容不甚合理,西方近代的行政法等理论课程以及实践性课程并未纳入其中,直接影响了法科学生的理论水平与实践水平;加之各法政学堂大都开设速成科,学制为一年或一年半,也严重影响了法科学生的培养质量。③

清政府施行的一系列改革措施根本上是为了自己的江山永固,却不曾料想这些接受新式教育的学生将清王朝推入坟墓。中华民国建立以后,政府对于法学教育予以了更高程度的重视,认为"法政人才,关系国家至为重大,非绳以严格,不足以培育真才"④。由此,法学教育保持继续发展的态势,在教学质量与法科学生数量上较前清均取得突破,至20世纪40年代,国内共有各种法学院(科或系)六十余个,每年毕业的各类型法科学生超万人。⑤ 北京大学法律系、中央大学法学院、朝阳大学、东吴大学法学院等院校已蜚声中外。在培养模式上,这一时期的法学院系已经意识到培养法科学生职业能力的重要性。以东吴大学为例,学校常组织学生到法院旁听庭审,观摩中外律师辩论,还在校内设置了固定的"型式法庭"。⑥ 再如,朝阳大学法科学生入

---

① 张晋藩:《综论百年法学与法治中国》,载《中国法学》2005年第5期。
② 方流芳:《中国法学教育观察》,载《比较法研究》1996年第2期。
③ 管晓立:《清末民国时期中国法学教育的近代化研究》,中国政法大学出版社2018年版,第99页。
④ 潘懋元、刘海峰编:《中国近代教育史资料汇编·高等教育》,上海教育出版社1993年版,第485页。
⑤ 张晋藩:《综论百年法学与法治中国》,载《中国法学》2005年第5期。
⑥ 张小虎:《民国时期法学教育的总体特征——以"南东吴、北朝阳"为例》,载《保定学院学报》2014年第3期。

学第一年必须学习国文课程以训练文字表达能力,这大幅提高了学生的写作水平和思辨能力,让学生在毕业后能够很快适应撰写诉状和判决等工作的需要;此外,学校也设置了模拟法庭,组织学生前往法院旁听审判,到监狱实习参观;学校吸纳欧美法学院的"问题讨论""案例研究""法律救助社"等实务训练法,积极开展理论联系实际的教学活动。① 在师资上,朝阳大学注重选拔具有实践背景的优秀师资,诸多兼职教授同时也是政法界的杰出人物,或参与国家立法,或深耕司法实践,这对学生关注实践、注重实务具有潜移默化的影响。② 这些学成归来的不少学子构成了我国近现代法治建设的中流砥柱,在政治、法律、教育等界均享有卓绝声誉。

(二)新中国成立至改革开放前的法学教育

新中国成立后,我国法学教育经历了除旧与布新同时进行的过程。在除旧方面,1949 年 2 月,在解放战争胜利前夕,中国共产党发布《关于废除国民党的六法全书与确定解放区的司法原则的指示》,标志着国民党"六法全书"在我国大陆的彻底废除。之后的《中国人民政治协商会议共同纲领》第 17 条规定:"废除国民党反动政府一切压迫人民的法律、法令和司法制度,制定保护人民的法律、法令,建立人民司法制度。"然而,新中国在破除旧法统之后,缺乏建立新法统的经验与能力,解放区的法制建设经验不足以应对当时的难题。在法学领域,我国在法律理论、法律制度、法学教育模式及司法机关设置等方面几乎全盘接受了苏联模式。当时对法学教育的基本判断为:以往的法学教育因为旧法的废除也失去了意义,必须要以全新的教育形式与内容取而代之。③ 为此,在法学教育上,一方面,我国借鉴苏联模式设立了中国人民大学,中国人民大学聘请苏联专家授课,在考试、教学内容、教学计划等方面均以苏联为标准,我国法学教育层次、学制、教材等也几乎都是苏联的版本。中国人民大学还承担"工作母机"的职责,其毕业生前往各地任教,各地教师也前往中国人民大学培训,教学方法以课堂讲授为主,强调教师的主导性,由此

---

① 王健:《从朝阳大学到人民大学》,载《中国法律评论》2022 年第 5 期。
② 付子堂:《朝阳大学法律实务教育特色的当代启示》,载《朝阳法律评论》2012 年第 2 期。
③ 方流芳:《中国法学教育观察》,载《比较法研究》1996 年第 2 期。

使苏联的法学教育模式在我国建立。另一方面,借鉴苏联的高校专业设置模式,我国进行了多次院系调整,对全国的法学教育资源进行了整合,最终形成了"五院四系"的法学教育格局——北京政法学院、西南政法学院、华东政法学院、中南政法学院、西北政法学院、中国人民大学法律系、北京大学法律系、吉林大学法律系、武汉大学法律系(改革开放后,五所政法学院相继更名为政法大学,四所法律系相继更名为法学院)。各政法院系的职能分工又各有侧重:政法专门院校以培养各类政法干部为重点,综合大学法律系则主要培养师资和理论研究人员。① 在职业能力培养方面,我国也曾作出了探索,1955年的法律专业统一教学计划规定,四年制学生的生产实习为14周,分2次在法院、检察院实习;而五年制学生的生产实习为18周,分3次在法院和检察院实习。②

应当指出,全盘接受苏联模式,使我国在短时间内建立起一套行之有效的法制系统,苏联的法学理论至今仍具有一定学术价值,借鉴苏联模式是我国在当时的最佳选择,填补了我国法学领域的空白,对我国法制建设具有积极意义。

(三)改革开放后的法学教育

改革开放后,人们意识到,只有法制健全才能长治久安,才能形成稳定的社会秩序。因此,全国人民对依法治国达成了高度共识。党的十一届三中全会对民主与法制问题进行了讨论,党的十一届三中全会公报指出:"为了保障人民民主,必须加强社会主义法制,使民主制度化、法律化,使这种制度和法律具有稳定性、连续性和极大的权威,做到有法可依,有法必依,执法必严,违法必究。"在此背景下,我国法制建设全面启动,立法工作大规模开展,修改宪法、重建司法机关也提上日程。随着法治建设的不断推进,法治人才的缺口越来越大,为提升法治人才培养能力,我国建立了多形式、多层次的法学教育体系。

---

① 霍宪丹:《法律教育:从社会人到法律人的中国实践》,中国政法大学出版社2010年版,第9页。

② 董节英:《1949—1957年的中国法学教育》,中共中央党校2006年博士学位论文,第136、137页。

1. 具有独立体系的法律职业教育

1985年,最高人民法院创办了全国法院干部业余法律大学,此后各省市也建立了相应机构,对法律从业人员进行法律培训。1988年,中国高级法官培训中心成立,该中心"围绕我国立法和审判工作的实际进行教学研究,培训高级法官和培养高级法官的后备人才,使他们既有较高的理论和法律专业知识水平,又有较强的司法实际工作能力"①。1997年,国家法官学院在全国法院干部业余法律大学与中国高级法官培训中心的基础上成立,部分高级人民法院也成立了国家法官学院分院。国家法官学院重视实务培训,其培训包含"法律思维与裁判艺术""审判实务与司法技能"等课程,培训内容也以提高法官的法律适用能力、裁判文书制作能力、调解能力、庭审驾驭能力为核心,切实提高了法官的实务能力。② 至今,我国法官职业教育已经实现规范化与制度化。我国检察官的职业培训制度与法官职业培训制度大致相同,本书不再赘述。

2. 法学中专教育

司法学校是我国法学中专教育的主体,故本书对法学中专教育的论述主要以司法学校为主,而不包含函授、成人教育等教育形式。根据1981年公安部、司法部、国家计划委员会等《关于京、津、沪、穗、汉五大城市增设人民警察学校和设立司法学校的联合通知》和1982年司法部、公安部、教育部等《关于落实建立警察学校、司法学校的联合通知》等文件及1985年中央书记处"要增设中专性质的司法学校,培养法律人才"等指示精神,我国建立起不少司法学校及劳改警察学校,这些学校属于中等法律专业性质,主要培养基层政法机关的应用型法律人才。司法学校以司法部编写的教学方案开展教学,各校也可结合本校实际对选修课作出调整。司法学校重视对学生职业能力的培养,1986年司法部印发《司法学校两年制教学方案》,该方案指出:"学校要重视培养学生的动手能力,改进和加强实践性教学环节;保证实践教学的时间;扩大实践教学的领域;改进实践教学的方法;提高实践教学的质量。在第一

---

① 高鹏:《中国高级法官培训中心在京成立》,载《人民司法》1988年第3期。
② 肖扬:《在庆祝国家法官学院建院十周年大会上的讲话》,载《法律适用》2007年第10期。

学年结束后,学校可利用暑期适当组织学生到司法部门见习或进行社会调查。在第三学期后半学期或第四学期开学时安排八周的专业实习。学校要根据课程特点,采用现场教学或旁听、模拟审判、案例讨论等形式组织教学,并组织学生参加一定的实际工作,如法制宣传(法律咨询)等,使学生得到多方面的锻炼。要加强学生笔录及制作法律文书的训练。"[1]1993 年司法部对该方案进行了修订,但仍然强调对学生职业能力的培养,在课程设置中增加了"应用写作""书法与司法笔录训练""司法口才"等实务性极强的课程。[2]

在法治建设与法学教育迅猛发展的时期,法学中专教育培养了大量法律人才,在很大程度上缓解了我国政法干部数量紧缺的局面。面向 21 世纪,我国政法队伍建设已迈上新台阶,1995 年通过的《法官法》《检察官法》规定,初任法官与初任检察官应具有大专以上学历,这让法学中专教育受到制约;高等法学教育体系的形成以及法学中专对口输送毕业生渠道的中断也使司法学校在与其他学校的就业竞争中处于不利地位;随着市场经济的发展,社会对于高层次法律人才的需求更为旺盛,法学中专教育力所不及,在新的时代浪潮中逐渐退出历史舞台。

3. 法学大专教育

法学大专教育与法学中专教育的发展轨迹基本一致,面对改革开放以后法律人才紧缺、现有人员法律素质低下的局面,1980 年,司法部提出《1981 至 1990 年法学教育事业规划》,该规划指出,近几年主要办高等法律专科学校,以加速人才的培养。[3] 1983 年之后,教育部、司法部更加重视多层次、多形式发展法学教育,"除了继续巩固、提高和发展大学本科外,应大力发展大专、中专这两个层次"[4]。法学大专教育由此蓬勃发展,全日制普通高等学校教育、全日制短期职业大学、普通高等学校附设的夜大与函授学院(部)、广播电视大学、职工业余大学等大专教育形式如雨后春笋般涌现。

法学大专教育对学生职业能力的培养力度参差不齐,诸如夜大、函授、广

---

[1] 冀祥德主编:《法学教育的中国模式》,中国社会科学出版社 2010 年版,第 56 页。
[2] 冀祥德主编:《法学教育的中国模式》,中国社会科学出版社 2010 年版,第 63 页。
[3] 霍宪丹:《中国法学教育的发展与转型(1978—1998)》,法律出版社 2004 年版,第 6 页。
[4] 冀祥德、孙远、杨雄:《中国法学教育现状与发展趋势》,中国社会科学出版社 2008 年版,第 41 页。

播电视大学等办学形式难以培养学生的职业能力,且彼时接受大专法学教育的多为在职人员,其实践经验有余而理论知识不足,故而上述教育形式也重在理论的讲授。对于全日制教育形式而言,很多大专法学院校对于法律人才的培养目标的定位不清,致使大专教育成为本科教育的压缩版,在课程设置中也以理论课程居多,而实践课程不足。此外,一些大专院校对于学生职业能力的培养不够重视,主要依靠传统的模拟法庭、毕业实习提升学生职业能力。

2001年,新修改的《法官法》《检察官法》将初任法官、检察官的学历要求提高到本科层次,这对法学大专教育造成了冲击;随着高校扩招,法学大专教育也已不再热门。出于对我国经济发展与法学教育不均衡的情况的考虑,自2008年起,我国逐渐压缩了经济发达地区的法学大专教育规模,但继续鼓励和支持欠发达地区的法学大专教育。① 此外,我国也在探索面向中西部地区的法学大专人才定向培养模式,例如,我国自2008年启动政法干警招录培养体制改革试点工作,建立政法系统试点班,试点班主要面向中西部和其他经济欠发达地区县(市)级以下基层法院、公安和司法行政机关,培养政治素质高、实战能力强的政法应用型人才②。试点班采取以高中及以上学历为起点的专科教育,学制两年,其中到基层政法机关实习不少于半年,对符合毕业条件的学生颁发专科毕业证书。可见,法学大专教育还将在我国存在一段时间。

4. 法学本科教育

北京政法学院、西南政法学院、华东政法学院、西北政法学院与中国人民大学法律系在1978~1979年相继恢复招生,一些学校也开始招收硕士研究生;随后,南京大学、中山大学等30余所综合性大学设立了法律系,到1983年,已有50余所高校招收法学学生。③ 在这一阶段,我国法学教育整体在课

---

① 冀祥德:《中国特色社会主义法学教育模式的基本特征》,载《河北法学》2011年第12期。
② 刘莉莉:《政法干警招录培养体制改革问题探析》,载《中小企业管理与科技(上旬刊)》2013年第11期。
③ 李树忠主编:《中国特色社会主义法学教育研究》,中国政法大学出版社2016年版,第207页。

程设置以及教师队伍建设上均存在问题,对学生的职业能力培养有所缺失。著名刑法学家马克昌先生曾指出我国当时的法学教育存在理论脱离实际的问题,他因此提出法学教育的改革建议:第一,从司法实际工作部门聘请兼职教师;第二,法学院系要建立律师事务所和其他实习基地;第三,鼓励和组织教师积极参加法制建设工作,让教师了解法制建设动态,为改善教学内容奠定实践基础;第四,设立第三课堂,定期邀请政府领导、企业厂长经理来校作报告,介绍我国经济、政治改革的成就及存在的问题,使法学与实践紧密结合起来。[1] 即使从今天的视角来看,上述建议仍然具有极强的借鉴意义。当然,也有一些院校坚持实践性教学,如东北财经大学在20世纪80年代就曾邀请法院来校开庭,组织学生前往法院旁听,邀请法官、检察官来校上课;在教学内容上,东北财经大学也积极组织模拟法庭、运用案例教学,提高了学生的职业能力。[2]

1992年,随着邓小平南方谈话、党的十四大召开,我国法学教育迎来了发展的高潮。社会主义市场经济体制为法学增添了新的活力,市场经济就是法制经济,建立社会主义市场经济体制意味着法律的服务范围将不断丰富并深入社会生活的方方面面,法学不仅仅要满足体制内政法部门的需求,也要向社会全方位输送法律服务人才。1993年,司法部根据我国"九五"计划与2010年远景目标制定了《法学教育"九五"发展规划和2010年发展设想》,提出法学教育必须保持适当高于教育平均发展水平速度,使办学规模有较大发展。1995年,全国法学教育工作会议指出,为了加快法学教育现代化,必须以社会需要为导向,立足政法,面向社会。1997年,"依法治国,建设社会主义法治国家"写入党的十五大报告,成为指导我国法制建设的行动纲领,依法治国也在1999年写入了《宪法》,成为指导国家法制建设的总原则。这种务实的改革态度释放了法学高等教育的活力,并为经济社会发展提供了强大的智力支持。在此背景下,我国的法学教育迅猛发展,设立法学专业的学校数量及法学专业的就读人数均高速增长。1998年,据司法部法学教育司统计,全国普通高等院校设立法学专业点214个,招生数量将近3万人,全国法学

---

[1] 舒扬主编:《中国法学30年》,中山大学出版社2009年版,第144页。
[2] 贵立义、张宇霖:《法学课的实践教学》,载《辽宁高等教育研究》1990年第3期。

硕士点 201 个,具有法学博士授予权的院校有 13 所。① 这一时期对于法科学生职业能力的培养予以了一定程度的重视,1998 年颁布的《普通高等学校本科专业目录和专业介绍》规定法科学生的实践教学环节包括"见习、法律咨询、社会调查、专题辩论、模拟审判、疑案辩论、实习等,一般不少于 20 周"。然而,这一规定本身具有弹性,实践中这些实践教学环节也可能流于形式,未能取得应有的效果。②

迈入新世纪,中国的法学教育又一次进入发展高峰期。一方面,我国加入了世界贸易组织(WTO),对外开放取得重大进展,社会主义市场经济取得长足的发展,社会对于法律人才的需求越发旺盛;另一方面,随着国家统一司法考试制度的建立,法律职业专业化建设进入新阶段。随着高校大规模扩招,至 2008 年,我国设置法学专业的普通高校数量已达 607 所,在校法科学生近 40 万人,传统的"五院四系"与一些"985""211"工程大学的法学院组成我国法学教育的第一梯队。

随着我国对外开放水平的提高,我国法学教育也积极地将目光投向世界,法学教育的对外交流合作也得到了快速发展,但对外交流水平相比于其他学科仍相对落后。为加入 WTO,我国承诺在教育领域进一步对外开放,在更多领域、更深层次上与发达国家进行合作。为履行该承诺,我国在公派留学方面增加"高级研究学者项目",设立"国家优秀自费留学生奖学金",并大幅提高了对公派留学人员的资助标准;来华留学生的数量也逐年增加;我国在 2003 年颁布《中外合作办学条例》,并于次年规定了实施办法,该条例的实施使我国中外合作办学变得有据可循,有利于引进和借鉴国外先进的办学经验与教育资源,中国政法大学中欧法学院(2008 年 9 月成立,由中国政法大学与德国汉堡大学牵头)、参考美国法律博士培养模式的北京大学国际法学院(2008 年 10 月在深圳成立)的成立就是我国对中外合作办学模式的探索,一些中外合办的短期培训班(如各种中外暑期法律培训班)也逐渐开展起来;我国也组织召开一系列中外法学教育研讨会,如 1999 年举办的"21 世纪

---

① 霍宪丹:《法律教育:从社会人到法律人的中国实践》,中国政法大学出版社 2010 年版,第 22 页。
② 杨静、杨和义:《法学本科实践教学面对新世纪的思考》,载《重庆商学院学报》2000 年第 1 期。

法学教育暨国际法学院校长研讨会"、2000 年的"21 世纪世界百所著名大学法学院院长论坛"、2005 年的"中美法学院院(校)长会议"、2006 年的"中美法学教育研讨会"。

对外交往扩大了法学教育的视野,域外一些卓有成效的职业能力培养方法被介绍到我国,其中具有代表性的有诊所法律教育与案例教学法。

诊所法律教育(Clinical Legal Education)源于 20 世纪 60 年代的美国,是美国法学院仿照医学院学生在诊所临床实习的模式而发展起来的法学教育方法。在法律诊所中,学生在教师的指导下为当事人提供法律咨询及解决问题的办法。[①] 与传统法律教育模式相比,法律诊所教育模式具有以下特征:第一,学生处于主导地位,在案件的处理方面具有较大的独立性,教师只起到指导与监督作用;第二,学生办理的是真实的案件,会有更真实的切身体会;第三,法律诊所强调职业技能及职业伦理的培养,而非抽象的法学理论。法律诊所教育模式可谓是对传统法学教育模式的革新,在世界范围内都产生了极大的影响。

2000 年 9 月,北京大学、清华大学、中国人民大学、复旦大学、武汉大学、中南财经政法大学、华东政法学院七所高校开设了诊所法律教育课程;一年后,中山大学、四川大学、西北政法学院也开设了法律诊所。各校的法律诊所各有特色,例如,清华大学的法律诊所是与消费者协会联合开设的,学生处理的主要是各类消费者的投诉;而武汉大学则以律师事务所为基地开设法律诊所。[②] 我国法律诊所一经设立便取得了良好效果,根据 2003 年诊所法律教育专业委员会的统计,"至 2003 年年底,至少有 13 所院校开设了法律诊所,法律诊所共有教师 76 人,校外指导教师 38 人,培养学生 2430 人,承办法律援助案件 1136 件,法律咨询上万人次"[③]。根据 2010 年的不完全统计,我国设有法律诊所的院校达 75 所,[④]法律诊所蓬勃发展的态势保持至今。

[①] 牟文义、田建强:《我国法学本科教育的理论与实践》,吉林大学出版社 2010 年版,第 127 页。

[②] 李龙、李炳安:《我国综合性大学法学本科专业课程体系的调查与思考》,载《政法论坛》2003 年第 5 期。

[③] 牟文义、田建强:《我国法学本科教育的理论与实践》,吉林大学出版社 2010 年版,第 128 页。

[④] 冀祥德主编:《法学教育的中国模式》,中国社会科学出版社 2010 年版,第 121 页。

案例教学法是19世纪中后期由哈佛大学法学院院长兰德尔所创设的法学教育方法。在此后的一百余年，案例教学法一直得到应用。我国对案例教学法的推广也源于此，然而有必要指出的是，我国的案例教学法与美国的案例教学法具有根本上的不同。在美国，由于其判例法传统，学习法律主要就是学习判例。我国为成文法国家，判例并非我国法律的渊源。因此，在我国的法学教学中，案例教学或是教师在阐述法律条文的含义时用以加深学生对该条文的理解，或是指以对案例的分析讨论为中心的教学方法，注重培养学生的表达能力、应变能力等职业能力，锻炼了学生的逻辑思维与创造力。[①] 随着法学研究的深入，法律已不再被浅显地认为是有着确切含义的条文，法律的含义必须在具体案件中经过法律解释方可确定。通过解释将抽象的法律适用于具体案件的能力才是法律人才的看家本领。[②] 因此，案例教学法在今后的法学教育中必将发挥更为重要的作用。

但随着高校的大规模扩张与法学的高速发展，一些问题也逐渐暴露在大众视野中。首先，由于法学专业开设成本较低，在高校扩招后的三四年间，我国新增法律专业的院校达到389所，法科学生的数量也呈几何级增长，这一方面增加了我国法律人才的供应，但另一方面不少院校的法学教育水平不足，法科学生的专业素质有待提高。其次，随着科学技术与社会主义市场经济的发展，社会对高端法律人才的需求越来越大，而我国高校盲目开设法学专业使得大部分法学院缺乏培养高端法律人才的能力，高端法律人才的供需矛盾极为突出。最后，我国法学院校强调法学理论知识的教育，旨在为学生以后的职业生涯打好理论基础，而相对忽视了对学生实践能力的培养，然而法律实务部门却希望学生踏出学校、踏入社会后便能独当一面，独立处理法律事务，理论教育与实践教育出现了割裂。即使在强调法学实践教育的院校，由于模拟法庭、法律诊所等实践教学方式开设成本较高，能够接受到这些实践教学的学生也是少数。在上述原因的共同作用下，法科学生的就业率低于全国的平均水平，法学专业成为"红牌专业"。进入新时代，如何培养高质

[①] 杨传兰：《法学教育中案例教学的修正》，载《西南农业大学学报（社会科学版）》2008年第5期。

[②] 冀祥德、孙远、杨雄：《中国法学教育现状与发展趋势》，中国社会科学出版社2008年版，第165页。

量法律人才成为时代之问。

2012年,随着党的十八大召开,中国特色社会主义进入新时代,全面依法治国提高到国家战略布局的层面,我国法学教育也进入了全面高质量发展阶段。在理论方面,我国坚持大力发展马克思主义法学思想与中国特色社会主义法治理论,并使之成为高校、科研机构进行教育、研究的指导思想;改革法学本科专业核心课程体系,将"习近平法治思想概论"纳入教学安排;人工智能法学、国家安全学、数据法学等新兴领域法学蓬勃发展。在实践方面,我国改革与完善了国家司法考试制度,将国家司法考试调整为国家统一法律职业资格考试,提高了法律职业的准入门槛,推进法治工作队伍正规化、专业化;不少高校对法科学生职业能力的培养越发重视,与地方司法机关及法律服务部门达成合作,建立实习基地,将专业实习纳入学生毕业要求,提升学生实践能力;实施"双千计划",高校与法律实务部门互相选派人员到对方单位任职一定年限,在一定程度上解决了法学教育与实务工作脱节的问题,提高了法律人才培养质量。

5. 法学研究生教育

改革开放初期,一些有条件的院校已经开始招收法学硕士,但直到20世纪90年代初,全国具有法学硕士招生资格的院校以及法学硕士的数量也极为有限。彼时的法学硕士可谓是法科学生中的佼佼者,毕业以后的基本去向是继续攻读博士学位或是前往各高等院校及科研院所从事学术研究和教学工作,从事实务工作的法学硕士较少。在这一时期,学界对于法学硕士的学术研究型定位没有分歧,学校在法学硕士的教育过程中重在培养法学硕士的学术能力,而对法学硕士的职业能力并未予以重视。然而,随着法学院校大规模扩招以及法科学生毕业后的就业形势逐渐严峻,法学硕士的含金量大打折扣,对法学硕士的质疑与反思层出不穷,所有的争议归根结底都可追溯到对法学硕士的定位上:若是坚持学术型定位,法学硕士在规模上已经远远超过我国教学科研机构所能容纳的总量,但在能力上并非都具备学术科研水平;若是向职业教育转变,则法学硕士与法律硕士不过殊途同归。从现实角度出发,面对法律实务界对法科学生职业能力的要求,不少院校已经对法学硕士的培养方式进行了改革,鼓励并组织学生参与社会实践与法律事务。

1995年,为了满足社会主义市场经济发展的需要,提高政法队伍建设质量,我国参考美国法律博士(Juris Doctor,JD)人才的培养模式,决定从1996年起招收法律硕士专业学位研究生(Juris Master,JM),首批招生500余人。根据《关于开展法律专业硕士学位试点工作的通知》,法律专业硕士学位获得者应当掌握法学基础理论与法律实务知识,能够独立从事法律实务工作。可见,我国对于法律硕士的培养目标为高层次应用类法律人才。从这一培养目标出发,我国极为重视对法律硕士的职业能力培养。2006年《法律硕士专业学位研究生指导性培养方案》对法律硕士的实践教学作出了安排,法律文书课、模拟法庭训练、法律谈判课、法律实践课(实习)等课程均属于法律硕士的实践必修课程。在教材方面,我国也积极引入案例教学法,编写了一批法律硕士案例教程及实务教程。在师资方面,2009年,教育部《关于做好全日制硕士专业学位研究生培养工作的若干意见》要求法律硕士实行校内外双导师制,校内导师注重培养法律硕士的理论水平,而校外导师注重培养法律硕士的职业能力;2017年,修改后的《法律硕士专业学位研究生指导性培养方案》要求聘请具有法律实务经验的专家参与法律硕士的教学及培养工作。2023年12月,教育部发布《关于深入推进学术学位与专业学位研究生教育分类发展的意见》,该意见提出到"十四五"末将硕士专业学位研究生招生规模扩大到硕士研究生招生总规模的2/3左右,可见,法律硕士的发展前景极为广阔。

博士教育是现代高等教育中的最高学历,对法学博士的学术研究型定位并无争议。不过,《研究生教育学科专业目录(2022年)》新增了法律博士专业学位,目前已有中国政法大学与华东政法大学在其"十四五"发展规划中提及要"建成法律专业博士学位授权点""开展法律博士专业学位研究生教育"。法学博士教育重在培养学术科研能力,而法律博士培养效果则有待观察。

二、我国法科学生职业能力培养的内在规律

教育是培养人造就人的社会活动,具有促进人的发展和社会发展的基本功能,同时受到教育活动的内部关系的规律的制约。从坚持和发展中国特色社会主义、实现中华民族伟大复兴的战略全局出发,2018年9月10日,习近平总书记在全国教育大会上明确指出,我国是中国共产党领导的社会主义国家,这就决定了我们的教育必须把培养社会主义建设者和接班人作为根本任务。从法学教育的内在规律来看,法学教育的根本任务也必须是培养社会主义合格建设者和可靠接班人。由于法学教育的学科专业特殊性,新时代的法学教育要为坚持和发展中国特色社会主义、实现中华民族伟大复兴、推进国家治理体系和治理能力现代化、全面依法治国培养高素质法治人才,这是新时代法治人才培养工作的新使命和新任务。① 我们认为,当下进行法科学生职业能力培养必须遵循以下三种内在规律。

(一)政治性与业务性相结合

习近平总书记指出,"办好法学教育,必须坚持中国特色社会主义法治道路,坚持以马克思主义法学思想和中国特色社会主义法治理论为指导"②。政治性与业务性的结合是法科生教育最重要的一环,也是首要的一环。新时代法律职业教育不仅仅要求法科学生具备扎实的专业知识和技能,还要求其具备较高的政治素质和职业道德。

新时代法学教育的质量高低可以用多个标准来衡量。首要的权威性标准应当是国家统一法律职业资格考试,即考查法科学生是否具有符合标准的业务性。③ 对于一个法科学生来说,经过了法学专业本科阶段或者研究生阶段的学习,取得了毕业证书和学位证书,这仅仅是证明了其学习经历。只有通过了国家统一法律职业资格考试,才能进入法律职业、成为法治工作队伍中的一员。对于一所法学院校来说,每一年的应届毕业生通过国家统一法律职业资格考试的人数,就是这所学校对于法治建设贡献的人力资源,可以说明这所学校对于法治建设贡献能力的大小,而同类别同层次的院校参加考试的学生的通过率,可以说明这所学校的法学教育的水平高低。法律职业准入制度是检验法治人才培养质量、贡献大小、水平高低的首要标准,也是权威性的

---

① 杨宗科:《习近平德法兼修高素质法治人才培养思想的科学内涵》,载《法学》2021年第1期。
② 习近平:《论坚持全面依法治国》,中央文献出版社2020年版,第175页。
③ 杨宗科:《习近平德法兼修高素质法治人才培养思想的科学内涵》,载《法学》2021年第1期。

客观标准。① 当然,目前国家统一法律职业资格考试制度还在完善之中,特别是对于如何统筹协调知识、能力的考核和素质、品德的考查,还需要进一步完善,以保证真正能够把具有良好的政治素质、道德素质、法治素质的高素质法治人才选拔出来,充实到法治工作队伍特别是法治专门队伍之中。

2018年5月2日,习近平总书记在北京大学师生座谈会上的讲话中强调,马克思主义是我们立党立国的根本指导思想,也是我国大学最鲜亮的底色。从当前培养新时代法科学生的要求的角度来看,必须从政治教育和专业教育两个方向相结合的路径出发,既要大力加强对法科学生专业能力的培养,又要牢牢把握新时代中国特色社会主义的鲜明特点,以此推动法科学生综合素质的提高。

对于法科生培养中的政治性与业务性结合,应当把握以下几点:

首先,法科学生作为未来法律职业的从业者,其职业行为将直接关系国家法治建设的推进和社会的稳定。因此,培养法科学生的政治意识和政治责任感至关重要。法科学生应当具备坚定的政治立场,积极维护国家的法律权威和法治秩序,自觉遵守国家的法律法规,坚决反对任何形式的违法乱纪行为。纯粹的政治思想灌输治标而未治本,要想充分发挥法科学生的主观能动性从而将其政治意识贯彻到专业学习中来,就应当重视红色经典在职业能力培养中的作用。当代法治人才的培养离不开思想政治的指引,以红色经典为基底,弘扬社会主义核心价值观,能够在法科学生内心深处根植红色血脉,由此为法科学生树立人生目标、找准发展方向提供有力指导,并促使其在感悟法治进步中坚定政治信念,在了解先辈疾苦中磨炼坚强意志,从而激励他们在不懈奋斗中实现自我价值。②

其次,培养法科学生亦不能忽略业务能力的重要性,对法律专业理论和知识的深入学习、法律实践能力的训练、跨学科知识和能力的提升以及培养过程的严格性和规范性等多个方面都是培养新时代具有专业能力的法科学生的重点,也是法科学生职业能力培养的核心内容。从法科学生自身的角度

---

① 陈云良:《新时代高素质法治人才法律职业伦理培养方案研究》,载《法制与社会发展》2018年第4期。

② 张伟:《德法合治视域下红色基因融入法学教育的路径探索与模式创新》,重庆大学出版社2021年版,第4、5页。

来看,法科学生的职业能力培养高度依赖于对法律专业理论和知识的深入学习。这包括但不限于法律的基本概念、原理、制度、规则等,它们构成了法律职业实践操作的基础。通过系统地学习和理解,法科学生能够掌握法律思维的框架和方法,为未来的法律实践提供坚实的理论支撑。法科学生的职业能力培养还需注重法律实践能力的训练,这包括案例分析、法律文书写作、法律谈判、法律诉讼等方面的技能,以及法律职业道德和伦理的培养。通过模拟法庭、实习实训等实践活动,学生可以提升解决实际法律问题的能力,增强职业适应性和竞争力。从教育者的角度来看,教育机构需要制订完善的培养方案和教学计划,确保学生全面、系统地掌握法律专业知识和技能。同时,教师也需要具备深厚的法律专业素养和教学经验,能够为学生提供高质量的指导和帮助。

(二)大众性与精英性相结合

法科学生职业能力培养的大众性与精英性相结合,是法学教育发展的重要方向。在中国特色社会主义进入新时代的背景下,法科学生的职业教育应当将大众性与精英性相结合,这种结合旨在满足不同层次、不同需求的学生群体,既注重广泛普及法律知识,又培养高精尖的法学人才。

在法科学生职业能力培养的语境中,大众性主要指的是法学教育的普及性和广泛性,即法学教育应当面向广大社会公众,而非仅限于少数精英群体。随着法治社会的建设,越来越多的人需要了解和掌握基本的法律知识。因此,法学教育应当面向大众,提供广泛的教育机会,让更多的人能够接触和学习法律知识。这可以通过开设普及性法律课程、举办法律讲座、开展法律宣传等方式实现,以满足社会对法律知识的普遍需求。大众性之大众主要体现在以下几点:其一,法学教育的受众范围广。法学教育不应只是高校法学院系学生的专属,而应通过各种形式和渠道,如开放课程、法律讲座、法律咨询服务等,使更多的人能够接触和学习法律知识,提升全社会的法律素养。其二,法学教育内容的实用性。法学教育不仅要传授理论知识,更要注重培养实际应用能力。因此,法学教育应关注社会热点和民众需求,提供与日常生活、工作密切相关的法律知识和技能,帮助公众更好地运用法律维护自身权益。其三,法律文化的传播和普及。法律文化是一个国家法治建设的重要基础,通过普及法律文化,可以增强公众对法律的认同感和信任感,推动法治社会的建设。

精英性则是指培养高度专业化、高素质、高能力的法学人才。这种培养旨在塑造一批能够引领法学研究、推动法治建设、服务社会发展的杰出法学人才。在结合精英性培养的同时,大众性培养并不意味着降低教育质量或标准。相反,它要求法学教育在普及化、广泛化的同时,保持专业性和高水平。① 通过灵活多样的教学方式和手段,满足不同层次、不同需求的学生群体,实现法学教育的普及与提高相结合。精英性之精英主要体现在以下几点:第一,对法学理论知识的深入掌握。精英法学人才需要具备扎实的法学理论基础,对法律体系、法律原则、法律规则等有深刻的理解和掌握。他们需要能够独立思考、深入研究,不断推动法学理论的创新和发展。第二,对法律实务的高超处理能力。精英法学人才需要具备高超的法律实务技能,能够处理复杂、高难度的法律问题。他们需要熟悉法律实务操作流程,了解法律实务中的疑难问题,能够为客户提供高效、专业的法律服务。第三,具备国际化的视野和跨文化交流能力。随着全球化的深入发展,法律事务也日益国际化。精英法学人才需要具备熟练的外语能力,能够参与国际法律交流与合作,推动本国法律制度的国际化进程。

在培养精英性法学人才的过程中,需要注重因材施教、个性化培养。② 教育机构应为学生提供丰富的学习资源和优质的教育环境,鼓励他们参与法学研究、学术交流、实践创新等活动,不断提升自己的专业素养和综合能力。同时,还需要加强与社会各界的合作,为法学人才提供更多的实践机会和职业发展平台。

大众性与精英性相结合的过程中,需要注意以下几点:首先,要明确不同层次的培养目标。大众性培养主要注重法律知识的普及和基本法律素养的提升,而精英性培养则更注重法学理论研究和法律实务能力的提升。因此,在教育过程中要针对不同层次的学生设置不同的教学目标和教学内容。其次,要注重教学方法的多样性。针对不同层次和需求的学生,可以采用不同

---

① 邬大光:《探索高等教育普及化的"大国道路"》,载《中国高教研究》2021年第2期。
② 王利明:《卓越法律人才培养的思考》,载《中国高等教育》2013年第12期。

的教学方法和手段,如案例教学、实践教学、研讨式教学等,以激发学生的学习兴趣和积极性,优化教学效果。最后,要加强教育资源的整合和优化。应通过整合校内外教育资源,优化教育资源配置,可以为学生提供更加丰富、优质的教育资源和学习环境,促进他们的全面发展。

（三）国际性与本土性相结合

具有中国立场和国际视野是高素质法治人才的时代特征。树立国际化与本土化的综合视野格局,则是一个既符合全球化趋势又立足国情的重要教育理念。[①] 在全球化背景下,国际法律交流和合作日益频繁,涉外法治人才是处理涉外法律事务的新时代实践者,更是我国统筹推进国内法治和涉外法治,推动全球治理体系变革不可或缺的重要战略资源。法科学生在职业能力培养的过程中,必须关注国际政治和法律动态,了解不同国家的法律制度和法律文化,提高处理国际法律事务的能力。这种结合旨在培养出既具有国际视野、能够参与国际法律事务,又深谙本土法律文化、能够解决国内法律问题的复合型人才,以更好地适应全球化的法律环境。

本土性在法科学生职业能力培养的语境中,主要是指法科学生对于本国法律传统、法律文化以及社会背景的深入理解和把握。这包括熟悉本国法律体系的构成、法律制度的运作、法律实践的特点等,以及深刻认识本国社会文化背景对法律的影响,其内在规律主要体现在以下几个方面：

首先,对本国法律传统的理解。法律传统是一个国家历史、文化和社会的产物,它深刻地影响着法律制度的形成和发展。法科学生需要深入了解本国的法律传统,包括其形成过程、主要特点和历史演变等,以便更好地理解和应用本国法律。其次,对本国法律文化的认知。法科学生需要通过对本国法律文化的深入学习和理解,掌握其精神内核和价值取向,以便在职业实践中更好地体现和传承这些文化特质。再次,对本国社会背景的洞察。法律与社会是密不可分的,社会背景对法律的需求和形成具有重要影响。法科学生需要关注本国社会发展的动态和趋势,了解社会变革对法律的影响,以便在职

---

① 张忠华、贡勋：《教育学"中国化"、"本土化"和"中国特色"的价值取向辨析》,载《高校教育管理》2015 年第 6 期。

业实践中更好地回应社会需求和解决实际问题。最后,本土性还体现在法科学生将国际法律知识与本国法律实践相结合的能力上。法科学生在学习和掌握国际法律知识的同时,需要注重将其与本国法律实践相结合,形成具有本土特色的法律解决方案。

国际性在法科学生职业能力培养的语境中,是一个多维度、综合性的概念。它不仅仅局限于学习国际法律知识或参与国际交流活动,更是一种全面的、深入的能力培养过程。①

首先,国际性意味着具备全球视野和跨文化意识。法科学生需要了解世界各国的法律体系、法律文化以及国际法律规则,能够站在全球的角度思考问题,理解不同法律文化背景下的法律实践。其次,他们还需要具备跨文化交流的能力,能够与来自不同文化背景的人进行有效沟通和合作。再次,国际性体现在对国际法律事务的熟悉和处理能力上。法科学生需要了解国际法律事务的运作机制,掌握处理国际法律问题的技能和方法。这包括参与国际法律实践、研究国际法律案例、了解国际法律前沿动态等,以便能够在国际法律环境中独立工作并解决实际问题。复次,国际性还涉及对外语能力的重视。在全球化背景下,熟练掌握一门或多门外语对于法科学生来说至关重要。外语能力不仅是进行国际交流的基础,也是处理国际法律事务的必备技能。法科学生需要注重提升自己的外语水平,尤其是法律英语等法律专业外语,以便更好地参与国际法律实践。最后,国际性还意味着具备开放的心态和合作精神。法科学生需要积极拥抱变化,不断学习和适应新的国际法律环境。同时,法科学生还需要具备团队合作和协作的能力,能够与来自不同国家和文化背景的人共同合作,共同解决国际法律问题。

本土性与国际性的结合是一个复杂而重要的任务。一方面,法科学生可以将国际法律知识与本土法律实践相结合,运用国际法律规则解决本土法律问题,推动本土法律制度的完善和发展。另一方面,法科学生也可以将本土法律文化与国际法律相结合,通过传播本土法律文化,增强国际社会对本土法律制度的了解和认同。从教育者的角度来看,教育者在培养法科学生时也

---

① 韩大元:《全球化背景下中国法学教育面临的挑战——对〈关于加强新时代法学教育和法学理论研究的意见〉的解读》,载《法学杂志》2011年第3期。

应注重国际性与本土性的平衡。① 既要引进国际先进的法律教育理念和资源,提升法科学生的国际竞争力;又要立足本国国情和法律文化,确保法科学生具备解决本土法律问题的能力。通过优化课程设置、加强实践教学、推动国际交流与合作等方式,教育机构可以为法科学生提供一个既国际化又本土化的学习环境。通过注重两者的有机融合、平衡培养策略以及教育机构的努力,可以培养出既具有国际视野又具备本土适应能力的优秀法学人才,为法治建设和社会发展作出积极贡献。

第三节 新时代下法科学生职业能力培养的基本要求

培养法治人才是高等法学教育的使命,提高法治人才培养质量是高等法学教育的紧迫任务,强化法科学生职业能力培养则是提高法学高等教育教学质量的关键。《法学类教学质量国家标准(2021 年版)》(以下简称《法学国标》)以"素质教育和专业教育基础上的职业教育"为法学教育的核心内容,综合了素质教育和专业教育之要素,最终以职业教育为核心,彰显强化法律职业伦理和法律实践教学的重要性。

法律职业是经过专业培训的职业,需要受到严格的职业训练,掌握特定的职业技能,以及具备特殊的职业道德。这种职业的特殊性决定了法学教育必须以职业导向为本质,即法学教育应当是职业教育。法律学习的核心目标在于获取专业技能,以取得进入该领域的准入资格,这一导向也使法学教育的任务主要在于培养法科学生的职业技能,而职业取向的法学教育在当今世界各国的法学教育中都体现得非常明显。"卓法计划 2.0"和《关于加强新时代法学教育和法学理论研究的意见》直面新时代完善法学职业教育的严峻挑战,是对我国法学教育和卓越法治人才培养的系统性总结和美好期盼,是创新法治人才培养模式和法学职业教育范式的号角,目的在于总结法科学生职业能力培养的成功经验,以期在未来建设中做到守正创新。由此,二者对法学教育中职业能力的培养有以下共性要求:

---

① 姜锋:《培养具有全球视野和世界眼光的高层次国际化人才》,载《中国高等教育》2020年第 21 期。

一、强化思想引领,坚持德法兼修育人

首先,坚持以习近平法治思想为遵循。"卓法计划 2.0"及《关于加强新时代法学教育和法学理论研究的意见》分别指出"以马克思主义法学思想和中国特色社会主义法治理论为指导""深入学习贯彻习近平法治思想"。可见无论在哪个层面,都需要深入学习贯彻习近平法治思想。坚持用习近平法治思想全方位占领法治人才及法律职业技能培养全过程,积极落实习近平法治思想"进教材、进课堂、进头脑",通过系统设计、科学规划、有机融入,让学生领悟习近平法治思想的丰富内涵、严密逻辑、鲜明特色和重要意义,让学生树立为社会主义法治事业奋斗终身的理想追求。推动思想政治理论课授课内容、授课形式的改革创新,不断增强课程思想性、理论性、时代性和针对性。充分挖掘法学课程富含的思政元素,推动法学课程与思政课程同向同行、同频共振。① 让学生透彻理解社会主义核心价值观是我国法律制度的价值根基,深刻把握我国法律制度的内在体系与社会主义核心价值观之间的关系。带动广大法学教师在传授法学知识的同时,润物细无声地将思政教育融入课堂教学。其次,坚持以德法兼修为人才培养目标。德为法之魂、法为德之器。德法兼修、明法笃行,是立德树人根本任务在法治人才培养工作中的具体要求。作为新时代法治人才培养的核心理念,厚德教育既指向法学教育的供给方,也指向法学教育的接受方。法学职业能力培养要求把厚德作为法治人才培养的首要标准,致力于培养有高尚道德情操、有坚定法治信仰的新时代法科学生。最后,坚持技能与伦理传授两手抓。法律职业作为服务社会的特殊行业,具有天然的公益使命,因而兼具特殊的伦理要求。② 法律职业需要伦理和技巧的完美结合,法科教学在传授法律职业技能的同时,也要传授法律职业伦理。如果仅有技能,欠缺伦理,则法律职业技能越娴熟,对社会的危害就越大。如果只有伦理,没有技能,则无法处理日益精细化的法律事务。"卓法计划 2.0"中的"厚德育,铸就法治人才之魂"以及《关于加强新时代法学教育和法学理论研究的意见》中的"坚持立德树人、德法兼修",实质上都意在引

---

① 黄文艺:《论习近平法治思想中的法学教育理论》,载《法制与社会发展》2023 年第 3 期。
② 刘坤轮:《中国法学教育改革的理念层次》,载《中国大学教学》2019 年第 6 期。

导学生树立正确的法律价值观念和法律职业行为规范意识,培养自觉防范和有效抵抗职业伦理风险的能力,贯彻"博学笃行、厚德重法"的精神。"积极开展公益服务精神培育",让学生在法律援助、普法宣传等公益实践活动中培养自己经世济民的使命担当和家国情怀,实现显性教育与隐性教育的有机统一。

二、回应时代需求,践行实践教育理念

法律职业的特殊性决定了法学教育本质而言必须是职业导向的,即法学教育是职业教育。① 法学学科具备高度的实践性特征,法律的生命不在于逻辑,而在于经验。但法学学科的特质与纯粹的应用技术有所不同,其同时具备了理论探讨的价值性和现实应用的实践性。因此,法学教育要处理好知识教学和实践教学的关系。实践教育贯穿于教育教学和人才培养的全过程,是培养卓越法治人才的重要环节。长期以来,我国法学教育普遍遵循司法中心主义的原则,将法官、检察官和律师视为"正统"的职业方向,导致人才培养主要局限于传统的法律职业领域,毕业生技能经验和实践视野相对有限,社会适应性不强,无法有效契合全面依法治国的重大目标。同时以法律知识传授为学科教育主要内容,即使是开展认知实习和其他实践教育,也主要侧重知识应用,未能充分发挥"德法兼修"的实践育人功能。在"德法兼修"人才培养背景下,法学教育培养模式革新的目标指向"德法兼修"人才培养规格的变化,也即新时代法治人才知识、素质、能力的构成变化。因此,长期以来传统的法律人才乃"为官司而生"的角色定位应当适时转变,着眼于当今社会对"德法兼修"法治人才需求新的增长点。鉴于此,"卓法计划2.0"及《关于加强新时代法学教育和法学理论研究的意见》均强调强化实践教学,以探索"理论+实践"的法学教育模式。一方面,以实践育人理念为主线,将实践教育融入法学教育全过程,进一步丰富卓越法治人才的实践知识储量。以实践育人工作为突破口,加大实践性课堂所占的比例,坚持理论和实践教学并重,使理论和实践教学一体化,扩充高校人才培养的中心环节。"法律的生命在于适用,其具有很强的实践性,'徒法不足以自行',这需要法律人能够掌

---

① 张文显:《加强新时代法学教育和法学理论研究的纲领性文献》,载《中国大学教学》2023年第9期。

握适用法律的技能,正确地适用法律。因此,在法律教育中,理论教学及实践教学均不可偏废。"①卓越法治人才培养目标要求高校充分重视学生实践教学环节,提高学生实践能力。另一方面,以科研环节为支撑,提升卓越法治人才的创新性。"卓越法治人才的一个基本素养,就是要有创新精神和创新能力。"应在科研过程中实现实践育人,为卓越法治人才培养提供现实前沿的理论支撑,同时有效提升卓越法治人才的创新性。应通过实践增强学生的创新意识,培养学生的创新能力,让学生在实践中发现新问题,运用自己所学的知识探索新知识和新方法,创造性地解决现实前沿问题。

三、打破部门藩篱,强化协同育人机制

2017年5月3日,习近平总书记在中国政法大学考察时强调,"要打破高校和社会之间的体制壁垒,将实际工作部门的优质实践教学资源引进高校,加强法学教育、法学研究工作者和法治实际工作者之间的交流"。高校是法学教育的第一阵地,但单纯的学校教育并不能满足法治人才和法学职业技能培养的系统任务。在法学教育和法治人才培养的场域下,协同教育不可或缺,其强调从多维度、多方向进行法律职业技能训练。"卓法计划2.0"与《关于加强新时代法学教育和法学理论研究的意见》立足深化协同育人的教育理念,"卓法计划2.0"强调必须"深协同,破除培养机制壁垒"。

在此理念指导下,法学教育需在空间和时间维度同时发力,既保持法学教育的开放性,同时也要充分体现法学教育的与时俱进。法学院校要打破学校和社会之间的体制壁垒,将实际工作部门的优质实践教学资源引进学校,促进知识教学和实践教学的深度融合。法学院校应与政府部门、人民法院、人民检察院、律师事务所、企事业单位、国际组织等合作,建立法学实习实践基地;延聘法治实务部门理论水平高的专家担任兼职教授和实践导师,使其全程参与培养方案制定、课程体系设计、教材编写、考核评价等法治人才培养工作,让优质社会资源第一时间转化为法学教育资源。特别是在模拟法庭、案例教学、情景教学、法律诊所教育中,要发挥实务部门专家的特长,引导学生打通理论与实践、课堂与社会之间的经脉。

---

① 房绍坤:《我国法学实践教学存在的问题及对策》,载《人民法治》2018年第16期。

第二章　我国法科学生职业能力培养的理念与目标

第一节　我国法科学生职业能力培养的现状检视

一、思政教育融入机械化

将思想政治教育与法科学生职业能力培养机制有机结合是我国培养德才兼备的法治人才的第一环。习近平总书记就曾指出，要坚持把立德树人作为中心环节，把思想政治工作贯穿教育教学全过程，实现全程育人、全方位育人。① 法学是一门实践的学科，法科学生职业能力培养是法学教育实现立德树人根本任务的关键环节之一，因此将思想政治教育工作融入法科学生职业能力培养之中，将价值观塑造与职业能力培养中的知识传授和能力培养有机结合，更是推动我国法学教育立德树人根本任务实现的核心要求。然而，目前我国法科学生职业能力培养体系和培养机制与思想政治教育的融合仍具有相当的机械性，在教学内容、教学方法和教学评估等多个方面，思想政治教育与法科学生职业能力培养体系之间仍存在不协调之处。

（一）教学内容上与思政结合不深入

目前，我国法科学生职业能力培养中的课程教学内容尚未能与思想政治元素实现有机融合。2016 年，习近平总书记在全国高校思想政治工作会议上提出，提升思想政治教育亲和力和针对性，满足学生成长发展需求和期待，

---

① 习近平：《把思想政治工作贯穿教育教学全过程　开创我国高等教育事业发展新局面》，载《人民日报》2016 年 12 月 9 日，第 1 版。

其他各门课都要守好一段渠、种好责任田,使各类课程与思想政治理论课同向同行,形成协同效应。这表明无论是在一般的法学教育教学工作中,还是在法科学生职业能力培养过程中,都要注重挖掘教学内容中的思想政治教育资源,推动教学内容与思政元素的有机融合。但是我国现行法科学生职业能力培养体系在教学内容上与思政元素的融合仍不够深入和灵活,这主要表现在职业能力培养相关课程中专业知识与思政元素少有融合或融合不充分。一方面,无论是一般性的法学教材还是法科学生职业能力培养的专门性教材,对于思政元素的结合在质和量两个层面都存在不足,学生只能单纯学习专业知识,而无法从中获得有关家国情怀、职业素养、商业道德等的思政教育。另一方面,有研究指出,过半数的法科学生认为我国法学专业教育与思想政治教育的结合较为生硬,[1]也有学者指出,目前各大法学院校纷纷开展的课程思政建设"标签化"的现象较为严重,虽对学生进行了一定程度的价值引导,但法学知识与思想政治观点的结合状况仍有待改善,[2]上述情况也导致职业能力培养课程教学中出现明显的"德智分离"现象。

(二)教学方法偏重"硬性植入"

思想政治教育应当实现"显性教育和隐性教育相统一"。具体到法科学生职业能力培养中,此处的"隐性教育"就是指在专业知识传授和职业技能培养中融入思想政治教育,将价值观塑造与知识传授和能力培养有机结合,这才是人才培养的应有之义。要真正做到所谓的"隐性",在将思想政治元素与法学知识传授和法律职业技能培养相结合的时候,就不能生搬硬套、牵强附会,而应当融会贯通、润物无声,让学生在专业知识学习和技能训练中感受到思政元素的熏陶,只有这样,才能真正提高学生的思想水平和政治觉悟,使学生最终成为一个优秀的社会主义法治践行者。但目前我国无论是针对法科学生职业能力培养的教学还是法学教育本身中的思政教育都更倾向于"硬性"地植入思政知识而非"隐性"、灵活地将思政元素与教学内容融合,思

---

[1] 罗英、程苏文:《习近平法治思想指导下的法学课程思政改革研究》,载《法学教育研究》2022年第4期。

[2] 王玉辉:《新时代高校法学专业课程思政改革的困境与进路》,载《当代教育理论与实践》2023年第1期。

政教学与专业教学的融合仍旧浮于表面。这种重形式而轻实质的教学方法固然能帮助学生更直接、迅速地了解思政知识本身,但学生在这一过程中只是被"灌输"知识,知其然而不知其所以然,既无法使思政元素与法律制度蕴含的价值、理念深度融合,从而减损教学成效,也易使学生感到乏味。

(三)教学评估体系尚不完善

教学评价是检验教学活动质量的重要手段,其作为教学流程的最后一环,起着总结教学活动、反馈教学效果的作用。① 目前我国思想政治教育与法科学生职业能力培养融合教学的情况在教师教学质量评估、学生培养效果评价两方面均存在显著不足:在教师教学质量评估层面,多数院校的考核对象仍主要集中于教师在教学过程中是否结合了思政元素以及结合思政元素的频率等形式化的要素,缺乏对教师思政元素结合的灵活性、深入性、创新性等实质性要素的考查。即使部分院校针对思政元素结合的灵活性、深入性、创新性设置了专门的考核指标,其指标也往往缺乏可量化性和可视性,无法真正起到引导教学实践的作用。在学生培养效果评价层面,多数院校对学生的考核评价主要集中于专业知识和职业技能学习成效,显著缺乏对思政层面学习效果的关注。出现上述情况的一大原因在于现有的教学评价体系仍然是传统专业和技术至上思维下的评估体系,尚未将对学生价值观的考查系统性融入评估体系中,进而完成评估体系的内在革新。

二、职业伦理教育边缘化

重技能而轻德行是我国法学教育的固有不足之一。在以就业为导向的教学模式下,由于法律职业伦理课程不具有明显的学科建设价值和直接的人才培养效果,②对就业的影响不显著,无论是高校还是学生都对法律职业伦理教学缺乏应有的重视。长期以来,我国的法学教育和法科学生职业能力培养都缺乏足够且深入的法律职业伦理教育,这一点早在 2003 年就有学者撰

---

① 朱平:《高校课程思政的动力激励与质量评价》,载《思想理论教育》2020 年第 10 期。
② 许身健、张涛:《认真对待法律职业伦理教育——我国法律职业伦理教育的双重挑战及克服》,载《探索与争鸣》2023 年第 12 期。

文指出。① 但上述现象正在发生改变,随着 2018 年 1 月教育部发布《普通高等学校本科专业类教学质量国家标准》,法律职业伦理被确定为法学本科专业必须修习的 10 门核心课程之一。此后经修改的《法学国标》再次明确法律职业伦理为法学专业学生本科阶段的必修课程之一。由此,我国法学教育中的法律职业伦理教育进入了发展的"快车道"。但与顶层设计层面的快速推进形成对比的是,目前我国法律职业伦理课程体系的构建、法律职业伦理教育的教学内容及定位、法律职业伦理教育的教学方法等配套机制尚处于极为薄弱和不健全的状态,无法适应高素质法治人才培养的需要。因此总体而言,相较于专业知识的传授和职业技能的培养,法律职业伦理教育在我国目前的法学教育以及法科学生职业能力培养过程中仍处于被边缘化的状态。

(一)法律职业伦理课程体系建设不深入

尽管自 2018 年教育部发布《普通高等学校本科专业类教学质量国家标准》及修改《法学国标》以来,各大法学院校对于法律职业伦理课程的重视程度已经得到了显著的提升,但总体而言,目前我国法科学生培养体系中法律职业伦理课程体系的建设尚且不够全面和深入,这主要体现在法律职业伦理课程作为必修课的要求尚未得到全面贯彻落实。除上述文件外,2018 年 9 月 17 日,教育部、中央政法委联合发布"卓法计划 2.0",其中明确指出要加大学生法律职业伦理培养力度,面向全体法学专业学生开设"法律职业伦理"必修课,实现法律职业伦理教育贯穿法治人才培养全过程。在法学硕士培养上,2017 年,国务院学位委员会法律硕士指导委员会修订了《法律硕士专业学位研究生指导性培养方案》,将法律职业伦理列为法律硕士研究生的必修课程。但在教学实践中,法律职业伦理作为必修课程尚未贯穿我国法学高等教育的全阶段,在硕士研究生(主要是学术硕士)和博士研究生阶段,法律职业伦理课程很大程度上仍是作为选修课程而存在。上述情况意味着法律职业伦理课程实际上尚未完全覆盖我国法科学生职业能力培养的全过程,在相当一部分教学阶段,法律职业伦理教学尚处于缺位状态。

---

① 徐显明:《法学教育的基础矛盾与根本性缺陷》,载《法学家》2003 年第 6 期。

（二）法律职业伦理课程配套建设不充分

一方面，法律职业伦理教学师资力量不足。与民商法学、行政法学、刑法学等传统部门法学科相比，作为一门新兴学科的法律职业伦理缺乏足够的专业师资力量，多数院校甚至是法学院校都无法由专研法律职业伦理这一领域的教师来进行教学工作，而只能由其他部门法老师兼任。[①] 在这种背景下，我国法律职业伦理课程的内容和教学质量也长期处于不尽如人意的状态。

另一方面，法律职业伦理教材建设滞后。目前，我国从事法律职业伦理研究的学者数量较少，除个别长期从事法律职业伦理研究的学者外，多数发表相关论文的学者的主要研究方向实际上并非法律职业伦理。上述情况导致我国法律职业伦理学科基础薄弱，知识体系不健全，并最终导致法律职业伦理教材的数量和种类都尚有不足。

综上所述，虽然我国的法学教育已经在顶层设计层面充分认识到了法律职业伦理教育的重要性，并提出了相对具体的课程建设要求，但这种要求实际上尚未充分下沉到法科学生职业能力培养等法学教育的基层阶段。无论是课程设置，还是教材建设、师资力量等开展法律职业伦理教育的必要配套支撑都尚不完善。我国法科学生职业能力培养仍然明显偏重知识传授和技能培养等传统重点，法律职业伦理尚未取得与上述两大传统教学重点并驾齐驱的地位，其体系地位仍具有较明显的边缘性。

（三）法律职业伦理实践教育教学不成熟

我国传统法学教育存在"实践性"的短板，这一点同样也体现在法律职业伦理教育中。我国法科学生职业能力培养的目标是为法治实践培养德才兼备的高素质法治人才，而这也就意味着我们不能机械、僵化地教授法律规则或法律伦理道德，必须不断发掘隐藏于法律规则和法治实践中的职业伦理问题，并借助实践灵活、深入地掌握法律职业伦理的真正内涵。换言之，法律

[①] 许身健、张涛：《认真对待法律职业伦理教育——我国法律职业伦理教育的双重挑战及克服》，载《探索与争鸣》2023年第12期。

职业伦理的教学应当通过"言传身教"的实践而非口头说教进行。无论是法官、检察官等司法工作人员,还是律师、仲裁员、公证员等法律从业人员,都需要在具体的法治实践中践行他们的法律职业伦理,将公正、客观等抽象伦理要求外化成具体行为准则。当前我国法律职业伦理教育多采用传统教学模式,即由教师按照教学大纲进行知识的输出,而为培养法科学生职业能力而开展的实践教学则往往没有对法律职业伦理教育施以足够的重视,一方面,多数法学院校开展的实践教学,如法律诊所、模拟法庭、案例研习等课程和项目仍将主要重心放在传统专业课程上,注重专业知识的巩固和职业技能的训练而忽视了法律职业伦理;另一方面,上述实践教学也没有深度灵活地结合法律职业伦理教学开展,法律职业伦理与法律实务相分离。法律职业伦理实践教学的匮乏也导致众多法科学生对于法律职业伦理的理解长期停留于抽象理论和知识层面,既不能深刻地理解各项法律职业伦理的内涵,从而将其"内化于心",也无法将法律职业伦理知识投射到实践中去,从而"外化于行",将法律职业伦理作为自身进入法治实务部门后的行为准则。

三、专业知识结构单一化

法科学生职业能力培养是一种多面向的教育活动,其教育目标在于适应社会现实需求,形成解决社会实践问题所需要的对应性工具。这也要求法科学生必须具备广泛而复合的知识结构,这样才能够在更广阔、更开放多元的背景中进行思考,从而能够在社会实践活动中做到融会贯通,综合运用各个领域、各个层次的知识解决问题。法科学生应具备的复合知识结构既包括法学学科内部各部门法之间的结合,也包括法学与其他外部学科之间知识的结合。然而,我国目前法科学生职业能力培养教学过程中并未做到法学学科内部之间以及法学与外部学科之间知识的有机融合,导致众多法科学生所具备的知识结构呈现单一化、碎片化的特征,知识壁垒现象较为严重。

(一)法学学科内部融合度不足

我国现行法学教育模式主要基于"理论法学+部门法学"的学科体系而构建。这种教育模式尤其强调法学学科内部的细分,并基于此形成了相互独立的部门法教学体系。① 这种划分模式适应了市场经济深入发展背景下社会分工进一步细化的要求,但却也使本为统一整体的法学知识体系变得零碎而割裂。在这种固化、隔离的教育模式下,部门法之间,包括实体法之间、实体法与程序法之间甚至是程序法之间的教学高度分割,各个部门法的知识被固定化在某一特定学科之下,缺乏互动机制,无法进行有效沟通和融合。最终,这种学科和教学内容之间的割裂又使培养出来的法科学生的思维方式和知识结构高度单一,只能基于某个特定部门法的视角分析实践问题,无法用融合、开放的视角对问题进行综合性分析。但是实践问题往往需要结合多个部门法领域去分析应对,这也就直接导致了法科学生职业能力培养与法律实践之间的割裂。

(二)法学与外部学科融合度不足

除法学学科内部各部门法之间缺乏融合外,我国现行法科学生职业能力培养教学体系中法学与其他外部学科之间的融合度也存在较大提升空间,这主要体现在以下两个方面:

第一,融合学科范围有限,学科设置同质化严重。目前各大法学院校开展的法学与其他学科融合培养实践主要集中在法学与经贸以及外语(主要是英语)类学科的融合上,与理工科进行融合的尝试较少。更具体地说,以"法学+外语"这种融合类型为例,目前最常见的配置是"法学+英语"的融合培养模式,但极少有针对跨国贸易中规模体量较小的国家所使用的小语种开展融合培养实践的高校,在"一带一路"跨境律师人才库中,我国律师仅84人,②这种现状显然与"一带一路"共建国家的数量不相匹配。另外,在理工科与法学的融合上,虽然已经有为数不少的高校紧跟科技潮流开设了计算法学、数据法学、人工智能法学等新兴学科(或培养方向),但上述学科融合在很大程度上都停留于学术研究层面,未能进一步下沉到法科学生培养层面,即使有高校开设了相关培养方向,也常常因缺乏相应的师资力量和资源支撑

---

① 刘艳红:《从学科交叉到交叉学科:法学教育的新文科发展之路》,载《中国高教研究》2022年第10期。

② 刘晓红:《"一带一路"倡议背景下的法律人才培养改革探索》,载《法学教育研究》2020年第1期。

而流于形式化。以浙江大学"本研贯通数字法治卓越班"的经验为例,该班一方面讲授计算机、数字技术方面的课程,另一方面还教授基础编程等实践层面的课程,并利用校级跨学科平台实现法学与计算机科学之间的学科对话,取得了良好的培养效果。但上述情况也意味着进行"法学+理工科"的融合培养对高校自身的理工科资源有着极高的要求,对于政法类高校甚至许多综合性院校而言,这一点都是难以实现的。

第二,融合程度有限,融合实效不高。部分高校在开设融合培养学科后,对于课程的设置仅仅是进行机械的"拼盘",课程目标设定不明确,对新兴交叉学科的科学价值缺乏共识,学科交叉、渗透意识不强,导致培养成效不高。[1] 目前,我国法学教育的一大重要问题就在于应用型、复合型法治人才数量严重不足,远远无法满足我国国际争端解决尤其是 WTO 争端解决的需要。这种现象直到近年都没有发生根本性改变,尽管已经有为数众多的法学院校开设了"法学+英语"或"法学+其他外语"的复合型培养方向,但当前在各类国际组织中任职的我国法治人才依然偏少,且在重大法律职务上任职人数不多。[2]

综上所述,由于培养理念、师资力量、关联学科教学资源、平台支撑等多方面因素的影响,目前我国各大法学院校开展的法学与其他学科融合培养实践已经进入瓶颈期,亟须进行根本性变革。

四、职业技能培养形式化

法律职业技能培养是我国法科学生职业能力培养体系的重要组成部分。目前,我国以各大政法院校为代表的法学院校大多已经充分认识到法律职业技能在法科学生培养过程中的重要性,并广泛开展了各种不同形式的法律职业技能培养课程。在课程体系上,众多法学院校初步建立了涵盖校内模拟与校外实践的法律职业技能教学体系。在师资上,几乎所有法学院校都与律师事务所、人民法院、人民检察院、仲裁委员会等法治实务部门开展了不同程度

---

[1] 谭金可、热依汗古力·喀迪尔:《以多学科交叉培养为导向的法学教学改革研究》,载《福建警察学院学报》2014 年第 3 期。

[2] 刘学文、袁帅:《我国涉外法治人才培养课程建设体系革新方法论》,载《法学教育研究》2022 年第 3 期。

的合作,并尝试通过这种合作机制将实务人才师资引入法科学生培养工作中,以强化法律职业技能培养课程与法治实践的联系。尽管法律职业技能培养已经得到了各大法学院校的充分重视,相关课程也已经全面铺开,但总体而言多数院校的培养内容和培养方式仍然具有较强的形式化、表面化特征。法科学生虽然能够通过上述课程对法治实践产生一定的了解,但这种了解往往停留在程序性事项上,如立案、庭审、宣判等基本流程,对于更为实质性的职业技能的深入学习和训练,受制于资源等多方面因素,未能取得较好的实效。

(一)法律实践课程体系不成熟

目前,各大法学院校主要通过实践教学的方式开展法科学生职业技能培养。实践教学的本来目的在于帮助学生通过实践操作,以"体验式学习"的方式发掘所学习的理论知识与社会现实之间的联结点,从而实现理论与实践的耦合。法律职业技能培养的关键在于使学生们与各种法治实践中的矛盾发生实质性接触,并在其中拥有学习、判断甚至应对的机会,这样法律实践教学才能真正起到技能培养的作用。目前我国虽然已经有为数众多的法学院校开展了法律实践课程教学,其主要形式包括法庭观摩、模拟法庭、专业实习、法律诊所等,但受到高校本身实践教学资源等多方面局限,上述法律实践课程体系仍不够成熟,不仅课程内容与法治实践存在较大差距,其覆盖范围也较为有限,尚无法为广大法科学生提供全覆盖、全阶段、深体会的法律实践教学。

首先,法庭观摩和模拟法庭流程化。一方面,对于法庭观摩,基于保密等多方面因素的限制,学生在庭审开始前往往对于案件具体情况缺乏了解,在庭审结束后的收获也局限于对庭审程序和案件详情仅模糊了解,而无法在庭审中捕捉到争议焦点以及其他具有实质重要性的内容。此外,由于受到多方面因素限制,目前各院校的法庭观摩选取的也多是缺乏对抗性、案件庭审环节流程化的案件,这也使庭审观摩的作用大打折扣。另一方面,对于模拟法庭,多数时候仅停留在帮助学生了解庭审程序的程度,缺乏深入性。另外由于教学资源的限制,能够参与模拟法庭的学生人数及次数也都有限,这也大大影响了模拟法庭这种实践教学方式的成效。

其次，专业实习形式化。法学专业实习是已经掌握一定法律基础知识的学生到法院、检察院、律师事务所等法律实践部门进行实务训练的一种职业技能培养方式，实习单位既有可能由高校安排，也可能由学生自行选择。专业实习的本意是安排学生直接接触法律实务，从而完成职业技能的训练。但一方面由于法学专业招生人数的大规模扩张以及法律实践部门的资源限制，另一方面也由于专业实习往往缺乏系统化、可执行的培养计划，我国目前各大法学院校开展的专业实习形式化的现象较为严重，人数众多的法科学生在进入实习单位后，可能只能从事整理案卷、归档、打印等脱离案件实质内容的琐碎工作，这也与法律实践教学的本来目的相悖。

最后，法律诊所容载量和开设数量严重不足。法律诊所是一种法科学生在教师指导下，在学校设立的法律诊所中接受真实当事人的法律咨询、委托等，在教师指导下参与法律实践，特别是学生以"准代理人"的身份介入案件的处理，在此过程中学习和运用法律，并培养能力的一种职业能力培养方式。以西南政法大学法律诊所为例，其对外为社会弱势群体提供公益法律服务，组织青年学生面向社会开展法律咨询回复、法律文书代写、诉讼出庭代理、普法教育讲座等各类法律服务活动。总体而言，法律诊所在目前我国法科学生职业能力培养中的成效较佳，也是学生自主性最强的一种职业技能培养方式。但法律诊所这种培养方式所能承载的学生数量较为有限，目前仍有较多法学院校尚未开设法律诊所，因此其难以成为一种惠及全体学生的职业技能培养方式。

（二）实务人才师资教学参与不足

引入律师、法官、检察官等法治实务人才担任实践课程教师、实务导师、专业实习指导教师，已经成为近年来各大法学院校为法科学生提供更为贴近实践的法律职业技能课程的重要方式之一。以"双千计划"为例，在教育部、最高人民法院、最高人民检察院等中央机关的组织下，在五年时间里1000名左右有较高理论水平和丰富实践经验的法律实务部门专家被选聘到高校法学院系兼职或挂职任教，承担法学专业课程教学任务。

尽管几乎所有的法学院校都在不同程度上建立了与实务部门之间的协同培养机制，法科学生培养教学工作中实务师资的引入也已经全面铺开，但实务师资在法科学生职业能力培养中的参与仍然缺乏实质性。例如,由于缺乏有效的指导和考评机制,校外实务导师可能成为"挂名导师",虽然名义上是学生的专业导师,但实际上无论对于学生的日常学习还是论文写作,抑或者是职业能力培养都缺乏实质性参与。又如,在法律实践类课程中,实务人才师资的参与程度也较为有限,众多实践类课程实际上主要由校内教师讲授,实务师资处于一种补充性地位。另外,即使是完全由实务师资主讲的法律实践课程,由于多数实务专家对于系统化的教学方法论了解有限,且受到时间和精力等多方面限制,由实务师资主讲的课程常常缺乏系统性,对学生的指导作用有限。

第二节 我国法科学生职业能力培养的基本理念

一、德法兼修理念

德法兼修,是德才兼备的育人理念在法治人才培养上的具体体现。德才兼备是我国法治人才培养目标的要求,而德法兼修则是对我国法治人才培养过程的要求,是一种法治人才培养的模式。"我们的法学教育要坚持立德树人,不仅要提高学生的法学知识水平,而且要培养学生的思想道德素养。要先把人做好,然后才可能成为合格的法治人才。"[①]法科学生是法治人才的后备力量,法科学生职业能力培养也应当全过程深入贯彻德法兼修理念,将价值观的塑造与知识传授、职业技能培养融为一体。在我国目前法科学生职业能力培养中,思想政治教育和职业伦理教育都存在缺陷,德性教育有所不足,因此未来在贯彻德法兼修理念时,应当着重加强思想政治建设和法律职业伦理教育。

(一)强化思想政治教育

1. 推进法科学生职业能力培养中的课程思政建设

课程思政并不是一门或一类特定的课程,而是要求讲授者在授课过程中

---

① 马怀德:《为强国建设培养高素质法治人才》,载法治网,http://www.legaldaily.com.cn/index/content/2023-04/03/content_8839988.html。

充分挖掘课程讲授内容和教学方式中蕴含的思想政治教育资源,在专业知识讲授中融入思想政治教育。① 深入推进课程思政建设是我国法学教育发展的宏观方向,也是我国高校教学改革的一项重要内容。2020年5月28日,教育部印发的《高等学校课程思政建设指导纲要》提出,建设高水平人才培养体系,必须将思想政治工作体系贯通其中,必须抓好课程思政建设,解决好专业教育和思政教育"两张皮"问题。2021年12月22日,教育部高等教育司发布的《关于深入推进高校课程思政建设的通知》从建设目标、内容要求、教学方法、工作机制等多方面提出具体要求。教育部印发的系列中央文件明确将课程思政建设作为落实立德树人的根本任务、提高我国人才培养质量的核心战略举措。

一方面,在法科学生职业能力培养中推进课程思政建设有利于弥补传统思政课程的不足。在我国传统法科学生培养过程中,思政教育一直以来都被视为思政课程的任务,法学专业课程教学中几乎不会进行思想政治教育。然而,或因为教学内容偏枯燥,或因为教学方式的局限性,传统思想政治课程往往无法满足教学的需求,导致思想政治教育效果较差。此外,在社会多元价值交织渗透的复杂背景下,单纯或过度地依靠思政课对法学学生进行价值引导的局限性日益凸显。课程思政建设将专业教育与思政教育融为一体,借专业教学传播思政知识,有效解决了思政教育教学内容和手段上的局限性,弥补了传统思政课程的不足。

另一方面,在法科学生职业能力培养过程中推进课程思政建设也有助于落实立德树人的根本任务,实现全程育人、全方位育人。法学教育与政治、人权、公正、法治等价值元素联系在一起,教育的过程隐含对学生价值观的塑造和意识形态的培养。② 我国法学教育的根本目标在于培养具有坚定理想信念、强烈家国情怀、扎实法学根底的法治人才,因此法治人才必须信仰并在法治实践中践行习近平法治思想和社会主义核心价值观等。推进课程思政建设能够精确地发掘法科学生职业教育课程中的思政连接点,并将思政元素巧

---

① 罗英、程苏文:《习近平法治思想指导下的法学课程思政改革研究》,载《法学教育研究》2022年第4期。
② 李军:《构建法学课程思政教学路径》,载《法学教育研究》2021年第3期。

妙、灵活地融入其中,对于培养法科学生形成正确的法治观、政治观、职业观具有重要意义。

2.法科学生职业能力教育中课程思政建设的路径

首先,要推进课程思政建设与法科学生职业能力培养目标相结合。"高水平的人才培养体系,体现在目标设定、知识体系、方法选择的精心设计中。"①当前我国法科学生职业能力培养目标与思想政治教育的结合仍不紧密,思想政治元素未能充分体现在培养目标中。未来我国法科学生职业能力培养应当与课程思政建设深度结合,明确培养德法兼修、德才兼备的法治人才是法科学生职业能力教育的根本目标,并同时做好以下几项工作:一是要重视培养方案的作用。在将"德法兼修""德才兼备"等法治人才培养目标写入法科学生培养方案的同时,进一步具体地将课程思政建设的要求贯彻到培养要求(知识要求、能力要求、素质要求)、课程设置、考核方式等方方面面。二是要重视思政元素进教材。2022年,教育部印发《新时代马克思主义理论研究和建设工程教育部重点教材建设推进方案》,指出目前我国的"马工程"系列教材还存在教材的针对性适宜性不强,还不能充分满足不同学段、不同类型人才培养要求的不足之处。上述情况也体现在法科学生职业能力培养中。未来我国要更好发挥习近平法治思想对法治人才培养的指导作用,就必须坚持理论先行,推动习近平法治思想进教材。

其次,要努力发掘职业能力培养课程中的思想政治资源。法学专业课程的讲授,要将知识传授放到推进全面依法治国整体战略中来思考,要充分发掘法学知识背后的人性考量、价值关怀与制度定位。② 2021年1月,最高人民法院印发《关于深入推进社会主义核心价值观融入裁判文书释法说理的指导意见》,提出要将裁判文书释法说理与社会主义核心价值观相结合。2021年6月公布的中共中央《关于加强新时代检察机关法律监督工作的意见》要求检察机关将社会主义核心价值观融入法律监督。可见,无论是法律规范,还是法律知识,抑或者是法治实践中,其实都隐藏着思想政治资源,我国未来

---

① 张驰、宋来:《"课程思政"升级与深化的三维向度》,载《思想教育研究》2020年第2期。
② 沃耘:《高校法学课程思政教育教学改革路径与对策》,载《天津日报》2019年3月7日,第9版。

法科学生职业能力培养中推进课程思政建设也应当着重发掘其中的原生思政资源,使学生真正成为胸怀祖国、胸怀人民、胸怀社会主义伟大事业的法治人才。

最后,教师应当认识到职业能力培养课程与思政教育结合的必要性,坚持显性思政教育与隐性思政教育相结合的理念,将思想政治元素有机融入课堂教学中。教师应树立责任意识,认识到思想政治教育与专业内容结合的重要性与必要性,实现"德"与"智"的结合教育。在教学过程中,教师应当以更加务实的态度、更加有效的措施,将专业知识与思想政治教育内容进行实质性融合。例如,从我国法律制度所蕴含的价值体系、法治观念,法治文化、社会责任、德治要素,特色制度等方面出发推动思政元素与专业知识的融合,①从而切实打通职业能力课程与思政教育紧密融合的"最后一公里",增强学生对国家的政治认同、思想认同、情感认同。

(二)推进职业伦理教育

法治人才培养工作,要坚持法律专业能力培养和法律职业精神塑造相结合,在法律专业教育中贯穿职业伦理教育。②"卓法计划2.0"明确提出要拓展法律职业伦理课程的广度和深度,使法律职业伦理课程成为全体法科学生的必修课,同时也要贯穿法治人才培养的全过程。《关于加强新时代法学教育和法学理论研究的意见》也进一步强调要"健全法律职业伦理和职业操守教育机制,培育学生崇尚法治、捍卫公正、恪守良知的职业品格"。实践中法律职业人员违背职业伦理的案例严重损害了法律职业共同体的声誉和司法公信力,这表明,如果法律职业教育仅关注技能培养而忽视伦理道德,将会造成法律职业只关注技术理性而忽视道德,进而造成法律职业教育失去人文底色,最终将使法律职业面临正当性的伦理危机。因此法律职业伦理实际上本身就是法律职业的内在构成要素,具有维护法律职业正当性的价值。③

---

① 王玉辉:《新时代高校法学专业课程思政改革的困境与进路》,载《当代教育理论与实践》2023年第1期。
② 《习近平总书记重视法治人才培养》,载《瞭望》2023年第33期。
③ 廖永安、刘浅哲:《论新时代法律职业伦理教育的内在价值、关键目标及内容构造》,载《法学教育研究》2022年第2期。

在过去重专业而轻德性的教育思维下,法律职业伦理课程在我国法科学生职业能力教育中长期处于被边缘化的地位,但随着 2018 年教育部发布《普通高校法学本科专业教学质量国家标准》以及修改《法学国标》,法律职业伦理在我国法科学生职业能力培养中的受重视程度已经得到质的飞跃,今后,我国应当从以下几个方面进一步推进法科学生的职业伦理教育。

1. 推进法律职业伦理课程体系建设。在课程体系上,要着力打造必修课与选修课合力、实践课程与理论课程协同的法律职业伦理课程体系。一方面,要进一步在法学教育的各个阶段开设法律职业伦理必修课程,同时设置法律职业伦理选修课程,形成"总论—分论"式的课程结合体系,以必修课程打牢基础,以选修课程进行法律职业伦理教育的纵深开发。① 对于不同专业方向的法科学生,可以设置不同偏重的法律职业伦理必修课程,例如,对于律师实务方向的法律硕士,为其设计的法律职业伦理课程可以适当强化律师职业伦理的内容;而对于仲裁法方向的法科学生,则可以着重介绍仲裁员的职业伦理。另一方面,法律职业伦理教学也应当构建理论教学与实践教学有机结合的教学体系,通过教授法律职业伦理知识和理论来为法科学生打下基础,通过实践教学帮助学生身临其境地感受法律职业从业者在实践中会面临的各种利益冲突,从而进一步加深他们对于法律职业伦理的理解,真正做到内化于心、外化于行。

2. 打造法律职业伦理课程配套体系。针对我国目前法律职业伦理教育存在的师资力量不足、教材建设滞后等配套机制问题,要注重从顶层设计和基层执行两个方面进行改善。在顶层设计层面,教育部应当研究制定法律职业伦理教学的宏观发展规划,从目标、手段、考核等多个层面对我国法律职业伦理教育作出规划,并为法律职业伦理教学师资力量培养、教材编写等配套举措的完善制定宏观方案。此外,也可以考虑出台更为具体的法律职业伦理培养方案,以此作为各大法学院校制定个性化培养方案的参考。在基层执行层面,各大法学院校也要充分发挥主观能动性,根据自身办学特色制定适合本校情况的法律职业伦理培养方案,并积极通过为教师队伍开展专门的法律

---

① 刘坤轮、王姝雯:《论法律职业伦理课程体系建设的几个基本问题》,载《法律与伦理》2023 年第 1 期。

职业伦理培训、建立跨校甚至跨地区的法律职业伦理交流合作论坛、开设专门法律职业伦理研究方向来强化法律职业伦理教学资源的集中。各大政法院校则可以进一步集中专业力量编写适宜教学的法律职业伦理教材,从而为教学工作打下坚实基础。

3. 要注重法律职业伦理与思政建设的结合。法律职业伦理教育与思想政治教育同为"德法兼修"中"德"这一方面的要求,二者虽然有所区别,但也相互融合,无法割裂。作为法科学生职业能力体系中的重要组成部分,法律职业伦理教育必然也要与思想政治教育相结合,更具体地说,法律职业伦理课程也要推进课程思政建设。一方面充分挖掘法律职业伦理知识中的思想政治资源,并将其融入教学活动中;另一方面也要将思想政治教育的要求融入法律职业伦理课程的教学目标、教学内容、教学方法、教学评估等各个方面中去,充分实现"全员全过程全方位育人"。

二、学科融合理念

近年来,我国发布的多项有关法治人才培养的政策文件均强调我国法学教育应当以培养高素质复合型法治人才为主要目标之一。复合型法治人才的交叉和跨界的知识优势、能力优势和思维优势是新文科建设和卓越法治人才培养的重要目标。[1] 由于现代社会的复杂性,待解难题往往难以直接被划分到具体的领域,运用原生法律知识获得解决。[2] 法律仅仅是复杂社会系统的一个组成部分,法学学科自身并不具有充分的自洽性,法学理论从来就不能脱离其他学科理论而存在。[3] 因此我国法科学生职业能力培养应当贯彻学科融合理念,在培养中推动法学内部的交融以及法学与其他学科的交融,以整体化、融合性的思维打造知识教学体系,帮助学生建造复合型的知识结构和融合性的问题分析思维。

---

[1] 孟磊:《我国复合型卓越法治人才培养探究》,载《中国高教研究》2021年第11期。
[2] 杜辉:《迈向新文科的法学教育范式三重定向》,载《法学教育研究》2023年第2期。
[3] 冯果:《从法学教育大国迈向法学教育强国的历史自觉》,载《法学教育研究》2022年第1期。

(一)法学学科内部的融合

围绕着培养应用型、复合型法治人才的目标,我国法科学生职业能力培养体系应当首先在教学内容上实现法学学科内部之间的融合。近年来"领域法学"已经引起了法学学术界的广泛关注,"领域法学"是以某一特定经济社会领域与法律有关的全部现象为研究对象,融合所有部门法学的研究方法和研究范式的一体化法学学科体系。[①] "领域法学"试图突破传统部门法体系下法学学科的内部边界,从而以一种更灵活多元的方式分析和解决社会问题。同学术领域的发展一样,法治实践中涌现的诸多热点问题同样也无法用局限性、单一化的部门法思维去分析和应对。例如,随着《个人信息保护法》的出台,公民个人信息的安全性和处理方式成为近年来立法和司法实践关注的焦点问题之一。然而,正如有学者指出的,个人信息保护从调整关系、保护群体、损害救济以及监管制度等多个角度来看,均体现了公私法交融的特征。[②] 在文本层面,《个人信息保护法》也是一部融合了民法、行政法、刑法甚至是劳动法和国际法等多个部门法规范的法律。因此在个人信息保护法治实践中,必须同时整合所有相关联的部门法领域,给出最佳的处理方案。应用型、复合型的法治人才着眼于法治实践,而法治实践提出的问题绝不会是通过单一的、隔离化的部门法思维就能完美解决的,因此我国未来法科学生职业能力的培养,应当基于法学学科内部融合的视角,培养学生从法学学科整体角度把握问题走向以及提出融合性解决方案的能力,如此才能适应实践的需要。

(二)法学与其他学科的融合

教育部新文科建设工作组发布的《新文科建设宣言》提出:"新科技和产业革命浪潮奔腾而至,社会问题日益综合化复杂化,应对新变化、解决复杂问题亟需跨学科专业的知识整合,推动融合发展是新文科建设的必然选择。"法

---

① 刘艳红:《从学科交叉到交叉学科:法学教育的新文科发展之路》,载《中国高教研究》2022年第10期。

② 丁晓东:《个人信息公私法融合保护的多维解读》,载《法治研究》2022年第5期。

治实践中的诸多问题无法通过单一部门法妥善解决,同样地,社会分化导致法学所面对的社会问题更具有综合性和跨界性,①因此实践中的诸多问题也无法单纯通过法学的思维进行透彻的理解和应对,而必须引入其他学科的视角、知识和方法,以弥补法学自身的局限性,这就是在法科学生职业能力培养教学过程中推动法学与其他外部学科之间进行融合的必要性来源。

"新文科的最大特点是学科交叉,也即在'新文科'建设中,不仅要注重文科内各学科的交叉,文理之间加深交融同样重要。"②因此,法学与其他学科的融合既包括与其他文科学科的融合,也包括与理工科学科的融合,法学与不同学科的融合应当具有现实意义和问题意识,以此来确定融合的具体方向。例如,基于培养"一带一路"涉外法治人才的需要,我们可以在法科学生职业能力培养课程中着重实现法学和国际经济与贸易以及各类外语学科的融合,打造"法学+1"甚至是"法学+N"的学科集合。以西南政法大学2016年创设的西南政法大学卓越"一带一路"法治人才培养实验班为例,其目的就在于培养能够熟练掌握英语及一门以上东盟国家语言,能够从事国际谈判、处理国际法律事务的"双语双法"涉外法律人才。③ 又如,在大数据、人工智能等高科技迅速发展的背景下,法治人才显然已经无法囿于传统文科的窠臼,而不得不将法学学科知识与计算机等理工科知识相结合。以生成式人工智能为例,其已经远远超出旧有人工智能系统的发展程度和复杂度,其给知识产权保护、个人信息保护、人格权保护等传统法律领域带来划时代的挑战。因此,我们培养的职业法治人才也必须对生成式人工智能的内在原理和运行方式进行深入了解,才能有效解决其引发的实践法律问题。

学科融合理念要求我们在法科学生职业能力培养过程中创造性地搭建起法学学科内部以及法学与其他学科之间的关联,基于中国法治实践的需求,深化职业能力培养课程体系、教学体系、人才体系的建设,建立起"法学+"的学科模组,以此来提升复合法治人才培养实效。

---

① 黄锡生、王中政:《新文科与法学教育的现代化转型》,载《法学教育研究》2022年第1期。

② 孟磊:《我国复合型卓越法治人才培养探究》,载《中国高教研究》2021年第11期。

③ 张春良、魏瑛婕:《涉外法治人才培养的当前困境与未来举措——西南政法大学经验谈》,载《法学教育研究》2022年第3期。

三、协同培养理念

强化法科学生职业能力要求我们在教育教学工作中进一步贯彻协同培养理念。从不同的层面分析,协同培养理念也包含不同的面向:从培养方式的角度分析,协同培养理念要求实现知识教学与实践教学的协同;从培养主体的角度分析,协同培养理念要求推进高校与校外各大实务部门的协同,其中既包括高校与法治实务部门(如人民法院、人民检察院、律师事务所、仲裁机构等)的协同,也包括高校与非法律行业部门的协同(如与法治实践相关的企业等)。

(一)知识教学与实践教学的协同

法律实践教学是一种以法治实践主义为核心理念,旨在提升学生法律实践技能和理论知识应用能力的教学体系。[①] 法学实践教学方式既包括案例教学、法律诊所、模拟法庭辩论等校内实践形式,也包括法律援助、专业实习等超越校园场域的校外实践形式。"卓法计划2.0"在改革任务和重点举措部分提出,要"重实践,强化法学教育之要……将中国法治实践的最新经验和生动案例……及时转化为教学资源。要着力强化实践教学……积极探索实践教学的方式方法,切实提高实践教学的质量和效果"。《关于加强新时代法学教育和法学理论研究的意见》也提出要"强化法学实践教学,深化协同育人"。由此可见,在我国法科学生职业能力的培养教学过程中,法律实践教学与法律理论知识教学一样都起着重要作用,我国针对法科学生职业能力的培养也因此必须深化知识教学与实践教学的协同。

首先,我国的法律实践教学应当与知识教学同步。2017年,习近平总书记在中国政法大学考察时强调,要打破高校和社会之间的体制壁垒,将实际工作部门的优质实践教学资源引进高校,加强法学教育、法学研究工作者和法治实际工作者之间的交流。我国法律实践教学模式的改革和发展方向不能是传统的实践教学与理论教学相分离、先理论教学后实践教学的固化模

---

① 刘坤轮:《走向实践前置:中国法律实践教学的演进趋势》,载《政法论丛》2019年第6期。

式,而应当是实践教学贯穿理论教学全过程、实践教学与理论教学有机嵌合的教学模式。

其次,我国的法律实践教学应当是多元化的教学。目前,许多法学院校开展的法律实践教学形式主要局限于校外实习和模拟法庭等传统形式。未来我国的法律实践教学可以由各个院校根据自身的特色、条件、平台和资源,并结合法治实践中的具体需求,进一步拓展法律实践教学的形式。例如,针对刑法专业的法科学生,可以尝试开展模拟公诉、模拟侦查、模拟司法鉴定等更微观化的法律实践方向。

最后,我国的法律实践教学应当是规范化的教学。实践教学同样是法科学生职业能力培养教学体系的一部分,因此与理论教学一样,法律实践教学也应当建立起教学大纲、教材、教学环节设计、教学考核、教学成果评估等完整的课程要素体系,并通过规范化、流程化的方式予以管理。

(二)高校与实务部门的协同

党的十八届四中全会决议《中共中央关于全面推进依法治国若干重大问题的决定》明确指出:"健全政法部门和法学院校、法学研究机构人员双向交流机制,实施高校和法治工作部门人员互聘计划,重点打造一支政治立场坚定、理论功底深厚、熟悉中国国情的高水平法学家和专家团队,建设高素质学术带头人、骨干教师、专兼职教师队伍。"法学学科是实践性很强的学科,法律实践教学离不开高校与各大实务部门的协同。一方面,法律实践教学不能闭门造车,而应当积极将法治实践部门的优质教学资源引入高校,促进实践教学脱离"形式化",成为真正把握法治实践的核心特征和要求的一种教学方式,进而提升法律实践教学的质效;另一方面,法学不是一门孤立的学科,法律职业的目标在于解决各个社会领域涌现的社会问题。因此法律实践教学也应当积极打破学科壁垒,尝试实现高校与非法律行业实务部门的协同。

结合"双千计划"的实施经验以及我国法治实践的现实需要,我们可以从以下三个方面完善我国的高校—实务部门协同机制:

第一,高校与实务部门的协同培养是双向的协同。一方面,实务部门的优质教学资源,如实践人才、实务经验、实务视野、实务平台等通过协同培养机制构建的交流渠道进入高校,为法科学生提供与法治实践几乎"零距离"

的实践课程和校外实践基地,从而成为法科学生感受法治实践,将自身掌握的理论知识进行实践化升华,提升法律职业能力的直接动力;另一方面,高校教师也可以借协同培养机制走出高校,走进实务部门,通过在实务部门的工作、学习和研究加深对实践的了解,并最终反哺教学工作,为法科学生职业能力的培养教学提供助益。

第二,高校与实务部门的协同培养是常态化、制度化协同。只有建立常态化、制度化的协同培养机制,高校与实务部门之间的交流活动才能产生持久的稳定性,并在此基础上不断根据教学实践的要求自我更新,自我完善。同时,缺乏配套实施机制影响了"双千计划"的成效,未来我国也可以在常态化、制度化的协同的基础上,探索完善各种配套实施机制。

第三,高校与实务部门的协同不仅包括与法院、检察院、律师事务所的协同,也包括与企业等行业主体的协同。正如前文所述,法学所解决的社会问题具有综合性和跨界性,因此法科学生职业能力培养中的实践教学不仅应当着眼于法律部门,更应当着眼于与特定社会问题相关联的社会行业主体。如对于金融法治人才的培养,可以建立与金融机构的专门性协同培养机制;对于医事法治人才的培养,可以建立与医疗机构的专门性协同培养机制。

四、有效培养理念

党的十九大对当前及未来高等教育发展提出的目标是,要实现高等教育内涵式发展,即把高等教育从原来的"数量扩张"引导到"质量和效益"上来,其重要的考量指标就是人才培养机制是否符合国家经济社会发展的需要,是否符合大学生成长成才的需要。① 具体到法治人才培养的层面,就是要求我们在开展法科学生职业能力培养的过程中贯彻有效培养理念,注重培养工作的质效,不能使职业能力培养流于形式,仅以完成教学任务为目标。对此,我们应当从教学主体、教学方法以及培养成果评价三个层面出发贯彻有效培养理念。

---

① 肖香龙、朱珠:《"大思政"格局下课程思政的探索与实践》,载《思想理论教育导刊》2018年第10期。

(一)教学主体层面

教师是教学活动的主导者,教师的教学水平直接关系着有效培养理念能否在法科学生职业能力培养中贯彻落实。

一方面,教师应当具备"对象"意识,时刻关注自己的教学内容对学生的影响——教学不是唱独角戏,离开"学",就无所谓"教"。教师必须认识和确立学生在教学中的主体地位,以学生为中心开展各项职业能力培养教学工作,要树立"一切为了学生发展"的理念,关注学生的实际需要。

另一方面,教师要积极提高自身的法律职业能力教学水平。许多教师常年从事学术研究和教学工作,对于司法实践缺乏足够的了解,难以在日常教学工作中适当、准确、深入地融合实践知识。对此,教师应当积极主动靠近法治实践,同时各大高校应当积极建立高校—实务部门协同培养机制,在引进实务部门人才充实教师队伍的同时,帮助校内的教师群体"走出去",进入实务部门深化对司法实践的理解。

(二)教学方法层面

有效培养理念要求在法科学生职业能力培养的过程中重视教学方法的体系性创新。当前法治人才培养面临着理论与实践脱节、学生主动性不足等突出问题,单纯依赖知识灌输的教学模式已难以适应法治实践对高素质人才的需求。对此,我们有必要通过构建兼具互动性、实践性、创新性的教学方法体系,有效激发学生的主体意识,从而将被动接受转化为主动探索,最终为法科学生职业能力的发展提供可持续动力,这也是打通法科学生职业能力培养路径的关键环节。具体可以从以下三个方面出发:

第一,创设教学情景,活跃课堂气氛。法律职业能力培养与一般法学教学工作不同,其并不是空中楼阁般纯粹的理论探讨,必须深度依托法治实践,以具体化的实践案例和专业知识作为引导,强化学生的认知程度。具体而言,教师在教学过程中应当灵活运用案例教学法,加深学生的代入感;或者是提出具有丰富实践意义的趣味思考题,通过情景设定将学生带入其中,激发学生的学习兴趣,启发学生通过思考发表自己的见解。

第二,开展竞赛,激发学生的进取心。模板式的教学模式停留于让学生被动接受教师讲授的知识,无法激起学生主动学习的热情。教师可以在班上设置法律实践知识竞赛,或者是举办辩论赛,推动法科学生在争论与竞争的过程中不断加深对知识的理解,甚至也能加强学生自主检索和汇总信息的能力,从而变被动接受为主动学习。

第三,使生活走进课堂,让理论贴近实践。教师可以结合当下社会的法治热点问题引导学生深化对知识点的理解。当前许多教材以及教师教学过程中使用的案例虽然与所教授的知识点较为契合,但由于过于陈旧等难以引起学生的兴趣。教师应当牢牢把握时效性,积极选取能够引起学生兴趣的各种社会热点问题或具有深刻探索意义的问题开展教学工作,减少学生与法学知识之间的距离感。例如,在讨论企业社会责任时,可以结合我国近年来脱贫攻坚工作中各个企业所起到的作用来进行讲解。

(三)成果评价层面

我国应当在法科学生职业能力培养中贯彻成果导向理念,推动法科学生职业能力培养成果评价机制的范式转换。成果导向理念要求教学工作充分关注全体学生的学习成果,为全体学生的学习成果设定"一种稳定、公开、透明的评价标准",并在此基础上根据设定的目标教学成果对课程体系和教学方法进行规划设计。[①] 具体到法科学生职业能力培养中,也应当为法科学生职业能力培养设定合理、明确、可量化的成果评价标准。目前我国《普通高等学校法学类本科专业教学质量国家标准》以及各大法学院校的培养方案都对法科学生的总体培养要求作出了规定,但其并非专门针对职业能力培养成果的要求,且由于其内容往往过于宽泛且缺乏有效评价机制,在实践中无法对教学活动发挥有效引导作用。对此,我们可以从以下三个方面出发进行改革:

第一,建立知识—技能—素质综合评价体系。法学知识、法律职业技能和职业素质是我国法治人才法律职业能力的三个不同层面,其中职业素质包括思想政治素质和职业伦理两个方面。未来我国应当为法科学生职业能力培养建立融知识考核、技能考核、素质考核三者为一体的综合评价体系。一

---

① 杜健荣:《法学教育中成果导向理念的运用》,载《法学教育研究》2023年第2期。

方面在充分认识三者区别的基础上对三者进行分别考核评价；另一方面也要认识到三者之间其实也是相互融合的关系，对知识、技能、素质三者中任一项目的考核也必然包含着对其他项目的评价，例如，在考查学生对法学知识的掌握时，也要考查学生是否能充分认识到知识中蕴藏的思政元素，是否能从思政的角度对法学知识进行解读和运用。

第二，建立从一般到特殊的评价体系。我国的法学教育既要培养能适应我国一般法治实践需要的法治人才，也要培养能够适应各种特殊法治实践需要的法治人才。以涉外法治人才为例，目前我国高端涉外法治人才的需求缺口仍然较大，而涉外法治人才内部又可以细分为涉外金融法治人才、小语种国家法治人才、国际仲裁法治人才等。针对上述人才培养成果的考核无法被融入目前全国性的法律职业资格考试中，只能建立专门的评价机制。另外，对于不同的法律职业，如法官、检察官、律师等，也需要建立不同的考核评价机制。综上所述，我国应当针对法科学生职业能力培养成果建立起从一般到特殊的评价体系。

第三，建立量化、可视化的评价体系。我国法科学生职业能力培养成果的评价可以在前述法学知识、职业技能、职业素质三个方面的基础上，进一步细化罗列各项二级甚至三级评价指标，同时对于指标的描述应当尽可能具有可量化、可观察的特征。例如，对于法律职业技能的培养成果，可以下设法律知识技能和法律实务技能两个二级指标，对于法律实务技能可以再下设诉讼文书写作、合同设计与审查、法庭辩论等三级指标，并通过量化评价的方式对上述指标进行考核。

第三节 我国法科学生职业能力培养的主要目标

一、培养具备过硬思想政治素质的法治人才

《关于加强新时代法学教育和法学理论研究的意见》指出，新时代我国的法学教育要"把讲政治作为根本要求……教育引导广大师生做社会主义法治的忠实崇尚者、自觉遵守者、坚定捍卫者"。法治人才培养工作，应始终坚守为党育人、为国育才的根本立场，以树人为核心，以立德为根本，旗帜鲜明

加强思想政治教育、品德教育,加强社会主义核心价值观教育,把立德树人的成效作为检验工作的根本标准。① 法律的生命力在于实施,法律的实施在于人。② 只有具备坚定理想信念和强烈家国情怀的人才能够成为社会主义法治的忠实崇尚者、自觉遵守者、坚定捍卫者,因此,我国法科学生职业能力培养的首要目标就是培养具备过硬思想政治素质的法治人才,这主要包括具备坚定的理想信念和具备强烈的家国情怀两大方面。

(一)具备坚定的理想信念

理想信念是法治人才队伍的精神之"钙",是法治人才的精神支柱。我国的法治人才只有具备了坚定的理想信念,才能够成为马克思主义法学思想和中国特色社会主义法治理论的坚定信仰者、坚决实践者、坚强捍卫者,才能够真正成为我国社会主义法治实践所需要的法治人才。新时代我国法治人才应当具备的理想信念主要包括以下三个方面:

第一,坚持党的领导。党的十八大以来,习近平总书记多次强调,"中国特色社会主义最本质的特征是中国共产党领导,中国特色社会主义制度的最大优势是中国共产党领导"。党的领导是我国宪法的基本原则之一,是社会主义法治最根本的保证。坚持中国特色社会主义法治道路,最根本的是坚持中国共产党的领导。我国的法治人才工作队伍,无论是法官和检察官等公职人员,还是律师、仲裁员、公证员等非公职人员,都应当在履职过程中始终坚定不移地坚持党的领导,这样才能够确保在新时代的复杂法治实践中始终沿着正确的方向前进,才能够在原则问题和大是大非面前旗帜鲜明、立场坚定。

第二,坚持以习近平法治思想为根本遵循。习近平法治思想是全面依法治国的根本遵循和行动指南。习近平法治思想也对创新我国法治人才培养机制作出了重要论述。2017 年,习近平总书记在中国政法大学考察时强调:"法学教育要坚持立德树人,不仅要提高学生的法学知识水平,而且要培养学生的思想道德素养。"我国法科学生职业能力培养的重要目标在于教育引导

---

① 《习近平总书记重视法治人才培养》,载《瞭望》2023 年第 33 期。
② 马怀德:《为强国建设培养高素质法治人才》,载法治网, http://www.legaldaily.cn/index/content/2023 - 04/03/content_8839988.html。

广大法科学生做习近平法治思想的坚定信仰者、积极传播者、模范实践者,推动法治人才后备军养成在法治实践中以习近平法治思想为行动指南的习惯。

第三,坚持社会主义核心价值观。2016年,中共中央办公厅、国务院办公厅印发《关于进一步把社会主义核心价值观融入法治建设的指导意见》,该指导意见要求把社会主义核心价值观"融入科学立法、严格执法、公正司法、全民守法各环节"。社会主义核心价值观是社会主义核心价值体系的内核,体现国家价值目标、社会价值取向和公民价值准则,是社会主义法治建设的灵魂。把社会主义核心价值观融入法治建设,是坚持依法治国和以德治国相结合的必然要求。[①] 2016年以来,最高人民法院、最高人民检察院先后发布多批社会主义核心价值观融入法治建设的典型案例,其范围涵盖民事、行政、刑事、检察监督等司法工作的各个方面。由此可见,坚持和运用社会主义核心价值观是新时代我国法治建设的必然要求,因此我国培养的法治人才也必须做到信仰社会主义核心价值观,在日常履职中贯彻社会主义核心价值观。

(二)具备强烈的家国情怀

从历史到现实,家国情怀是根植于中华民族深层的文化基因。[②] 鲁迅先生说过:"唯有民魂是值得宝贵的,唯有他发扬起来,中国才有真进步。"[③]中华民族数千年的文明历史积淀了深厚的法律文化传统。与此同时,在中国这样一个地域辽阔、民族众多、国情复杂、经济社会发展不平衡的国家探索建设法治国家和法治社会必须坚持从中国实际出发,探索符合中国国情的法治道路,而这条道路就是中国特色社会主义法治道路。培养符合我国社会主义市场经济深入发展要求的高素质法治人才,必须立足中国实际,将具备强烈的家国情怀作为法治人才的基本要求,这主要包括以下两个方面:

一方面,法治人才要有从中国实际出发看待问题、分析问题、解决问题的理念和能力。习近平总书记强调指出,"全面推进依法治国,必须从我国实际

[①] 最高人民检察院《关于印发〈检察机关依法能动履职推动社会主义核心价值观融入法治建设典型案例(第一批)〉的通知》。
[②] 《习近平总书记重视法治人才培养》,载《瞭望》2023年第33期。
[③] 马祖云:《把家国情怀融入不懈奋斗》,载《人民日报》2020年11月3日,第4版。

出发,同推进国家治理体系和治理能力现代化相适应,既不能罔顾国情、超越阶段,也不能因循守旧、墨守成规"①。从中国实际出发是全面推进依法治国的基本原则,我国的高素质法治人才在法治实践中应当能够准确把握中国的基本国情,从中国社会、中国人民的实际需要出发解决法治疑难问题,而不能生搬硬套西方的法治理念和模式。

以我国社会治理领域一面历久弥新的"旗帜"——新时代"枫桥经验"为例。②"枫桥经验"正是在充分认识我国社会群众自治、德法相融、调解为上、和睦相处的纠纷解决传统的基础上,③牢牢抓住基层基础,结合中国人民的价值偏好以及我国的现实国情,最大限度地把矛盾风险防范化解在基层。"枫桥经验"之所以能重新焕发生机,正是因为深化了对基层党组织建设与基层社会治理良性互动关系的认识,升华了对正确处理新形势下人民内部矛盾规律的认识。④

另一方面,法治人才要有扎根中国大地、艰苦奋斗、无私奉献的精神。我国不仅需要培养具有国际视野、能够走出国门的法治人才,同样也需要能够扎根中国大地、深入基层、满足基层法治需求的法治人才。近年来,随着全面依法治国的深入推进,我国广大基层尤其是中西部地区基层对于法治人才的需求越来越强烈。无论是贯彻"马锡五审判方式",还是发扬新时代"枫桥经验",都需要具备扎根基层、艰苦奋斗、无私奉献等精神的法治人才来弥合我国司法供给与基层法治需求之间的差距。不仅法官、检察官等司法工作部门的工作人员要牢牢扎根基层,律师等社会服务机构中的法治人才也要积极为我国的基层法治建设作出贡献。例如,2023 年,司法部办公厅印发《关于建立健全律师行业东中西部对口帮扶机制的方案》,建立健全律师行业东中西部对口帮扶机制。此后,一批优秀青年律师被选派到西部律师资源匮乏地区执业锻炼,满足西部地区人民群众对法律服务的客观需要,这就是法治人才

---

① 习近平:《加快建设社会主义法治国家》,载《求是》2015 年第 1 期。
② 陈存根、郑功成、王其江:《坚持和发展新时代"枫桥经验"与社会治理》,载《社会治理》2024 年第 1 期。
③ 郑功成:《"枫桥经验"的中国意义与时代价值》,载《社会与公益》2023 年第 12 期。
④ 万建武:《"枫桥经验":"中国之治"的一张金名片》,载求是网,http://www.qstheory.cn/dukan/qs/2023 - 12/01/c_1129998512.htm。

扎根基层、艰苦奋斗、无私奉献的典范。

法治人才要牢记"国之大者",继承老一辈法律人胸怀祖国、服务人民的优秀品质,深怀爱国之心,砥砺报国之志,主动担负起时代赋予的使命责任,由此才能真正成为根植中国大地、反映人民意愿、适应时代发展要求的新时代高素质法治人才。

二、培养具备科学职业伦理观念的法治人才

《关于加强新时代法学教育和法学理论研究的意见》指出,我国法治人才培养应当健全法律职业伦理和职业操守教育机制,培育学生崇尚法治、捍卫公正、恪守良知的职业品格。法律职业伦理是伦理规范的一种,是对于法律职业从业者行为的外在评价和要求。伦理规范既包含利于"社会有序化"的基本行为要求,也包含"有助于提高生活质量和增进人与人之间紧密联系"的更高行为要求。① 相应地,我国培养的高素质社会主义法治人才所应具备的职业伦理观念也包含针对法律职业从业人员基本行为要求的"底线型法律职业伦理"以及有助于法律职业从业人员实现更高层次精神和社会追求的"实现型法律职业伦理"两大类型。

(一)底线型法律职业伦理

底线型法律职业伦理是通过国家规范的形式对法律职业从业者设定的基本行为要求,是一种义务性、强制性的行为规范。底线型法律职业伦理不仅要求法律职业从业者"不为"某些行为,同时也要求法律职业从业者在符合法定条件时"应为"某些行为。可以说,底线型法律职业伦理是维持我国司法以及法律职业共同体的内在秩序,维护司法公信力的基本保障之一。

不同法治实务部门的从业者需要遵循的底线型法律职业伦理要求也存在差异。例如,我国有关法官的法律职业伦理要求主要规定在全国人民代表大会常务委员会制定的《法官法》以及作为最高审判机关的最高人民法院在《法官法》的基础上制定颁布的《法官职业道德基本准则》《法官行为规范》

---

① 廖永安、刘浅哲:《论新时代法律职业伦理教育的内在价值、关键目标及内容构造》,载《法学教育研究》2022年第2期。

中。法官法律职业伦理的重心在于保障司法审判活动的公正性和效率,并积极维护司法活动的权威性,由此衍生出了保障司法公正、提高司法效率、保持清正廉洁、维护司法礼仪等具体要求。① 如果法官违反了上述行为要求,则有可能受到多种形式的惩罚。例如,法官贪污受贿、徇私舞弊、枉法裁判的,依据《法官法》第 46 条的规定可能被处以纪律处分;构成犯罪的,还需要承担贪污罪、受贿罪、枉法裁判罪等罪名的刑事责任。又如,我国针对律师的职业伦理要求既存在于《律师法》《关于进一步加强律师职业道德建设的意见》《律师执业管理办法》《律师和律师事务所违法行为处罚办法》等公权力机关制定颁布的规范性文件中,也包含在《律师职业道德基本准则》等全国性或地方性律师行业自律组织制定的规范中,其规范渊源较为广泛。根据《律师职业道德基本准则》,我国律师的基本职业伦理要求包括坚定信念、执业为民、维护法治、追求正义、诚实守信、勤勉尽责等内容。律师职业伦理要求的重心在于律师与委托人之间的关系,根据《律师法》《律师执业管理办法》的规定,律师对外接受委托,应当做到规范代理身份、不得虚假承诺、履行风险告知义务、理性引导委托人等要求。

综上所述,基于所承担的角色的不同,我国不同法治实务部门的法律职业从业者所应当遵循的底线型法律职业伦理也具有相异的规范渊源和内涵重心,但这些法律职业伦理要求均是义务性、强制性的行为规范,任何法律职业从业者都应当严格遵循,否则不仅自身需要承担相应的法律责任,也会危及特定类型法律职业甚至是法律职业共同体的声誉。

(二) 实现型法律职业伦理

"它是以人类所能达致的最高境界作为出发点"②,与底线型的法律职业伦理要求不同,实现型的法律职业伦理并非从国家规范层面对于法律职业从业者行为作出的强制性要求,而是国家、社会乃至于法律职业从业者自身对其行为提出的一种更崇高的,旨在实现法律职业从业者人生和社会价值的道德期许。习近平总书记指出,"立法是为国家定规矩、为社会定方圆的神圣工

---

① 许身健:《法律职业伦理》(第 3 版),中国政法大学出版社 2021 年版,第 116 – 124 页。
② [美]富勒:《法律的道德性》,郑戈译,商务印书馆 2005 年版,第 8 页。

作""执法是把纸面上的法律变为现实生活中活的法律的关键环节""司法是社会公平正义的最后一道防线"。① 由此可见,法治人才大多从事立法、执法、司法等关键岗位的工作,掌握重要国家权力,肩负重大历史使命。② 也正因如此,法律职业从业者所应遵循的法律职业伦理不仅包括底线型法律职业伦理,还包括以为国家和社会无私奉献、实现自身人生和社会价值为目标的非强制性的实现型法律职业伦理。

例如,自 2009 年起,司法部、共青团中央联合发起"'1+1'中国法律援助志愿者行动",每年组织一批律师志愿者、大学生志愿者或基层法律服务工作者,到中西部律师资源不足的地区服务一年,为当地的经济困难群众提供法律援助服务。自项目实施以来,已连续 13 年向中西部地区的 400 多个县(区)派出法律援助志愿者 2200 余人/次,办理法律援助案件 8.8 万余件,开展普法宣传和法治讲座 2.5 万余场次,化解群体性矛盾纠纷 2.7 万余起,为受援群众挽回经济损失或取得合法经济利益 47 亿余元。③ 又如,为了支援西藏的无律师县,2019 年 7 月,司法部从全国选派志愿律师,开展"援藏律师服务团"公益服务活动。自该项目启动以来,共有 200 余名律师深入西藏 7 市(地)无律师县开展法律服务工作,为弱势群体办理各类法律援助案件 3800 余件,接待法律咨询近 34 万人次,开展法治宣传讲座 760 余场,为当事人挽回经济损失 1.71 亿元。④ 再如,内蒙古自治区锡林浩特市人民法院白音锡勒人民法庭积极践行和发扬新时代"枫桥经验",依托"马背法庭"开展巡回审判,广泛对接基层司法所、牧区等基层单位,积极邀请调解员为牧区群众讲事理、论法理、说情理,用群众听得懂的语言、容易接受的方式化解矛盾。

无论是在"'1+1'中国法律援助志愿者行动"以及"援藏律师服务团"项目中前往西部为当地经济困难群众提供法律援助服务的律师,还是坚持从群众中来、到群众中去的原则,依托"马背法庭"践行新时代"枫桥经验",来到

---

① 习近平:《论坚持全面依法治国》,中央文献出版社 2020 年版,第 116 页。
② 马怀德:《完善法治人才培养体系》,载《民主与法制》2022 年第 14 期。
③ 详见法援惠民行动网,https://www.claf.com.cn/claf/1921/11xm/1xmjs/index.html,2024 年 3 月 14 日最后访问。
④ 《2021 年度"援藏律师服务团"启动仪式在拉萨举行司法部选派 70 名律师赴西藏无律师县开展公益法律服务》,载司法部官网,https://www.moj.gov.cn/pub/sfbgw/gwxw/xwyw/202107/t20210729_432905.html。

牧区群众身边释法说理的白音锡勒人民法庭,他们的行为都并非基于法律或其他类型规范的强制性规定,而是真诚信仰中国特色社会主义法治道路和习近平法治思想的体现,其目的在于为切实增强人民群众法治获得感、推进全面依法治国贡献自己的一份力量,这也是实现型法律职业伦理的生动体现。

三、培养具备扎实法学知识根底的法治人才

何美欢教授认为,中国法学教育在传授知识的层面上存在基础性不足、覆盖面不广的问题,即"一方面能对'前沿的'、深奥的东西如数家珍,滔滔雄辩;另一方面不屑学习基础知识,对基本知识只有单薄的、贫乏的认识"[①]。葛云松教授也持一致观点,指出我国的大多数法科学生对法学知识缺乏体系性的深入理解,对于法律的基本概念以及许多具体的法律规则都无法做到深入完整的理解,这严重影响了他们运用所学的法学知识解决实际法律问题的能力。[②] 上述情况显然与法治实践的需求不相符,我国法科学生职业能力的核心组成要素之一是具备扎实的法学知识根底,即学生应当具备深入、系统、复合的法学知识结构,这一方面是指法科学生对法学专业知识的了解必须足够深入,另一方面也指我国的法科学生应当具备系统而复合的整体法学知识结构。

(一)纵向维度:强化知识学习深度

未来我国法科学生职业能力培养应当致力于强化法科学生的知识掌握深度,这主要包括以下两个方面:

一方面,法科学生应当学以致知,深入学习理解法学知识。"工欲善其事,必先利其器",深入学习法学知识是培养法科学生职业能力的第一步,也是最为基础的一步。在这一阶段,我们对法科学生的培养不仅应当重视法学知识传授的广泛性,即帮助法科学生广泛学习从实体法到程序法,从理论法到部门法的各个法学学科的专业知识,更应当注重法科学生对专业知识学习

---

① 何美欢:《理想的专业法学教育》,载《清华法学》2006年第3期。
② 葛云松:《法学教育的理想》,载《中外法学》2014年第2期。

的深入性,要强化学生的知识掌握深度,而不能停留于对知识进行表面化、浅尝辄止的了解。法科学生应当全面深入地学习法学知识当中的基础概念、核心范畴、基础理论、具体规则、立法背景、规范沿革等内容,做到既能紧跟法学研究和法治实践中的法学前沿理论和问题,也能够牢牢把握从基本原则到具体规则的法学基础知识。

另一方面,法科学生应当学以致用,能够灵活有效运用学到的法学知识。实践是认识的目的和归宿,评价法科学生是否具备纵深掌握知识能力的另一大标准就是其是否能够灵活运用所学到的法学知识。我国的法科学生在面对法治实践问题时不能"手足无措……将自己仍然基于普通人的公平感而获得的粗浅结论,包装在似乎'从天而降'的法律概念(而非现实的法律制度)之中"①,而必须运用法学知识对问题进行分析、理解并提出可行的解决方案,以法律人的视角、法律人的方法提出法律人的解决方案。

(二)横向维度:具备复合型知识结构

近年来,我国法学教育在顶层设计层面越来越重视复合型法治人才的培养。2018年教育部和中央政法委联合发布的"卓法计划2.0"中提出,要"鼓励高校开发开设跨学科、跨专业新兴交叉课程……丰富学生跨专业知识,培养学生跨领域知识融通能力和实践能力"。《关于加强新时代法学教育和法学理论研究的意见》又着重强调要通过推进法学和经济学、社会学、政治学等社会科学以及自然科学等学科交叉融合发展,培养高质量复合型法治人才来完善我国法学教育体系。帮助法科学生建立复合型的知识结构其实正是学科融合理念的主要目标,学科融合理念包括法学学科内部的融合以及法学与其他学科之间的融合两个方面。相应地,我国法科学生和法治人才应当具备的复合型知识结构也包括法学学科内部知识之间的复合以及法学与其他学科知识之间的复合两个方面。

一方面,复合型的知识结构要求法科学生能够贯通结合法学学科内部不同部门法甚至是理论法与部门法的知识。正如前文所述,法治实践中的法律难题往往无法通过单一部门法被解决,而必须同时以多个部门法的视角予以

---

① 葛云松:《法学教育的理想》,载《中外法学》2014年第2期。

完整分析、理解并最终解决。例如,在刑事案件中,刑事辩护律师不仅应当从刑事实体法层面反驳控方指控的具体罪名,同时也要能够灵活运用刑事诉讼法等程序法规定保护被告的合法权益,甚至在证据合法性等问题上,程序法上的规定更是能够直接影响实体指控是否成立。因此,我国法科学生应当具备法学知识之间相互有机联结的复合型知识结构。

另一方面,复合型的知识结构要求法科学生对法学知识的理解应当具有跨学科性。法科学生应当具备的扎实法学知识根底并非孤立的法学知识体系,而是与其他学科的知识存在交融复合的更为生动、更具实践面向的法学知识体系。以医事法学为例,医事法是旨在调整基于医疗服务活动而产生的各种社会关系的法律规范的总称,医事法学则是研究与医事活动有关的法律问题的法律科学。① 若医事法治人才缺乏对医学、伦理学、公共卫生等领域知识的了解,其也难以称得上真正理解了医事法学知识。再如工程法学人才也必须打通工程学与法学知识之间的通道,否则其所学习的工程法学知识也难堪实践之用。除工程法学、医事法学外,人工智能法学、环境法学、数字法学、海洋法学等新型法学学科也都要求法治人才对不同学科知识的理解具有贯通性。

四、培养具备卓越法律实践能力的法治人才

法学是实践性很强的学科,法律实践能力是我国法科学生职业能力中最重要的组成部分之一。有观点指出,目前我国国内法律实务界普遍认为高校法科毕业生缺乏实践能力。② 当前,我国国内法治实践和涉外法治实践日益复杂化,各种复合型新兴法学领域不断涌现,我国与海外各国的经贸文化交流也渐趋深入,这也对我国法治人才的法律实践能力提出了全新的要求,要求我们应当重视法科学生法律实践能力的培养。法律实践能力并不仅仅指实务能力,我国法科学生或者说法治实践人才应当具备的法律实践能力包括智能技能和实务技能两种不同面向、不同类型的能力,前者是指法科学生应

---

① 汪青松:《加快推进医事法学学科高质量发展》,载《西南政法大学学报》2023年第2期。
② 李其瑞、冯飞飞:《中国法学教育70年:发展历程、问题反思和未来展望》,载《法学教育研究》2020年第2期。

当具备的法律基础技能,而后者则是与特定法律职业相关的实务能力。

(一)具备出色的法律智能技能

英国律师公会于1988年发表的改革报告中列出了24项律师需要掌握的技能,其中12项为法学专业教育应当注重的智能技能,包括:(1)对实体法的足够知识;(2)认定法律问题和就法律问题构建有效和中肯切题的论证的能力;(3)明智地运用一切资料进行研究的能力;(4)明白任何法律的基础政策以及社会环境的能力;(5)分析和阐明抽象概念的能力;(6)识别简单的逻辑上和统计上的错误的能力;(7)书写和讲述清楚简明的汉语的能力;(8)积极学习的能力;(9)认定和核实任何与法律问题相关的事实的能力;(10)分析事实和就被争议的事实构建或批评某论证的能力;(11)对法律实务和程序的足够知识;(12)有效率地适用法律的能力,即解决问题的能力。①

根据上述清单,对实体法和程序法知识的了解并非法律智能技能核心所在,何美欢教授指出,智能技能的核心在于了解如何使用载着法律概念及规条的文字,即对法律知识和法律问题进行理解、适用、分析、归纳、评价的能力。培养法科学生的智能技能就是在培养法科学生的法律思考能力。② 概言之,法律智能技能具有普适性而不受限于具体的法律职业方向和业务领域,无论是法官、检察官、律师,还是仲裁员、监察官、公司法务,都应当具备上述12种法律智能技能。随着我国国内法治实践的日益复杂化,我国法科学生职业能力培养中针对法律智能技能的培养也应当积极顺应法治实践的变化,融合新兴复合型法治领域的特征和内在需要对法律智能技能的培育教学进行更新改造。智能技能的核心是理解、适用、分析、归纳、评价,我国法科学生应当具备无论面对何种业务领域和业务方向,都能够有效使用上述智能技能对该领域的实体和程序问题进行深度法律分析并提出合理解决方案的能力。例如,踏入人工智能法治实践中的法治人才应当具备收集运用资料对人工智能法学相关问题进行研究的能力和发现人工智能技术所涉及的科技伦理、数据安全、法律责任承担等现实问题以及适用法律规定对相关问题进行

---

① 何美欢等:《理想的专业法学教育》,中国政法大学出版社2011年版,第4页。
② 何美欢:《理想的专业法学教育》,载《清华法学》2006年第3期。

分析等方面的能力。此外，随着我国对外开放的进一步深化，我国与海外的经贸文化交流也日益频繁，这也要求我国的法治人才所具备的法律智能技能一方面要能够应对不断变化的涉外法治实践的需要，另一方面也要与域外法律人才的法律智能技能实现合理接轨，推动我国法学教育的国际化。

（二）具备坚实的法律实务技能

与法律智能技能不同的是，法律实务技能具有一定的职业性和领域性。法律实务技能包括起草审查法律文件、与客户进行有效沟通、代表客户进行谈判等与特定法律职业和业务领域相关联的，精通并能灵活运用法律程序等方面的能力。法律实务技能与特定法律职业和业务领域相关联，不同法律职业的从业人员甚至同一法律职业但不同业务领域的从业人员所需的法律实务技能可能都存在差异。例如，律师应具备的法律实务技能包括起草审查法律文件的能力、对事实进行调查的能力、法庭辩论的能力、提供法律咨询的能力、进行谈判和磋商的能力等。[1] 法官应具备的法律实务技能则包括起草裁判文书的能力、引导双方进行调解的能力、把握庭审进程的能力等。即使属于同一法律职业，不同业务领域所需要的法律实务技能也可能存在不同，如从事投融资、并购、公司上市等业务的律师所具备的实务技能偏重法律文件的起草和事实调查，而从事诉讼业务的律师则偏重法庭辩论等与庭审相关的实务技能。

在法科学生职业能力培养阶段适当地为法科学生开展法律实务技能教学有助于促进广大法科学生在进入法律实务部门的初始阶段更快实现所学理论知识与法治实践的顺利结合。随着我国涉外法治实践的进一步深入发展，我国法科学生职业能力的培养也应当注重涉外法律实务技能。一方面，各大法学院校应当进一步拓展法律实践教学的广度和深度，培养一批精通国际贸易、海商海事、金融与资本市场、跨国犯罪追逃追赃、跨境投资、民商事诉讼与仲裁、能源与基础设施、知识产权及信息安全等涉外法律实务领域的法治人才；另一方面，各大法学院校也应当关注国际环境保护、网络信息、生物

---

[1] 杜健荣：《法学教育的能力观：域外经验与中国选择》，载《法学教育研究》2020 年第 1 期。

技术、气候变化、公共卫生以及外空极地等近年涌现的新兴国际法律问题,结合我国法治实践的现实发展趋势对法律实务技能的培养模式作出相应调整。

法律智能技能和法律实务技能都属于法律实践能力的重要组成部分,但法律实践能力培养中仍应当主次分明、轻重有序地对二者的教学强度和深度进行合理配置。一方面,法律实务技能具有明显的职业性,不同法律职业所注重的法律实务技能存在较大差异,但我国许多法科学生在进入法律实务部门后所从事的业务方向可能与其在高等教育阶段的学习方向并不一致,因此对法科学生法律实践能力的培养有必要强化具有共通性的技能的培养;另一方面,高校作为非法治实务部门本身在实务技能培养教学上就不具备优势,但高校仍然是法学教育甚至是法科学生职业能力培养的主要阵地,法治实务部门仅仅是一种补充性存在,在这种背景下不宜过于强调法律实务技能在法科学生职业能力培养阶段的重要性,以免花费大量人力物力培养法科学生的实务技能,却收效甚微,目前的模拟法庭、法律诊所等实践课程存在的"符号化"倾向正是高校这种天然劣势的体现。① 综上所述,我国在法科学生法律实践能力的培养上应当以具有共通性的法律智能技能为主,以法律实务技能为辅,着重将有限的课程和师资资源分配给智能技能培养,并在此基础上适当开展实质性的法律实务技能培养,以实现培养效益的最大化。

---

① 许身健:《卓越法律人才教育培养计划之反思与重塑》,载《交大法学》2016年第3期。

第三章　域外法科学生职业能力培养模式的考察

第一节　大陆法系法科学生职业能力培养模式的考察

一、德国：双元制模式下的法律职业能力培养

德国双元制模式发轫于中等职业教育，发展于高等教育。经过60多年的发展，德国双元制高等教育形成了职业学院、双元制大学，以及在这两种机构中开设的双元制专业、在综合性大学中设置的双元制专业等双元制高等教育体系。德国双元制高等教育是该国产业结构升级转型和知识生产模式升级变革的产物[①]，它驱动着德国高等教育产教深度融合，"职业"与"学术"的深度融通：教学内容上的理论与实践紧密融合，教学场所上的高校与职业岗位的耦合交替。正是在这一趋势下，双元制模式融入德国法学教育，以强化毕业生的实践能力，应对就业市场对人才实践能力的需求以及法律职业"学术性"与"职业性"融合的趋势。[②] 研究表明，截至2021年1月，法学和经济学双元制专业数量占所有双元制专业数量的四分之一以上[③]。

[①] 徐理勤、张华辉、王兆义：《德国双元制高等教育的特色及其启示》，载《高等教育研究》2022年第11期。

[②] 徐理勤、张华辉、王兆义：《德国双元制高等教育的特色及其启示》，载《高等教育研究》2022年第11期。

[③] 孙进、郭荣梅：《超越双元制学业模式——德国职业教育与学术教育融合的新进展》，载《高等教育研究》2022年第10期。

(一)双元制模式概述

1. 双元制模式的内涵与特点

双元制(Dual System),也译为双轨制、双重制。① 双元中的一元指职业学校,另一元指企业,是以学生职业能力的培养为导向,学校教育与企业培训共同主导完成的学徒制职业教育或培训。其主要特点有:一是开放性。双元制职业教育层次丰富、纵横贯穿,既贯穿中等教育、高等教育,也使职业教育可与普通教育沟通转换。二是双重性。首先是育人主体的双元性,即职业学校和企业是共同的育人主体,且两个主体交替教学;其次是受教育者身份的双重性,学生同时兼具企业学徒和职业学校学生双重身份,每周在企业和职业学校合理分配时间;最后是教育过程的双任务,理论教育与实务训练充分结合,通过职业学校的理论学习获得学校教育证书,而企业中的学习则以通过行业职业资格考试为目标。三是体系性。形成了政府、行业协会、学校、企业等共同参与,职业教育法律体系予以保障的体系化的双元制教育模式。目前,德国职业教育法律规范从宏观到微观均对双元制的具体运行进行了详细规定,就职业教育的教育标准开发、检测、运行、研究、经费等提供必要的机制保障。

2. 双元制模式的结构与运作机制

双元制教育模式是德国独特的职业教育体系,从学校、企业、政府、教师和学生的关系来看,双元制的结构主要包括以下几个方面:(1)合作伙伴关系。双元制教育建立在学校、企业和政府之间的紧密合作基础上,这种合作关系确保了教育内容的实用性和与劳动市场的紧密联系。(2)学徒合同。学生和企业之间签订学徒合同,规定了培训期间的权利和义务,包括工资、工作时间和假期等。这为学生提供了一定的经济保障和实践机会。(3)两个学习场所。双元制模式的核心在于学习过程同时在职业学校和企业两个地方进行。学生一部分时间在职业学校学习理论知识,另一部分时间在企业中进行工作实践。双元制教育强调理论知识和实际技能的结合。学生在职业

---

① 顾月琴:《德国双元制和北美CBE职教模式的比较研究》,载《黑龙江高教研究》2015年第11期。

学校学习的理论知识可以在企业实践中得到应用和巩固,而在企业中遇到的实际问题又可以在学校中寻求理论解答。(4)国家标准与考核。德国政府制定了统一的职业教育标准和考核体系,确保了教育质量。学生完成双元制教育后需要通过最终考试,才能获得相应的职业资格证书。

总的来说,首先,在进入双元制教育体系前,申请人必须具备"一般高校入学资格"和"与专业相关的高校入学资格"或者同等学力,而这两类资格可以在中学获得。其次,学生在选择合适的职业方向后,会与企业签订合同,正式成为该企业的学徒。在整个教育周期内,学生将在企业和职业学校之间交替学习。在企业中,学生将接受专业的指导和培训,参与实际的工作流程,学习必要的职业技能;在学校中,学生则会学习相关的理论知识,包括基础课程、专业基础等内容。最后,学生在完成双元制教育后,需要通过相关考试获得职业资格证书。这些考试由行业协会和商会等机构负责组织,确保学生达到了行业标准。① 因此,德国双元制教育模式主要基于两个核心组成部分:企业的在职培训和职业学校的理论教育。在整个教育过程中,学生花费60%~70%的时间在企业中进行实际工作学习,剩余的30%~40%的时间则在学校接受理论教育。

(二)双元制模式下法律职业能力培养的要点

总的来看,德国传统法律职业人才培养以"法官"为主的制度设计导向,呈现"两阶段"②"双轨制"的特点,即高校法学基础教育阶段(四年)和毕业后通过第一次国家考试进入候补文官见习阶段(两年),由高等学校和法律职业用人单位共同参与。由于受到德国现代教育"学术自由、教学自由、研究自由"思想的影响,以及"重法典化和理论研究,轻实践"的法治传统,长期以来,高等法学教育学术性有余而实践性不足。

在德国,法学教育兼具职业性和学术性的双重特点,随着"职业学术化"

---

① 朱方来:《中德应用型人才培养模式的比较研究与实践》,清华大学出版社2014年版,第11-17页。
② 王尧:《法学教育何以通达法治实践——〈德国法学与当代中国〉读后》,载《法学教育研究》2023年第4期。

和"学术职业化"对职业性和学术性的融通提出了更高要求,①将双元制教育模式融入高等法学教育,在大学中设置双元制专业,将传统法学教育的两阶段、双轨制向加强法律职业定位的双元制进行改造②,是可行的路径。总的来看,在教育宗旨、思路、结构等方面,德国高等教育中的双元制与职业教育双元制类似。③ 具体就法学教育而言,可以从以下方面予以观察。

1. 培养目标的转向

培养目标由以"法官为主"转向以"律师为主"。原"双轨制"下,德国法学教育的基本培养目标是以法官为主的司法人才,④但实际上一般只有少数人从事法官职业。2002 年的《德国法学教育改革法》在保留双轨制的前提下,以职业领域为导向,强化法学专业毕业生对欧盟统一市场的适应能力,在课程设置中增加欧洲法的内容,同时,在校内的基础阶段和校外见习的专业阶段强化律师职业能力的培养。⑤ 在此基础上,修改后的《德国法官法》申明培养目标为"具有全方位工作能力的法律人"⑥,修改后的《德国律师法》则规定,律师应参与法科学生和法务实习生的实训教育、培训、考试等环节。

德国法学教育目标由单一的以"法官"为中心的司法人才培养,转向具有"全面工作能力"的法律职业人才,其原因是多方面的。全球化的时代背景、竞争日益激烈的欧盟统一市场、法律职业的细分发展等对法学应用型人才的需求激增,原有"司法型"较为单一的人才培养模式难以满足社会需求,这些因素推动了 21 世纪以来德国以实践性为导向的法学教育改革。

---

① 徐理勤、张华辉、王兆义:《德国双元制高等教育的特色及其启示》,载《高等教育研究》2022 年第 11 期。

② 德国高校的双元制专业涵盖本科和硕士层次,从学科领域来看,主要涉及工科、法律和经济、数学和自然科学、健康、社会科学等。参见咸佩心、陈洪捷:《德国高校双元制:背景与前景》,载《高等教育研究》2022 年第 11 期;徐理勤、张华辉、王兆义:《德国双元制高等教育的特色及其启示》,载《高等教育研究》2022 年第 11 期;等等。

③ 咸佩心、陈洪捷:《德国高校双元制:背景与前景》,载《高等教育研究》2022 年第 11 期。

④ 秦天宝、扶怡:《德国法学教育的新发展及对我国的启示》,载《江苏大学学报(社会科学版)》2014 年第 5 期。

⑤ 邵建东:《德国法学教育最新改革的核心:强化素质和技能》,载《比较法研究》2004 年第 1 期。

⑥ 彭海青:《21 世纪以来中德法学教育实践性导向改革的比较与相互启示》,载《法学教育研究》2018 年第 1 期。

2. 课程设置的调整

伴随培养目标的调整,课程设置由"偏重司法"向培养"律师导向的""具有全方位工作能力的"法律人进行调整。

传统"双轨制"下,法学高等教育的校内学习包括基础、专业、重点领域、复习四阶段,①开设必修和选修两种基本课程,但偏重必修课程的设计,使选修课容易被学生忽略;同时,从学习内容的设计来看,忽视欧盟法及国际法、外国法等,侧重国内法,这样的安排已不能适应欧盟一体化进程。另外,专业阶段的校外见习安排在义务站点②和选择站点③,原有目标下偏重"司法型"实践,使学生的法律职业能力、实践能力和综合素质得不到全面训练。

对此,调整后的课程设置改革体现为"律师导向"、满足"全面法律职业能力"培养的内容。一是在基础阶段课程设置中强化职业技能的培养。如《法官法》中规定,法科学生的职业素质包括法庭中的论辩能力、仲裁和调解中的调查沟通能力④、谈判管理能力、和解能力、多元纠纷解决能力,这些素质在司法、法律行政和法律咨询等实践中至关重要。二是拓展专业见习阶段的岗位、时限等。新《德国法官法》规定,法务见习点仍包括必修和自选两个方面。必修点涵盖民事(地方法院民庭)、刑事(检察院或法院刑庭)、行政(行证署)和律师行四类岗位。延长在律师行的见习时间,律师行的见习期至少9个月,在其他必修点的见习期至少3个月。此外,允许各联邦以公证处、公司、社团和其他教育机构作为律师站点的变通见习点,并通过联邦法规予以规范,保障变通见习点的实务培训基本条件。三是增加法律咨询、服务等与司法系统无直接关联的课程。如经济学、跨学科课程或其他非法律专业课程,以提升专业综合素质,同时提高选修课的比重和地位。四是增加课程的国际化元素。增加外语和外国法课程,以适应欧洲一体化和经济全球化。

---

① 喻玲:《从法官型人才向律师型人才转变——德国法学教育的发展及其对我国的启示》,载《法学教育研究》2019年第4期。

② 义务站点包括民事、刑事法院、检察院、行政机关和律所。

③ 选择站点包括联邦即州立法机关、公证处及行政、财税、劳动或社会法院、工会、雇主联合会、职业自治社团、国际组织、外国教育部门及律师事务所。参见秦天宝、扶怡:《德国法学教育的新发展及对我国的启示》,载《江苏大学学报(社会科学版)》2014年第5期。

④ 彭海青:《21世纪以来中德法学教育实践性导向改革的比较与相互启示》,载《法学教育研究》2018年第1期。

3. 教学方法的改革

传统"双轨制"下,德国大学的法学教育实行课程制而非班级制。课程分为讲授课、练习课、研讨课和小型讨论课[①]。讲授课以帮助学生理解抽象概念和复杂理论为目标,课程的学术性和知识的系统性显著。练习课主要对复杂的教学案例进行讲解研究,这些教学案例经过精心设计,实践性有所不足。研讨课围绕特定问题展开讨论,学生逐一发言报告自己的研究心得,并提交课程论文。小型研讨课由助教和博士生主持,是讲授课和练习课的配套设计,结合案例分析训练,主要帮助学生解决基础和专业学习中有关民法、刑法等必修课的疑问。由于德国法学教育注重法典化和理论训练的学术传统,上述课程教学偏重理论和法条的讲授,忽略实践性;案例教学也重点关注学生基于请求权基础的法律分析能力和思维训练,使学生像"法官那样解决问题"[②],而法律职业细分类型广泛,检察官、律师、行政管理人员、公司法务等各有其职业能力侧重点,因而,"具有全方位工作能力的法律人"的社会普遍要求亟须回应。

以实践性为导向的德国法律教育改革向培养学生的职业能力、社会能力和方法能力转变。在保留传统课程类型的基础上,加大讨论和练习课程的比重,[③]更新课程教学方法。尤其是针对大部分毕业生从事律师职业的实际情况,教学方法也向强化律师职业转向,如将律师思维和律师实务训练贯穿到教学方法中。[④] 此外,以问题的发现和解决为导向的行动教学法、强调学生参与实践全过程的整体性教学法等均作为原有课程教学方法的补充,强调学生观察、发现、分析和解决问题的能力。

4. 考核机制的变革

传统"双轨制"下德国法学教育采取"宽进严出、逐级淘汰"的机制,在此机制下学生成为法官等司法职业者的前提条件是通过两次国家考试。第一

[①] 秦天宝、扶怡:《德国法学教育的新发展及对我国的启示》,载《江苏大学学报(社会科学版)》2014 年第 5 期。

[②] Reinhard Zimmer, Juristische Bücher des Jahres: Eine Leseempfehlung, NJW 49 (2011), S. 3557.

[③] 陈啸:《德国现代高等教育理念探析》,载《教育发展研究》2003 年第 Z1 期。

[④] Gilles, F. Juristenausbildung 2003 – Anmerkungen zur neuesten Ausbildungsreform. NJW, 2003(1) 707 – 711.

次国家考试在法科学生完成校内学习、取得必需的学分后参加,这一阶段,法科学生平均用时10学期。考试内容限于校内必修、选修课,考试方式为笔试和口试两种,第一次国家考试将淘汰约五分之二的毕业生。① 第二次国家考试在2年见习期结束后进行,约五分之一的考生被淘汰。较长的校内学习期和较高的淘汰率使法科毕业生人数不能满足社会需求。

双元制模式下,国家考试是法学专业学生的毕业方式以及获取学位和职业资格的方式。② 对此,德国对法律职业的国家考试制度进行了调整:将第一次国家考试分为大学考试(原选修课部分)和国家考试(原必修课部分)两个环节,落实法学院校对法科学生的培养责任,考查法科学生法律职业的基本能力;改革第二次国家考试,在参与主体上强调应有一定比例的律师参与命题、测试环节,考试内容也要求更多地涉及案例分析、论证表达技巧、法条适用等律师实务。总体上,大学考试与国家考试的分数占比为30%和70%,国家考试以闭卷考试为主,口试为辅。③ 在德国,法学教育和考试的立法权属于各州④,因而,绝大多数德国法学院均开设通过第一次国家考试即满足毕业条件的法学专业,⑤即通过法学院毕业考试和第一次国家考试,学生即可取得法学学位和法律见习资格。

5. 保障机制的完善

目前,德国法学教育已形成联邦、联邦州、大学自治三个层次,教育法、法律职业法两个领域的基本法律制度体系。⑥ 具体为:联邦层面的《德国基本法》《德国高等院校框架法》《德国法官法》《德国联邦律师条例》《德国联邦公证人条例》等,为法学教育设置一些基本的原则和条件。⑦ 联邦州层面,根据联邦层面的框架性原则,对各州高等法学教育和考试、法律人教育和考试

---

① 秦天宝、扶怡:《德国法学教育的新发展及对我国的启示》,载《江苏大学学报》2014年第5期。
② 孙进、郭荣梅:《超越双元制学业模式——德国职业教育与学术教育融合的新进展》,载《高等教育研究》2022年第10期。
③ 卜元石:《德国法学与当代中国》,北京大学出版社2021年版,第208页。
④ 张慰:《成为德国法官的教育之路》,载《法学教育研究》2017年第1期。
⑤ 田士永:《法治人才法治化培养的德国经验》,载《中国政法大学学报》2017年第4期。
⑥ 田士永:《法治人才法治化培养的德国经验》,载《中国政法大学学报》2017年第4期。
⑦ 邵建东:《德国法学教育制度及其对我们的启示》,载《法学论坛》2002年第1期。

等作出具体规定;①大学自治层面,各大学的法学专业学习条例和考试条例保障了法学教育过程的规范化、法治化,如《柏林洪堡大学法学专业学习条例》《柏林洪堡大学法学专业考试条例》②等这些法律规范。但值得注意的是,大学与政府稳定的管理和被管理关系在保障了法学教育的物质基础的同时也导致了德国高等法学教育活力不足。对此,德国政府一方面推动大学自我管理,扩大校长的权限、提高大学决策的民主化程度;另一方面引入社会评价机制,增强社会组织与大学的联系。

二、日本和韩国:混合型模式下的法科学生职业能力培养

(一)混合型模式概述

2003 年,日本颁布《专业型大学院设置标准》,正式设置"法科大学院",开展"法律职业养成制度"改革;2007 年,韩国通过《法科大学院法》,开启法律职业改革道路。日韩两国的改革均以美国法学院法律职业教育为样板,使其法学教育融合了以德国为代表的大陆法系国家③和以美国为代表的英美法系国家法学教育的经验,其对法科学生的法律职业能力培养呈现出混合的特点,故将其归为混合型模式。④ 日韩两国对法律职业养成模式进行改革的动力来自国内外市场对优秀法律实务人才的巨大需求⑤。该模式具有以下特点:一是法学教育与法律职业关系由分离走向融合,法科大学院制度对接法律职业资格考试;二是定位为本科后教育,生源专业背景多元化;三是有相对独立的、与传统法学教育相区别的系统。

从制度设计和运行上看,该模式的关键性要素与美国法学院保持了一致,即在法学教育机构、师资、课程、运作机制上相对独立于传统法学教育,而

---

① 田士永:《法治人才法治化培养的德国经验》,载《中国政法大学学报》2017 年第 4 期。
② 郑永流:《知行合一 经世致用——德国法学教育再述》,载《比较法研究》2007 年第 1 期。
③ 自明治维新至 2004 年,日本一直以大陆法系的德国为模板建立现代法律框架及进行法学教育。参见李龙贤:《公法的植入与学术传承——基于日本公法学者研究动向以及公法学研究和法学教育的考察》,载《法学教育研究》2020 年第 2 期。
④ 王晨光:《法学教育改革现状与宏观制度设计——日韩经验教训反思与中国改革刍议》,载《法学》2016 年第 8 期。
⑤ 丁相顺:《比较法视野下的东亚法律人才养成制度改革》,载《法学家》2009 年第 6 期。

日韩两国间略有不同。从法学院体制改革上看,日本法科大学院在制度和机制上区别于固有法学教育体系,但教师存在兼职情况,①韩国法科大学院的制度与运行机制更为彻底,新设的法科法学院仅开展本科后、培养法律职业家的教育。从司法考试改革来看,该模式使法学院与司法考试渐进式衔接。

(二)混合型模式下的法律职业能力培养要点

总的来看,混合型模式下的法律职业能力培养以美国法学院职业能力培养为借鉴,对培养目标引导下的教学内容与方法、机构、人员等制度和机制作全面更新。日韩两国在方式、进程、内容、效果评价上的具体做法又有区别。

1. 培养目标的改革

传统法学教育下,日韩两国均未将法学教育与法律职业进行制度上的关联,法学教育被定位为通识教育,以传播法律观念、传授法律知识、开展学术研究等为目标,培养法科学生具备一般的法律智识。这也造成法学教育与法律实践的严重脱节、缺乏法律伦理和技能课程、司法考试通过率低等问题。②对此,日韩均通过前述教育改革方案,设置专门的法科大学院,培养法律职业家。

2. 招生方式上的改革

在招生方式上,日韩完全采取了美国的方式,对生源的专业不予限制。通过独立的机构举办入学考试,就逻辑和表达能力进行测试,生源专业和背景的多元化有利于满足实践对法律职业化人才的需求。

3. 培养内容和方式的改革

在培养内容和方式上,日韩改革强调"法律职业人"培养。具体表现为:一是课程设置上的实务化。如开设法律实践课程。二是师资上的实务化。如要求高校教师具有执业背景,或聘请具有实务经验的其他法律职业人员担任高校教师,即日本通过法律规定,向法科大学院派遣法官、检察官、其他一般性国家公务员,充实法科大学院师资队伍。三是在培养方式上的应用性。

---

① 丁相顺:《比较法视野下的东亚法律人才养成制度改革》,载《法学家》2009年第6期。
② 王晨光:《法学教育改革现状与宏观制度设计——日韩经验教训反思与中国改革刍议》,载《法学》2016年第8期。

如增加实务教学比重,开展小班教学,教学内容按照学科群设计。

尽管日、韩启动法律职业养成改革的出发点和制度设计是务实的,但混合型模式的实施效果却不容乐观。近年来,日本、韩国司法考试的合格率未达预期①,改革的成效与意义有待进一步观察,但其改革方向、路径设计值得肯定和参考。

第二节 英美法系法科学生职业能力培养模式的考察

一、美国和加拿大:CBE 模式与法科学生职业能力培养

(一)CBE 模式概述

1. CBE 模式的定义与特点

CBE(Competency Based Education)模式,即"能力本位教学模式"。该模式由美国休斯敦大学教育心理学家本杰明·布鲁姆首创,其形成于"掌握性学习模式和反馈教学原则"②的教师能力教学体系,后广泛应用于职业技术教育。CBE 模式强调,以职业及岗位必备意识、知识、技能为基础,以能力培养作为教学目标和贯穿教学全程的核心,教学活动以学生为中心,不局限于教学场所和教学时间的限制。具体特点如下:一是学生主体性。CBE 模式强调教育应以学生为主体和中心,围绕学生的需求、能力发展、学习成果等设计课程、教学过程、评价标准等。二是明确性。CBE 模式明确定义能力和技能,以方便学生在学习过程中明确标准。三是灵活性。CBE 模式允许学生根据个体学习节奏和能力来调整学习进度和策略,可以在掌握了特定技能和能力后快速前进,或者在需要时放慢学习节奏。四是实践性。CBE 模式强调知识和技能的实践性和应用性,通常包括实践项目、工作场所实习或其他

---

① 王晨光:《法学教育改革现状与宏观制度设计——日韩经验教训反思与中国改革刍议》,载《法学》2016 年第 8 期。
② 邓泽民、陈庆合、郭化林:《借鉴 CBE 理论,构建适合中国国情的职教模式》,载《河北职业技术师范学院学报(社会科学版)》2002 年第 1 期;宋志军:《论 CBE 理论在法律硕士实务课教学中的应用——以〈检察实务〉课程为样本》,载《法学教育研究》2016 年第 1 期。

形式的实践学习。五是实效性。CBE 模式的评估侧重学生能力的获得和技能的实际应用,而不仅仅是传统的考试和作业分数。

CBE 模式适用于各种教育层面和领域,特别是需要明确的职业能力和技能培训的领域,如职业教育、成人教育和专业发展等。通过 CBE 模式,学生可以获得更加个性化和与实际工作市场紧密相关的教育体验。

2. CBE 模式的教育理念及核心能力

CBE 模式是 CBE 教育理念的实践。CBE 教育理念下,教学模式实质上是以职业能力为基础和核心,以受教育者为中心,多方主体协调参与,以满足社会需求为导向的制度和运行机制。因此,其教学目标设定的出发点和落脚点在于使教育者具备从事特定职业的必备能力。[①] 这些职业能力并不限于操作能力,更应是综合能力,包括完成职业工作任务应有的态度、知识、技能、经验四个维度[②]。

CBE 模式中的态度维度体现为职业信仰、职业精神、职业伦理等元素;知识维度体现为职业基础知识、基本理论等;技能维度体现为从事职业具体实务所必需的技术性能力,不同职业其技术性能力不同;经验维度主要表现为人际交往、沟通、协调等综合能力。法律职业能力的内涵也可从此四维度出发去理解,根据职业特点,上述四维度对应为法律职业下的态度、知识、技能和经验。[③]

3. CBE 模式的构成和运作机制

CBE 模式主要有四个关键环节:职业能力分析与 DACUM 图表、适合能力培养的教学内容、有效的实践教学、评价与反馈。具体内容如下:

(1)需求分析与能力标准制定。以能力为导向的人才培养模式需要明确职业能力的标准。这种分析通常通过 DACUM 方法进行。DACUM,全称"Develop A Curriculum",是一种用于职业能力分析和课程开发的方法,是被

---

① 杨德桥:《论法学院对法律硕士职业能力培养的客观限度——以 CBE 理论为分析框架》,载《研究生教育研究》2022 年第 1 期。

② 邓泽民、陈庆合、刘文卿:《职业能力的概念、特征及其形成规律的研究》,载《煤炭高等教育》2002 年第 2 期。

③ 杨德桥:《论法学院对法律硕士职业能力培养的客观限度——以 CBE 理论为分析框架》,载《研究生教育研究》2022 年第 1 期。

实践证明了的以职业岗位为基本出发点,确保教育课程与实际工作要求相匹配的方法。具体来说,首先,成立 DACUM 委员会,由经验丰富、能准确表述职业要求的工作人员组成。DACUM 组织协调人员负责制定工作程序,主持人引导讨论,记录员负责记录,管理人员、教师和专业顾问列席研讨会。其次,委员会将职业能力分解为各个综合能力,再分析每个综合能力中的专项能力。最后,列出 DACUM 表,将每项专项能力按从简到繁的顺序排列,在讨论中,通过一系列问题来确定工作任务的重要性、员工需要掌握的技能以及工作要求。通过 DACUM 方法提出的职业能力标准明确具体,既贴近企业需求,又有助于降低培训成本、明确学习目标。①

(2)课程设计与教学内容。经 DACUM 确定职业能力标准,进而明确培养目标。在 CBE 模式中,培养目标细分为明确的技能培养目标,每一个单项技能有对应的,融合了工作态度、理论知识、职业技能的学习资料包。首先,开发学习包的团队构成多元化。开发团队由开发专家、行业专家和教师组成并分工合作:开发专家负责制订开发计划、组织协调工作、帮助行业专家和教师了解学习资源并监督开发质量;行业专家提供咨询服务,营造具体技能培训环境;教师则提供教学环境、教学方法的咨询。其次,按模块开发整合学习资料包。模块拆分为工作程序、技能组合、学习进度计划和技能学习指导书等。工作程序模块涵盖职业领域内各项工作的流程;技能组合模块通过倒树型组合图将 DACUM 表上的技能进行分解;学习进度计划模块包括说明部分和专业学习进度计划表部分;技能学习指导书模块包括技能介绍、学习途径、学习资源和评价目标等内容,指导学生自主学习。最后,建立学习信息资源室。资源室是存放和借阅学习资料包的地方,几乎每个专业都有自己的资源室。应按职业 DACUM 表的顺序,将学习资源包放置在文件盒中,并标注每个学习对应的某项专项能力。资源室内容丰富,既有前述学习资源包,也有教材、讲稿、期刊文章摘录,还有实践指导书、设备操作手册、教学软件等。这些资源旨在促进学生自主学习。②

---

① 顾月琴:《比较与借鉴:国外现代四大职教模式研究》,苏州大学出版社 2016 年版,第 68-72 页。

② 顾月琴:《比较与借鉴:国外现代四大职教模式研究》,苏州大学出版社 2016 年版,第 68-72 页。

(3)教学方法与评估体系的创新。CBE 模式中,学生根据学习计划进行模块学习,教师则负责管理学习资源、监督学生学习进度,并根据学生的能力水平设计不同的教学方法和学习计划,以确保学生能够有效地掌握所需的技能和知识。学校根据学生的演示和对学生的观察,对学生的学习成果进行评价、总结和反馈,修订、完善教学内容和教学方法,更好地培养学生的职业能力,满足市场需求。同时,学校也会为学生提供毕业或肄业的面试,评估他们的技能水平,并征求其对培养全过程的意见,以进一步优化教学质量。

(4)教师角色与学生角色的转变。在传统的学科教育模式中,通常以教师为中心和主导。教师被视为专家和权威,主导教学过程、左右学生的学习。在这种模式下,学生被动接受教师所教授的理论知识和少量实践知识,学生的学习动力不足。在 CBE 模式中,教师的角色转变为学生的导师和学习管理者,其任务是运用各种策略促进学生学习。因此,教师的职责不再仅限于传授知识,还包括评估、判断、建议和指导。在 CBE 模式下,学习是更具个性化的过程,"学"变得比"教"更重要,学生需要更自觉、更自律地学习。

因此,CBE 模式与传统教育模式在教学目标、组织方式、教学内容、教学过程、教学环节和评价体系等方面存在明显的差异,其运行机制以职业能力培养为核心,重置教学过程中师生的角色定位,选取职业中的特定工作任务驱动引导学生学习,注重实践环节的设计和实施,同时,建立与职业能力相适应的以最终能力的形成为教学评价标准的体系。

(二)CBE 模式下的法律职业能力培养的要点

CBE 模式在美国和加拿大法律职业教育中的运用,主要体现为将职业主义①注入法学院的教育中。律师职业成为法学院的人才培养目标,因此,法学院致力于使学生能够像律师一样思考和行动,提供全面覆盖律师执业所

---

① 比如,美国律师协会法学教育部 1992 年发布的《法学教育与职业发展——一种教育上的连续统一体》;美国法律诊所教育实践联合会 2007 年发布的《最好的法学教育实践——前景与路径》;卡内基基金会 2007 年发布的《教育律师:为法律职业做准备》。这些报告都秉持职业主义,但对职业能力的内涵均有不同理解。参见杜健荣:《法学教育的能力观:域外经验与中国选择》,载《法学教育研究》2020 年第 1 期。

需实践能力的教育模式和体系。① 尽管两国对法律职业能力内涵的理解各有不同,但共同性主要体现在两个方面:一是律师职业的基本智能技能,涵盖法律基础知识的理解、法律分析和推理、法律问题研究等;二是律师执业所需的实务技能,包括论辩、调查、咨询、谈判磋商、团队协作、多元纠纷处理等能力。②

1. 法律基础知识的理解与掌握

法科学生职业能力的根基在于法律知识,法科学生对法律知识的学习大多起步于法学院的系统教育并伴随其整个职业生涯,是否具备扎实的专业知识,往往对法科学生的职业能力和专业水平起决定性作用。CBE 模式下,法科学生应当获得实践领域所需的法律基础知识,具备了解法律规则并能将规则解构的能力以及理解不同法律机构角色定位的能力。

2. 法律分析能力

法律分析能力是法律职业所需的核心能力之一,这项能力包括三个基本能力——问题识别、问题分析以及问题解决的方案制定。

法律分析能力本质上是一个演绎推理的过程。美国法学院入学考试(LSAT 考试)会测试学生的法律分析能力,而这一能力的培养也是美国法学院第一学年教学中最为重要的内容,第一年大多数课程都重点培养学生进行法律分析和推理的能力,然后在法学院的教义、技能和体验学习课程中对其进行完善和增强。具体内容如下:

首先,学生要有问题识别能力,在各种复杂事实中识别出关键法律和事实问题,并对识别出的问题进行优先级的排序,区分哪些是重要的,哪些是不重要的。其次,在识别并确定问题的优先级后,学生需要对关键问题进行法律分析:查找与事实相对应的法律法规,类比相似案例的不同之处,提出适当的解决方法并试着理解其背后的原理,理解并运用法律原则、原理或者其他方法来解决纠纷。最后,法律分析技能发展的第三阶段是制定法律论点的能

---

① 杜健荣:《法学教育的能力观:域外经验与中国选择》,载《法学教育研究》2020 年第 1 期;Denise Platfoot Lacey, *Embedding Professionalism into Legal Education*, Journal of Law, Business & Ethics,18,2012,p.45.

② 杜健荣:《法学教育的能力观:域外经验与中国选择》,载《法学教育研究》2020 年第 1 期。

力,这往往是体现律师巨大价值的具体方式。这项技能包括基于先例、类比、事实区分、政策和立法历史等提出论点的能力。处于交易、诉讼、客户咨询或团体代表等不同实践领域的律师,都必须能够制定并说服他人接受基于分析和推理的论点。

3. 沟通与协作能力

在法律职业中,良好的人际交往和沟通能力是律师成功的关键。这不仅包括强烈的自我意识、有效的团队合作,还包括出色的沟通技巧。法律教育旨在帮助学生认识到这些能力的重要性,并提供机会来探索和加强学生的这些能力。

首先,与客户的沟通尤其考验律师的人际交往技能。双方可能具有不同的年龄、教育背景、社会阅历甚至不同的国籍,双方的沟通可能会存在障碍,信息的传递可能会有误差。律师需要学会如何与处于不同情绪状态的客户合作,包括那些需要帮助或经历创伤的客户。在这些情况下,建立适当的沟通和工作界限是保持专业性的关键。此外,与客户的有效沟通还包括书面记录的能力,这对于确保沟通的准确性和透明度至关重要。在团队中工作时,清晰及时地更新信息、解决专业分歧以及向客户传达一致的信息同样重要。

其次,与对方当事人和法官进行有效沟通也是必不可少的技能。这包括在与对方当事人谈判时寻求共识和达成协议的能力,以及在法庭上清晰有力地陈述案情的能力。

最后,发展人际交往技能还需要不断自我反省、虚心接受批评,总结复盘自身存在的不足并加以改正。律师的人际交往和沟通能力是其职业成功的基石,需要通过不断地学习和实践来培养和完善。

4. 职业道德与责任感

法律职业道德,是法官、检察官、律师等法律职业从业人员在其职务活动与社会生活中所应遵循的行为规范的总和,是职业信仰、职业精神和职业伦理等的具体体现。法律职业道德规范着法律人的方方面面,违反职业道德不仅会影响其个人的名誉甚至可能承担严厉的法律责任。法学院校通过开设法律职业课程与其他课程,使法科学生了解、掌握不同领域、不同方向的职业道德,确保法科学生理解和掌握各种业务的运作方式以及相应的限制,如律师与客户签订合同的不同方式和法律规制,与存在利益冲突的客户合作以及管理这些冲突的策略等。①

二、英国和澳大利亚:CBET 模式下的法科学生职业能力培养

(一)CBET 模式概述

1. CBET 模式的内涵与特点

CBET(Competency – Based Education and Training)模式,即"基于能力的教育与培训",是一种以职业能力为导向的教育方式。CBET 模式的亮点在于官方认可的国家能力标准。国家能力标准是在职业能力分析的基础上,根据工作中必需的职责和任务,对职业所需知识、技能、应用等的详细表述,以方便雇主、受教育者、评估机构等各方主体明确学习者的能力水平。确定国家能力标准有助于统一全国性的职业资格证书和专业技能认证,增强公众和各个行业对国家职业证书的信任和认可。

CBET 模式中,专业教学与职业资格紧密联系,学生毕业后,可直接就业,无须再经过岗前职业资格培训。其特点如下:一是教学目标清晰、针对性强、易于操作。二是在教学模式和课程设计方面,将能力作为教学的核心单元,并以职业分析为基础进行课程设计,打破了传统的学科课程体系。三是采用模块化的课程方案,打破了传统的按学科分类、教材形式僵化的模式。四是教师和学生角色的转换,注重素质教育思想的渗透。以学生为中心,教师为辅助,充分发挥学生学习的主动性和积极性,使学生能够自主安排学习进度。五是围绕学习者的自主学习设计教材、配套资料、教学资源。

2. CBET 模式的核心组成和运作机制

CBET 模式是以能力为基础的模块式课程结构模式,英国、澳大利亚为典型代表国家。CBET 模式的特色在于权威性的国家能力标准和能力本位的国家职业资格证书制度[包括 NVQ(National Vocational Qualification)和 GNVQ(General National Vocational Qualification)两类]。从国家能力标准制定来看,其须经过职业能力分析,由国家职业资格委员会、企业或行业专家共

---

① The Law School's New Competency Model Legal Knowledge,https://law.scu.edu/wp – content/uploads/Law – School – Competency – Model.pdf.

同制定;从课程的设计来看,院校须按照国家职业能力标准来开发课程模块,组织教学。

CBET 模式在人才培养标准及目标、课程设置、考核评价和质量保障体系等方面有其独特的运作方式。首先,其人才培养目标更多地侧重就业导向的素质教育,在强调职业能力培养的同时也关注学生的综合能力发展。如英国高等教育体系在人才培养目标的描述上更具体、更易于观测和评价,这与其教育体系更为成熟、与国家或地区资历框架紧密对接有关。其次,在课程设置方面,英国的大学在课程设置上更为灵活,每学期的课程数量较少,但每门课程包括的学分较多,学时不仅包括面授时间还包括学生的自学和课程作业时间。再次,在考核评价方面,英国高等教育机构在考核管理上采取内部审核与外部评审相结合的方式,重视考核的质量和公正性。英国高校会对每一门课程的学习成果进行明确的考核,确保学生的学习成果得到有效评估。最后,在质量保障体系方面,英国大学通过内部的年度自查、教育监管部门定期评估、第三方专业机构的认证等多重机制来保障教学质量和标准。这些措施有助于确保教学和评价的质量符合高标准,同时也增加了教育体系的透明度和公信力。[①]

(二)CBET 模式下法律职业能力培养的要点

在 CBET 模式基于"能力的教育与培训"理念下,英国和澳大利亚均有将法律职业训练与大学法学院的教育区分开来的传统,其实质为法学教育与法律职业相分离的二元模式,即大学负责法律基础性教育,法律职业组织负责职业培训。

1. 培养目标兼具素质教育与职业教育

英国的法学教育以面向一般性的"与法律有关"的职业为主要目标,并非以培养律师为主要目标。1971 年,法学教育委员会公布的《欧姆罗德报告》(Ormrod Report)将英国法律教育划分为学术教育、职业教育、继续教育三阶段,每个阶段均由对应的专门机构负责,如法学院负责法学学术教育,实

---

① 姜宏等编:《高等职业学校专业教学标准国际化操作指南》,北京对外经济贸易大学出版社 2021 年版,第 1—14 页。

务专门机构分别负责职业教育和继续教育。法学教育与法律职业分离的模式也延续至1995年国家法律教育与引导顾问委员会发布的《法学教育改革报告》,其鲜明地主张,法学教育具有独立的教育属性,不应当将法学学位与法律职业捆绑。2023年,英国最新的法律专业《学科基准声明》在"法学学位的目的与特征"中再次强调,本科阶段学习法律是一个学术问题,包括获得法律知识、一般智力技能和法律学习所特有的某些技能;该阶段为学生提供关键的法律概念知识,帮助学生理解法律、文化和社会之间关系;法律学位本身并不意味着从事法律职业的资格和权利,而是为法律实践提供宝贵的智力准备,为毕业生从事各种职业做好准备。① 与此类似,澳大利亚自1964年发布《马丁报告》起就坚持法学教育与文科教育的融合,直至现代,其法学教育兼具职业教育与素质教育的双重目标,法学本科教育在于使毕业生满足法治实践的需求,具备一般的法治思维和素质,以及适应广泛职业的综合能力②。

2. 颁布法学教育的国家标准

法学教育的国家标准是对法学专业的知识、技能、素质、评价等规定最低标准。③ 英国高等教育质量保证署(Quality Assurance Agency in Higher Education,QAA④)于2023年8月发布最新的法律专业《学科基准声明》⑤。该文件提出,首先,法学本科毕业生应当具备法律研究所特有的技能,包括对法律规则和原理的解释、分析和应用,识别、检索和使用法律资源及对这些资料的

---

① Subject Benchmark Statement:Law(2023), https://www.qaa.ac.uk/docs/qaa/sbs/sbs-law-23.pdf?sfvrsn=c271a881_6.

② 栾爽:《澳大利亚法学教育透视》,载《国家教育行政学院学报》2010年第10期。

③ 作为英国法学教育质量保证体系中的重要部分,法律专业《学科基准声明》目前已有2000年、2007年、2015年、2023年4个版本。

④ QAA是被赋予制定、监督和咨询高等教育标准和质量职能的非政府性独立机构,具有中立、独立、非营利的特点。其使命是捍卫教育标准和提高教育质量,为教职员工和学生提供愿景、专业知识、实际支持、资源和指导。它对英国高等院校的各种评价信息直接影响政府对各院校的拨款。它根据英国《高等教育质量准则》(The UK Quality Code for Higher Education)监管英国高等教育的标准和质量。同时,英国各高等院校根据该准则建立起自己的质量体系和标准。参见 http://www.qaa.ac.uk//about-us。

⑤ 《学科基准声明》是英国法学学位和学历教育的基本学术标准和质量标准,是英国法学专业教育质量评估的基本依据,也是英国高等教育质量保证署管理和保证英国法律教育质量的重要依据。2023年8月发布的最新版参见 https://www.qaa.ac.uk/the-quality-code/subject-benchmark-statements/subject-benchmark-statement-law#。

批判性理解能力。其次,法学专业毕业生应当具备11项通用且可广泛适用的技能,这些技能有助于学生进入更广泛的职业领域,具体包括以下内容:①(1)智力独立;(2)问题解决与适应性;(3)擅长独立研究,包括准确识别问题、检索和评估各类信息;(4)数据处理能力;(5)清晰、有效和准确的语言和非语言的沟通能力;(6)发现、管理、创建和交流信息的数字素养;(7)自我管理能力;(8)合作意愿和能力;(9)个人规划和职业发展能力;(10)职业伦理及冲突的处理能力;(11)专业发展与学术诚信。前述能力表述具体细致,其无外乎两个方面,即法学专业特有技能和大学毕业生的通用素质。这一国家标准,使法科毕业生具有较为广泛的就业适应能力,以满足英国法治实践的一般性需求。

3. 职业能力培养由专门机构负责

在英国,早期的法学教育等同于职业教育,采用学徒制教学模式,由律师学院全权承担,其中内殿、中殿、格雷、林肯四大学院声名鹊起,并形成了后来的四大律师学院②,这一时期职业能力的培养通过读书会、模拟法庭、法庭庭审三项活动展开。③ 从16世纪中叶到18世纪,法学教育在律师学院和大学法学院进行了分工。律师学院讲授英国普通法,培养从事实践的法律职业人;大学法学院讲授法学理论和法律历史,注重法学研究。18世纪中叶,威廉·布莱克斯通首次提出法学教育的学术性,影响了英国现代法学教育的方向。20世纪以来,大学成为英国法学教育的主阵地,在坚持专业知识和技能的基础上,强调对学生全面的学术能力的培养。此时法律职业能力的培养则由理论阶段、职业阶段、实习阶段、继续职业阶段四阶段组成并且分别由相应专门机构负责。大学承担理论阶段的培养任务,在职业阶段,根据事务律师和出庭律师的分流,学生分别进入面向事务律师的法律实践课程(Legal Practice Course, LPC)、面向出庭律师的律师职业课程(Bar Vocational

---

① Subject Benchmark Statement: Law (2023), https://www.qaa.ac.uk/docs/qaa/sbs/sbs-law-23.pdf? sfvrsn=c271a881_6.

② Peter Smith, *The Legal Education – Legal Practice Relationship: A Critical Evaluation*, Sheffield Hallam University, 2015, p.1.

③ K. R. Simmonds, *Legal Education*, The International and Comparative Law Quarterly, Vol. 20:3, p. 571(1971).

Course, BVC)。职业阶段完成后,希望成为事务律师的学生,还要进行为期 2 年的实习阶段的训练,即学习职业技能课程(Professional Skills Course, PSC);希望成为出庭律师的学生,视其执业地区,或进行为期 1 年的学徒实践。此后,获得律师资格的法律职业人员还要进行继续职业培训。

第三节 域外法科学生职业能力培养模式的比较与参考

一、域外典型模式的相同之处

(一)注重培养学生的法律职业综合能力

无论是德国双元制模式下法学教育转向"具有全面工作能力的法律职业人才培养",还是美加 CBE 模式下法学教育"致力于提供全面覆盖律师执业所需实践能力"的目标,以及英澳 CBET 模式下法学教育"面向一般性的'与法律有关'的职业",抑或是日韩两国"法律职业能力养成改革",都强调法科学生对各类法律职业的适应性,以及基于校内法学教育的综合能力培养。比如,德国政府提出"关键能力"的概念,其实质就是综合能力,这种综合能力使毕业生具有广泛的适应性和较强的应变力,以应对迅速变化的就业市场。从某种程度上说,综合能力与具体的职业和课程无直接关系,但以协作能力、交流与沟通能力、学习能力、独立能力、责任与承压能力等为表现的关键能力[①]的形成与培养又离不开基于学科、职业的训练。

美加 CBE 模式下的法律职业能力培养带有鲜明的职业性,但更让人印象深刻的是处理复杂职业事务的综合能力。对律师应具备的能力,美国律师协会和法学院联合会、公益组织以及个人均有充分的研究表述。如 1992 年,美国律师协会法学教育部发布的《法学教育与职业发展———一种教育上的连

[①] 顾月琴、魏晓锋:《德国双元制职业教育的困境及其发展趋势》,载《职教论坛》2010 年第 3 期。

续统一体》(以下简称《麦卡特报告》)概括了十项律师能力①；2007 年美国法律诊所教育实践联合会发布的《最好的法学教育实践——前景与路径》(以下简称《最好实践报告》)概括了六项律师能力②；2007 年卡内基基金会发布的《教育律师：为法律职业做准备》(以下简称《卡内基报告》)概括了六项律师能力③。从这些概括不难发现，CBE 模式下的法律职业能力培养包含了对综合能力的培养。

英澳 CBET 模式下法学教育"面向一般性的'与法律有关'的职业"。英国现已多次修改法律专业《学科基准声明》，其动因在于与时俱进调整法科学生的知识结构。如 2023 年的《学科基准声明》增加了法科学生的数据能力，其认为法律学习包括获得法律知识、一般智力技能和法律学习所特有的某些技能，它通过将学生的一般智力技能和心理素质应用于法律问题和环境来培养学生的一般知识技能和心理品质。④ 因此，法科毕业生仅掌握特定专业学科的知识、技能远远不够，还应具备足够的、可通用的一般性知识。⑤ 澳大利亚法学本科教育要求毕业生须具备法律基本知识、实践能力和较高个人素质。具体来说，在法律基本知识方面，包括法律伦理、在工作岗位实际运用法律的能力；在实践能力和个人素质方面，则涵盖职业责任方面的实践和律己意识，创新、通融、成熟、明智、独立等个人素质，以及处理法律与社会经济及政治关系的感悟能力。⑥ 这些具体能力，表明其注重职业综合能力的培养，这与英国的法科学生培养是相通的。

总的来看，上述典型模式下的法学教育尽管对法律职业能力内涵的理解

---

① (1)制定解决问题的策略；(2)进行法律分析和推理；(3)开展法律问题研究；(4)对事实进行调查；(5)与他人进行有效交流；(6)向委托人提供咨询；(7)与他人进行谈判；(8)运用诉讼和非诉讼方式解决争端；(9)运作和管理法律工作；(10)解决伦理上的两难问题。

② (1)通过律师资格考试；(2)有效解决法律问题；(3)自我反省和终身化的学习技能；(4)智能技能和分析技能；(5)关于法律的核心知识及理解；(6)其他职业技能。

③ (1)基础知识和基础技能；(2)具有投身复杂法律职业的能力；(3)在不确定的情况下决策；(4)在经验中学习；(5)创造性；(6)有能力和愿意加入公共服务。参见杜健荣：《法学教育的能力观：域外经验与中国选择》，载《法学教育研究》2020 年第 1 期。

④ Subject Benchmark Statement: Law (2023), PDF. p. 4.

⑤ 张朝霞、[英]卡洛琳·斯特雷文斯：《2015 年英国法律本科〈学科基准声明〉述评》，载《法学教育研究》2017 年第 3 期。

⑥ 栾树爽：《澳大利亚法学教育透视》，载《国家教育行政学院学报》2010 年第 10 期。

各有不同,但在回应社会多元化需求、增强法律职业的适应性、强化法学院毕业生的综合能力等方面是相通的。

(二)以职业分析为导向设置课程

德国双元制下的法学教育在培养目标转向后,对除司法职业外的法律行政、法律咨询等其他法律职业所需要的知识和技能进行详细分析,并体现在课程中。比如,在修订后的《德国法官法》中规定法科学生通用职业素质包括法庭论辩、仲裁和调解的调查和交流能力、修辞与口才等,律师站延长见习时间并增加律师站变通制度,增加法律咨询、经济学、专业外语等课程以培养学生的综合素质。

关于美加 CBE 模式下的法学教育,行业协会及公益组织对法律职业能力的研究总结深刻影响并塑造了美国法学教育的培养目标、课程设置、培养模式等。例如,美国律师协会法学教育部的《麦卡特报告》、美国法律诊所教育实践联合会的《最好实践报告》、卡内基基金会的《卡内基报告》对律师职业能力要素予以概括[1],各法学院根据这些专项能力,开发模块化课程及学习包、建立资源室,如哈佛法学院的"问题与理论"课程[2]。该法学院以律师解决委托人的各种问题为核心来设置课程、安排教学;教学内容围绕律师要解决什么问题,怎样解决问题,解决这些问题需要什么样的知识结构和实践判断能力等展开,以此引导学生"像律师那样思考和行动"。

英国 CBET 模式下法学教育对法律职业的分析,体现在《学科基准声明》中。该声明确立了法学学位和学历教育的基本学术标准和质量标准,是英国高等教育质量保证署评估、监督法律专业教育质量的基本依据。[3]《学科基准声明》主要分析了三方面内容:一是法律课程的设计、实施和评价;二是法律专业的学习前景和内容;三是法科学生毕业获得各类学位对应的学分和能

---

[1] Judith, A. McMorrow:《美国法学教育和法律职业养成》,载《法学家》2009 年第 6 期。
[2] 汪习根:《美国法学教育的最新改革及其启示——以哈佛大学法学院为样本》,载《法学杂志》2010 年第 1 期。
[3] Subject Benchmark Statement:Law(2023),PDF. p. 1 - 13.

力标准。① 这些内容充分展示了英国法学教育以职业分析为基础进行课程设置,使雇主、学生明确知识和技能方面的标准。

(三)强调学生的实践操作技能

社会分工向精细化发展使法律职业分类也日益多样。尽管不同法律职业及岗位职业技能要素及侧重点各有不同,但无外乎包括法律职业共通的技能和法律职业的专项技能。法律职业共通的技能包括法律适用与解释、调查推理论证、法律检索、证据整理与运用、谈判沟通、文书写作等;而对于法官、检察官、律师等职业,其法律思维、咨询服务、沟通能力又各有侧重。如德国双元制下的法学教育改革从培养法官、偏重司法训练,转向培养律师、重视问题解决和律师实务技能,对学生实践技能的重视程度也因此有所调整。在德国大学学习基础阶段,强化"谈判管理、会谈、辩论、调解纠纷、和解、听证理论和交际能力"等技能训练,在选修课中增加法律服务、法律咨询等技能课程;在实习见习阶段,拓展参与见习的国内外律师事务所的数量,延长律师站点的见习时间,制定灵活的律师站点替代机制。这些都体现出德国法学教育以实践为导向的改革。

美加 CBE 模式下的法学教育对学生实践能力培养的强调是其显著特色。美国律师协会法学教育部的《麦卡特报告》、美国法律诊所教育实践联合会的《最好实践报告》、卡内基基金会的《卡内基报告》等对律师职业能力的概括,以及英国 2023 年最新《学科基准声明》中所列举的问题解决与适应性、准确识别问题、检索和评估各类信息、数据处理能力、清晰有效和准确的语言和非语言的沟通能力等通用技能②,都具有显著的实践性。

(四)行业主体的积极参与

德国双元制中的一元通常指"企业"。在法学教育领域,参与法律职业能力培养的主体涉及法院、检察院等司法部门,律师行,行政部门,以及公证

---

① Subject Benchmark Statement:Law(2023),PDF. p. 2,https://www.qaa.ac.uk/the-quality-code/subject-benchmark-statements/subject-benchmark-statement-law.

② Subject Benchmark Statement:Law(2023),p. 9-10,https://www.qaa.ac.uk/docs/qaa/sbs/sbs-law-23.pdf?sfvrsn=c271a881_6.

处、公司、社团和其他教育机构等与法律职业相关的多方机构。

美加 CBE 模式下的法学教育将能力培养作为首要目标。CBE 模式下开展教学的第一环节就是进行职业能力分析,形成 DACUM 图表,对职业能力所涉及的各项能力予以列明,并以此为据开展后续教学环节:开发课程模块,实施实践教学,并予以管理和评价。在美国法学职业能力分析中,美国律师协会、美国法律诊所教育联合会等行业组织或公益团体均通过发布研究报告,强调美国法学教育注重职业化培训与培养的改革与发展方向,其研究报告对法律职业能力的归纳影响着法学院校法律职业技能的课程设置。英国法学教育划分为学术教育、职业教育、实训教育、继续教育等阶段,因此,在法学教育中有大学、LPC 课程机构、BVC 课程机构等职业教育培训机构以及英国高等教育质量保证署等机构的共同参与。

二、域外典型模式的不同之处

（一）培养目标不同

德国法学教育转向以培养"具有全面工作能力的法律职业人才"为目标。美加 CBE 模式下法学教育以"致力于提供全面覆盖律师执业所需实践能力"为目标,律师职业是美国法律职业的基础,检察官、法官多数是从律师中选任的,美国法学院的课程设置、培养模式也是在美国律师协会的监督认证下展开的,各层次的法律人才均以律师为标准或参考律师标准进行培养。英国法学教育培养面向一般性"'与法律有关'的职业",法律学位为毕业生从事各种职业做准备。[①] 澳大利亚法学教育集法律职业化人才培养、传播法律知识和法律思想、学术训练等三重功能于一体,其法学教育目标多元,不仅培养法律专门人才,也培养社会民众基本的法律素质[②]。

（二）培养层次和培养体制不同

德国的法学教育包括本科、硕士和博士层次,本科面向高中毕业生,学生

[①] Subject Benchmark Statement:Law(2023), p. 5, https://www.qaa.ac.uk/docs/qaa/sbs/sbs-law-23.pdf?sfvrsn=c271a881_6.

[②] 栾爽:《澳大利亚法学教育透视》,载《国家教育行政学院学报》2010 年第 10 期。

在获得大学入学资格后即可申请法学院,不需要有专门的法律教育背景。法律教育职业性的具体体现为学生经过4年的大学学习,通过毕业考试和第一次国家考试,取得见习文官资格;经过职业预备期,通过第二次国家考试,根据分数取得法官、检察官、律师资格。

美国法学教育为本科后教育,进入法学院就读法律的学生须有一个非法律专业本科以上的学位(文学学士学位或理学学士学位),然后经过 LAST 入学考试进入法学院,学习期限通常为 1~3 年,并根据不同年限获取相应的法律学位。毕业后经美国律协认可的法学院的学生可参加各州律师考试,通过后方可从事以律师为主的法律工作。

英国的法学院既招收高中毕业生直接进入法学教育,也接受非法学专业的本科生通过转课程进入法律职业培训。

(三)课程类型与教学方法不同

德国法学教育实行课程制而非班级制的教学模式。课程分类为讲授课、练习课、研讨课和小型讨论课。课程更侧重法学理论和法律知识的系统性学习,近年来也增加了实践课程,对必修课和选修课的比例进行了调整。以哥廷根大学为例,必修课包括:法学基础理论,民法、刑法、公法等实体法和程序法;选修课程为重点领域的法律,如国家法与行政法史、罗马法、证券市场法、媒体法和信息保护法等。[①] 与课程形式相应的教学方法主要有讲授法、案例教学法、行动教学法、整体性教学法等。德国法学教育中的案例教学法主要是基于请求权基础的案例研习法,其重点在于培养学生作为法官解决相关案件的能力,这与英美法系国家基于先例、实践案例来培养"像律师那样思考"

---

① 必修课程包括:(1)基础学科:法学方法论、法哲学、法制史、法社会学;(2)民法:民法总则、债法、物权法、亲属法、继承法;(3)刑法:刑法总则、刑法分则;(4)公法:国家法总则、国家法分则;行政法总则;(5)诉讼法:民事诉讼法、刑事诉讼法、行政诉讼法;等等。选修课程包括:(1)国家法与行政法史;(2)法哲学史、法逻辑学和法社会学;(3)罗马法;(4)德国与欧洲私法史;(5)教会法;(6)劳动法;(7)证券市场法;(8)竞争法和卡特尔法;(9)保险法和消费者保护法;(10)国际私法与比较私法;(11)环境法与积极管理法;(12)社会法;(13)税法(总论和分论);(14)金融法;(15)国际法与国际组织;(16)欧洲法与内部市场法;(17)规划法;(18)媒体法和信息保护法;(19)刑法社会学和刑法史;等等。参见秦天宝、扶怡:《德国法学教育的新发展及对我国的启示》,载《江苏大学学报(社会科学版)》2014 年第 5 期。

的学生的案例方法有很大差异。

美国法学院的课程设置重视法律实践和案例分析,从内容上看,主要有六类课程:(1)诉讼法、法律写作、合同法、宪法等必修课;(2)银行法、破产法、反垄断法等提供综合知识的选修课;(3)环境法、医疗保护法等新型特色课程;(4)国会立法、行政法规、政府运作与结构等"立法与规则"课程;(5)国际公法、国际经济法等"国际法/比较法课程";(6)法条和案例分析方法课程。① 此外,法学院开设丰富的实训课程,其中以法律诊所、模拟法庭最负盛名。

英国的法学教育同时注重理论学习和实践技能的培养,通过专业课程和职业培训阶段的设置,让学生掌握律师职业所需的各项技能。具体来说包括:公法、合同法、房地产法、民事侵权法、信用法等必修课程;劳动法、家庭继承法、公司法等选修课程;谈判、辩护方法等职业培训课程。②

此外,与课程类型相适应的教学方法在各个国家之间也有所不同。美国的法学教育以案例教学法和法律诊所教学法为特色,以案例教学法为主,以多种法律技能训练法为补充。强调通过分析实际案例,培养学生的法律思维和实践技能。英国将传统的案例教学法与苏格拉底式提问法相结合,形成独特的教学模式,并通过模拟法庭、诊所法学教育等方式提高学生的实践能力。英国诊所法学教育在美国"诊所法"基础上发展出校外真实当事人诊所、模拟法庭诊所、校内真实当事人诊所。③ 这些教学方法与德国的法学教育侧重讲授法和研究报告,强调理论知识的系统学习和学术性研究相区别。

(四)考核评价方式不同

德国法科毕业生要取得法官、检察官等职业资格须通过各州组织的两次国家考试。在德国法学教育进行改革后,第一次国家考试由各大学组织的大

---

① 详见 https://today.law.harvard.edu/without-pretense-legislative-intent-john-manning-delivers-scalia-lecture/.
② 袁利平、刘晓红:《全球化背景下法学教育发展的国际趋势与中国选择》,载《法学教育研究》2017 年第 2 期。
③ 袁利平、刘晓红:《全球化背景下法学教育发展的国际趋势与中国选择》,载《法学教育研究》2017 年第 2 期。

学考试(考试范围为大学选修课)和各州组织的国家考试(考试范围为大学必修课)两部分组成,强调法律院系对学生的培养责任,第一次考试可以采用笔试或口试;第二次国家考试强调应有一定比例的律师参与命题、测试环节,考试内容也更多地面向律师实务。①

CBE 模式下的职业能力考评体系包括测评、考核方式、内容和指标。在此模式下,检察官职业能力考评体系包括:一是以调查操作、语言表达、文书写作为观测点的多元考核指标。尤其是语言表达能力,涵盖案件汇报和出庭公诉等。围绕这些观测点,对学生实践活动、办案效果和综合表现进行整体评价。二是贯穿学生学习全过程的动态和过程化的考核方式。三是考核主体由教师与实务部门共同参与。在以能力训练为主的教学中,教学环节的多重性和复杂性决定了对学生实践教学的评价应该多听取参与各方的评价,以尽可能有一个客观全面的评价结果。②

英国高等教育质量保证署作为独立非官方机构,负责教育评价和教学质量监控。2023 年,在英国《学科基准声明》"3.8 评估和反馈"中,将促进和发展作为对学习的评估要素(但不是仅仅对学习的评估)③,3.11 列举出多种评估方法:(1)长期的个人研究项目如论文,涉及对法律和相关来源的广泛的综合,以评估数据汇编和分析、知识部署、论证和推理的能力;(2)其他论文和书面作业,以评估对某一主题的理解,以及沟通、分析和陈述技能,包括研究论文、专业法律写作(如撰写咨询信或起草研究备忘录)、起草政策文件、撰写咨询回复、制作带注释的参考书目或案例笔记以及改写判决;(3)不可见和可见的测试和定时条件下的考试(有或没有参考材料,包括带回家、在线和/或校内形式),通过书面文章和/或多项选择题,以评估知识、回忆、理解和分析技能;(4)演讲和其他口头和/或非口头活动,如讨论、谈判或面试;(5)个人和团体活动的混合,包括同伴协作学习,以发展和评估团队合作技

---

① 秦天宝、扶怡:《德国法学教育的新发展及对我国的启示》,载《江苏大学学报(社会科学版)》2014 年第 5 期。

② 宋志军:《论 CBE 理论在法律硕士实务课教学中的应用——以〈检察实务〉课程为样本》,载《法学教育研究》2016 年第 1 期。

③ Subject Benchmark Statement:Law(2023),p.10,https://www.qaa.ac.uk/the-quality-code/subject-benchmark-statements/subject-benchmark-statement-law.

能;(6)综合反思实践和反思项目(书面或其他形式);(7)实践活动,如实地、实验室和/或课堂上观察到的基于团队的实践练习的参与,与实践练习相关的作品集(电子作品集),或关于实习和活动的报告或其他反思性写作形式。[①]

三、域外典型模式的参考

(一)明确法学院职业能力培养的限度与目标

前述典型模式下存在法学教育体系分层多样、培养目标多元的情形,但法学教育与法律职业走向融合是大陆法系典型国家的趋势。目前,我国法学教育存在本科、第二学位、法律硕士、法学硕士、法学博士等多层次、多类型的培养模式。在我国现有法学教育体系内,已将法律硕士定位为法律职业教育,可参考德国、英国经验,将法学院的职责与本科后职业训练适当分离,明确大学法学院就法科学生职业能力培养的目标、技能及限度,探索现有高校校内阶段在法律精神、法律知识、法律技能与法律经验方面的目标。此外,顺应需求,参考德国双元制模式、美国和加拿大 CBE 模式的经验,探索法律职业性与学术性的融合。

(二)教学内容和方法创新

前述德国、美国、英国、澳大利亚、日本、韩国等均根据各自社会对法律职业的需求,以增强实际的职业能力为导向,不断调整法律职业人才培养的教学过程、教学内容和教学方法,从而实现教学模式的更新。如德国近年来以实践为导向进行教学改革;美国法学院根据不同时期全美律师协会对律师职业能力的要求,调整课程内容和教学方法,保持其人才培养的职业能力导向和实践性特色;英国则通过多次修订发布《学科基准声明》,对法科学生技能标准、教学模式、考核与评价标准等进行适时调整,以增强法科毕业生的适应性,2023 年发布的最新版本增加了法科学生适应人工智能的要求。目前,我国法学教育依然存在法科毕业生初次就业率低,社会对法律人才的需求依然

---

① Subject Benchmark Statement:Law(2023),p.11,https://www.qaa.ac.uk/the-quality-code/subject-benchmark-statements/subject-benchmark-statement-law.

旺盛但法学教育与法律职业之间存在一定程度的脱节等困境。因此，可参考域外前述国家的教学模式，特别是对职业技能进行训练与行业分工、分阶段承担任务。我国法学教育中的教学模式迫切地需要创新，传统的讲授方法越来越被认为无法培养法学生的批判性思维和实践技能，且法学院校对职业能力培养也有其限度。此外，我们需要更多的互动和以学生为中心的方法，强化学生的自主学习。

（三）职业能力国家标准的建立与实施

《德国基本法》《德国高等院校框架法》《德国法官法》《德国联邦律师条例》等就职业能力建立了国家框架性标准。尤其是《德国法官法》第5a条第2款对关键能力作出了明确规定。①

由于美国法律职业共同体的自治性，大多数州都要求本州执业律师毕业于全美律师协会认证的法学院，同时，律师是美国法官、检察官等职业之基础，全美律师协会与法学教育的监督与规范直接关联：1921年的《法学教育标准》尽管多次修正，但一直生效至1973年；1973年，全美律师协会代表会议批准了《法学院批准标准》（Standards for Approval at Law School）；② 1992年，美国律师协会的《麦考利斯特报告》列举了十项能力，包括法律研究、法律分析和推理、调查事实、协商解决问题等。上述由美国律师协会制定的法学教育标准被法学院采纳，成为法学院校培养法律职业人才、课程设置、技能标准的参照。

法律专业《学科基准声明》是英国法学教育质量标准的基本依据。自2000年发布以来，经过2007年、2015年、2023年修订，对法科学生应具备的职业技能、心理素质、自我管理、学术诚信、职业伦理以及评价方法与标准等进行了明确规定。在2023年《学科基准声明》中，法律学科基准包含了"法律学科知识、理解和技能"（Subject knowledge, understanding and skills）和"学科通用技能和智慧"（Generic skills and qualities of mind）。同时，该声明提供

---

① 田士永：《法治人才法治化培养的德国经验》，载《中国政法大学学报》2017年第4期。
② 刘坤轮：《美国法律职业标准"学训一体"法律职业伦理教学模式的实践与创新》，载《政法论坛》2019年第3期。

了专业学位资格及等级水平的标准,也是法律学科及其课程性质、方法、手段等的参照。《学科基准声明》便于学生、家长、教师、雇主了解法律专业教育和服务的属性,保证了高校法律专业学术评价和评估的客观性。[1]

我国"卓法计划"将法律职业能力分解为"法律诠释能力、法律推理能力、法律论证能力及探知法律事实的能力"。[2]《法学本科专业类教学质量国家标准》将法律职业能力表述为"将专业理论与知识灵活应用于专业实务中的技能",但与前述国家相比,我国法律职业技能的国家标准较为粗疏,有待进一步明确、细化。

建立和实施法律职业技能标准对法学院的教学、职业培训、毕业生质量评估等具有重要意义。目前,学术理论界及司法实务界对法律职业技能的内涵与外延均未取得一致认识,这正是统一法律职业技能内涵与标准的必要性所在。

---

[1] 季旭峰、胡锋吉:《英国"教育研究"的学科基准述评》,载《教育科学》2009 年第 2 期。
[2] 涂富秀、陈笑霞:《法科学生职业能力培养的改进路径研究》,载《福建江夏学院学报》2020 年第 3 期。

第四章　我国法科学生职业能力培养的实践探索

1998年,教育部在《关于深化教学改革,培养适应21世纪需要的高质量人才的意见》中指出人才培养模式是学校为学生构建的知识、能力、素质结构,以及实现这种结构的方式,从根本上规定了人才特征并集中体现了教育思想和教育观念。法科学生职业能力培养模式是在一定的经济、政治、文化等综合因素的影响下,于特定教育指导思想和制度环境中生成的培养目标、培养方法、教育内容等基本元素的有机结合。① 法科学生职业能力不仅包括专业能力,还包括一般就业语境下的通用能力。专业能力培养包括遵守法律职业伦理、扎实法学理论基础与应用;通用能力培养包括对法科学生专业辅助能力、沟通能力以及职业生涯规划与发展能力的培养。总体而言,我国高校尚未形成有机统一的法科学生职业能力培养模式,且高校更侧重对专业能力的培养,轻视对通用能力的培养。② 因法科学生职业能力培养目标已经在前文作出详细论述,本章第一节注重探索法科学生职业能力培养模式的变革;第二节探讨法科学生职业能力培养教学方法实践;第三节从教学内容方面分析其与我国法科学生职业能力培养的衔接;第四节注重从四个方面为创新与发展法科学生职业能力培养模式建言献策。

---

① 冀祥德:《中国特色社会主义法学教育模式的基本特征》,载《河北法学》2011年第12期。
② 胡绵娓:《法科学生职业化能力培养研究》,厦门大学出版社2022年版,第25、26、34页。

第一节 法科学生职业能力培养模式的变革

现代社会分工进一步细化,呈现出高度专业化、高度技术化、高度复合型的特点。在此背景下,以往单一背景知识的法治人才培养模式已不能契合法律服务市场、法治国家的建设需求。2011年12月发布的"卓法计划"决定实行卓越法律人才分类培养制度,将卓越法律人才细化为三类:"应用型、复合型法律职业人才"、"涉外法律人才"以及"西部基层法律人才"。2018年10月,教育部发布"卓法计划2.0",进一步细化复合型、应用型法律人才培养的实现路径,即"鼓励高校开发开设跨学科、跨专业新兴交叉课程、实践教学课程,形成课程模块(课程组)供学生选择性修读"。法科学生职业能力培养模式正逐步变革为复合型、应用型法律人才培养模式。

一、我国现有复合型、应用型法律人才培养模式

我国现有复合型、应用型法律人才培养模式主要包含六种模式,具体为"法学+"复合型专业方向模式、双专业双学位模式、辅修模式、第二学士学位培养模式、法律硕士(非法学)培养模式、高校—司法实务部门联合培养模式。但现有复合型、应用型法律人才培养模式在适用上仍存在困境。

(一)"法学+"复合型专业方向模式

"法学+"复合型专业方向模式符合学科日益交叉和深度融合趋势,旨在培养适应时代和社会经济发展需要的、既懂法学又懂其他学科的复合型法治人才。该模式根据时代发展趋势、国家人才需求,依托高校优势学科,在法学专业内设其他专业方向。学制通常为4年,学生修满教学计划所规定的学分后,可以同时获得双学士学位。例如,苏州大学响应《知识产权强国建设纲要(2021—2035年)》关于"完善知识产权人才培养、评价激励、流动配置机制""实施知识产权专项人才培养计划"的号召以及适应国家和苏州等地方近些年来生物医药产业蓬勃发展对于相关知识产权专项人才的迫切需求,设

立"知识产权+生物制药"双学士学位复合型人才培养项目①;对外经贸大学紧跟数字经济时代潮流,积极推进法学与数据科学的全面融合,设立"法学+数据科学与大数据技术"双学士学位复合型人才培养项目,旨在培养一批具有法学思维和计算机思维,掌握相应法学专业知识和计算机专业知识,具有"家国情怀、全球视野、创新精神、数字素养和实践能力"的高素质复合型人才②。该模式相较于其他模式的优势在于,在正常本科 4 年学制期间,学生除法学学科外,还能修读完另一个专业的核心课程,实现运用复合型专业知识的目标。例如,西南政法大学近年来陆续开设"法学+"复合型专业方向模式,未来将有大批复合型人才涌现(见表 4-1)。

表 4-1　西南政法大学"法学+"双学士学位项目

名称	开设时间
法学+工商管理	2020 年
法学+英语	2020 年
法学+金融学	2021 年
法学+公共事业管理	2021 年
法学+刑事科学技术	2021 年
法学+国际经济与贸易	2022 年
法学+行政管理	2022 年
法学+审计学	2022 年

(二)双专业双学位模式

双专业双学位人才培养模式是本科生在修读入学专业的同时,修读第二专业第二学位,达到培养方案规定的要求,毕业时取得记载两个专业学习经

---

① 《知识产权(知识产权+生物制药双学士学位培养项目)专业简介》,载苏州大学本科招生网,https://zsb.suda.edu.cn/zyview.aspx? id=284。
② 《法学-数据科学与大数据技术双学士学位项目选拔方案》,载对外经济贸易大学法学院网 2022 年 8 月 16 日,http://law.uibe.edu.cn/xwzx/tzgg/4ba2af09ff3042f3bf017098a75f1dcd.htm。

历的一个毕业证书和两个(或者相应)学位证书的培养模式。① 2007年4月中国政法大学发布的《双专业双学位人才培养模式实施办法》明确了这一培养模式。② 该校双专业双学位人才培养模式的基准学制为5年,修业年限为4~7年;该模式追求的质量标准是使第二专业第二学位达到与第一专业第一学位相同的培养规格。该模式的优点在于,相比复合型专业模式,学生在非法学专业课程的学习上更为深入,但修读年限比通常的4年制本科长,较长的修读年限也成为学生慎重就读的因素。

(三)辅修模式

辅修专业是指学生在主修专业的同时,以辅修方式完成主修专业以外其他专业的学习。学生必须获得主修专业本科毕业证书和学士学位证书,并取得辅修专业培养方案规定的所有修读学分,才能获得辅修专业证书;辅修学士学位在主修学士学位证书中予以注明,不单独发放学位证书。例如,西南政法大学辅修专业为法学、金融学、会计学。③ 相较于双学位模式,辅修模式所要求的学分较少,社会认可度相对较低。

(四)第二学士学位培养模式

第二学士学位面向已经取得全日制本科毕业证并获得学士学位的学生开设,学制为2年。考生所报考的第二学士学位专业须与原本科专业分属不同学科门类,或者与原本科专业属于同一学科门类但不属于同一本科专业类。例如,清华大学面向本校非法学专业毕业生开设法学专业第二学士学位④;湖南大学开设法学专业第二学士学位,但不要求报考生为本校毕

---

① 姚广宜:《法科院校背景下的新闻学科特色教学改革与实践》,载《中国法学教育研究》2009年第2期。
② 《中国政法大学双专业双学位人才培养模式实施办法》第2条、第3条,载中国政法大学教务处网2022年3月22日,http://jwc.cupl.edu.cn/info/1061/8685.htm。
③ 《西南政法大学2022年辅修专业招生简章》,载西南政法大学教务处网2021年12月20日,https://jwc.swupl.edu.cn/jw_nav7/nav7_notice/313511.htm。
④ 《法学专业第二学士学位培养方案》,载 https://www.tsinghua.edu.cn/jxjywj/bksjywj/015-faxue.pdf。

业生①。

(五)法律硕士(非法学)培养模式

法律硕士(非法学)培养模式是指非法学专业本科毕业生通过全国研究生考试或者推免,攻读法律硕士学位。该模式已经被各大法学院广泛推广,是我国复合型、应用型卓越法治人才培养的主阵地。

(六)高校—司法实务部门联合培养模式

"卓法计划"提出探索"高校—实务部门联合培养"机制,共同制定人才培养目标、共同设计课程体系、共同开发优质教材、共同组织教学团队、共同建设实践基地,探索形成常态化、规范化的卓越法律人才培养机制。多年来,高校积极探索以与司法实务部门进行资源整合为手段的协同育人模式,以期实现多元法治人才分类培养。例如,西南政法大学搭建全国最大的"中国—东盟法律人才培养共同体",与最高人民法院、柬埔寨司法部等34个单位联合培养区域国别法治人才。当前高校—司法实务部门联合培养模式通过以下方式展开:第一,高校与司法实务部门共建实践教育基地,在学术研究、实务转化、人才培养、资源共享等方面进行深度合作,此种方式最为常见;第二,实务部门人员带教的法律实习生模式,北京师范大学与北京市海淀区人民检察院联合设立的法律实习生"育才班"是该模式的代表②;第三,高校聘任实务部门人员承担法学专业课程教学任务,该模式由"双千计划"确立。③

---

① 《湖南大学2020年法学第二学士学位招生实施细则》,载湖南大学法学院网2020年7月20日,http://law.hnu.edu.cn/info/1182/12394.htm。
② 2023年,北京师范大学法学院、北京市海淀区人民检察院联合设立法律实习生"育才班",检察院选拔优秀检察官作为带教导师,带教导师制订个性化培养方案,对实习生实施一对一带教,带领实习生了解检察业务和案件办理、参与调查研究等工作,在3个月的实习期内,带教导师和实习生需合作完成至少一篇高质量检察调研文章。
③ 具体内容参见《关于实施高等学校与法律实务部门人员互聘"双千计划"的通知》,"双千计划"的主要任务是,2013年至2017年,选聘1000名左右有较高理论水平和丰富实践经验的法律实务部门专家到高校法学院系兼职或挂职任教,承担法学专业课程教学任务;选聘1000名左右高校法学专业骨干教师到法律实务部门兼职或挂职,参与法律实务工作。

二、现有复合型、应用型法律人才培养模式的适用困境

现有复合型、应用型法律人才培养模式的适用困境主要体现在下面三个方面:第一,复合型学科交叉融合效果不佳;第二,应用型法律人才培养模式存在阻碍;第三,高校—司法实务部门联合培养模式实施困难。

(一)复合型学科交叉融合效果不佳

"法学+X"复合型专业方向模式、双专业双学位模式、辅修模式、第二学士学位模式的理想效果是培养出掌握双学科、交叉领域知识的复合型法治人才,但实际效果却不尽如人意。一方面,上述模式培养方案的设计思路通常是以法学专业的课程为主干和核心,在此基础上再开设另一专业的核心课程。这先天决定了法学学科处于主干地位,对非法学学科的重视度不足、资源倾斜不足。某些高校全方位知识框架的构建存在客观障碍,仍然遵循传统的学科和专业划分体系,并坚持以细化后的基础法学学科为主,交叉学科专业或者跨专业课程阙如。另一方面,高校对交叉学科建设缺乏系统性思考与研究,从而导致嫁接、复制等简单的强行"交叉"。高校缺乏以问题领域为对象的应用型交叉、以科学理论逻辑为导向的理性交叉以及跟随技术性成果的跨门类交叉。这一问题导致学校在法学学科建设的资源配置上不甚合理,在法学人才培养方面也止步不前,甚至给整个法学学科环境带来不利影响。[①]

(二)应用型法律人才培养模式存在阻碍

经过十几年的持续探索和实践,我国法律教育改革的有益尝试在法律硕士教育上得到充分展现。法律硕士教育不仅规模大,而且日渐规范化、科学化,为我国的法治建设作出了重要贡献。但其适用仍存在以下阻碍,最终使法律硕士应用性导向不足。第一,法律硕士教育理念不清晰。教育理念的模糊往往导致教育实践的盲目,部分院校对法律硕士教育的定位不清晰,在法学本科教育、法学硕士教育、法学专业第二学士学位教育之间缺乏一个轮廓

[①] 张荣刚、尉钏:《在习近平法治思想指引下以学科交叉促进新法学建设——兼析新发展阶段政法类高校的学科体系优化》,载《法学教育研究》2022年第2期。

清晰的教学格局。第二,课程设置上的混乱。教育理念不清晰必定导致课程设置的混乱。高校仅仅对法律硕士应当面向应用型、实务型达成共识,但在该共识之下,如何设置合理的法律硕士课程仍没有一个标准答案。① 第三,法律硕士的社会认可度低于法学硕士,社会对法治人才的需求难以通过法律硕士的培养得到满足。据统计,实践中少数岗位倾向于接受本科非法学的法学硕士而拒绝接受法律硕士(非法学),甚至在有些地区,法律硕士(非法学)的社会认可度低于法学本科生。②

(三)高校—司法实务部门联合培养模式实施困难

完善高等学校与司法实务部门的协同育人机制、吸引更多社会资源投入法治人才培养,是高等学校创新法治人才培养模式的重要内容,也是提高法治人才培养质量的有效途径,但该模式的实施仍面临以下困难:第一,司法实务部门在高校法学教育中的自我角色定位问题。尽管司法实务部门在法学教育中起到重要作用,但司法实务部门通常将自己定位为法学教育的配角,将自身在联合培养机制中应发挥的作用定义为"配合"作用,而司法实务部门对法学教育的认知和投入与联合培养机制的实效息息相关。③ 第二,互聘机制不健全。尽管"双千计划"指明了互聘道路,但联合培养的互聘机制尚不完善,导致司法实务工作人员难以无负担地投入法学教育。整体而言,因部门之间协作机制不畅,校外兼职指导教师在聘任程序终结后,缺少针对性的实践教学活动;或者受时间和精力限制,校外兼职指导教师难以持续性为在校生开设常态化法律实务课程。④

综上,尽管现有复合型、应用型法律人才培养模式存在一定适用困难,但法科学生职业能力培养模式的变革顺应新时代要求,也将推动着教学方法与

---

① 北京大学法学院陈兴良教授这样表达他对法律硕士课程设置的态度:"对于法律硕士,很多人不知是当作法学硕士来培养还是当作法学学士来培养。我作为一名法学教授,同样存在这样的困惑。给本科生上课,我知道应当讲些什么;给法学硕士上课,我也知道应当讲些什么;就是给法律硕士上课,我不知道应当讲些什么。"参见《陈兴良:法硕教育10年之困惑》,载北京大学新闻网2006年12月4日,https://news.pku.edu.cn/wyyd/dslt/139-110873.htm。
② 王华胜:《法律硕士教育中的实效偏差问题探讨》,载《黑河学院学报》2022年第11期。
③ 张文显主编:《中国法学教育年刊(2015·第三卷)》,法律出版社2016年版,第31页。
④ 刘蕾:《法学实践教学改革与卓越法律人才培养》,载《教育评论》2013年第2期。

教学内容的进一步优化。

第二节 法科学生职业能力培养教学方法实践

实践中存在多种法科学生职业能力培养的教学方法，典型教学方法包含法教义学法、案例教学法、模拟法庭以及诊所法律教育。各个教学方法皆有优缺点，需要综合运用以实现培养目标。

一、法教义学法

法教义学的核心内容包括对一个国家现行法律的查阅、解释、说明与应用，借规范间的对比尽可能构建逻辑和谐的规范体系，进而提供一种规范性范式以解决现实生活中的法律问题。[①] 法教义学为法律人将抽象、复杂的法律规范转变为与具体案件事实相对应的裁判规范或明确的行为规范提供了桥梁。关于法教义学方法，可以追溯到古典罗马法学家的作品，他们通过对法律原则进行详尽解释和分类，为后来的法律研究和实践奠定了基础。中世纪时期，这种方法在欧洲的法学院中得到进一步的发展，法学家们开始系统地编纂和注释法律文献。到了近现代，随着法学的学术化和专业化，法教义学方法成为法律教育和研究中的主要方法之一。

法教义学法的优点主要体现在以下几个方面。第一，系统性和深入性。法教义学方法通过深入分析法律原则和规则，帮助理解法律体系的内在逻辑和结构，从而为法律实践和理论研究提供坚实的基础。第二，清晰性和确定性。该方法强调对法律规则的清晰解释，有助于减少法律实践中的不确定性，提高法律决策的可预测性。第三，传统性和权威性。法教义学方法承续了长期的法学传统，具有一定的权威性，并在许多国家的法律教育和司法实践中占据核心地位。

但法教义学法同样存在需要革新的缺点。第一，静态性和保守性。法教

[①] 苏永钦等：《从结构与管理观点看法教义学的未来——通过实用教义学的 AI 化开拓理论教义学的新境界》，载《南大法学》2024 年第 1 期；赵甜甜：《法学教育与应用型法律人才培养创新研究》，湘潭大学出版社 2022 年版，第 65 页。

义学方法可能过于依赖现有的法律原则和规则,忽视了法律与社会现实之间的动态关系,难以适应社会变化和新兴问题,欠缺弹性以满足个案特殊情况所期待的公平。第二,理论性较强但存在脱离实际的风险。过分强调对法律文本的分析可能导致忽视法律的实际应用效果和社会影响,缺乏对法律实施效果的评估。第三,方法论的局限性。法教义学方法主要关注法律内部逻辑,可能忽视跨学科的视角和方法,如经济学、社会学在法律分析中的应用。中国多元化的法学教育模式有其自身独特优势、强大生命力和广阔前景,但同时存在"重理论教育、轻实践教育"的问题,存在法学教育供给不足与法律实践需求激增的矛盾。法教义学的贯彻应侧重法律的解释与适用,在兼顾程序与实体的同时侧重程序保障。① 克服法教义学方法的缺点需要强化针对法科学生的实践教学,可以从下文多种教学方法中汲取经验。

二、案例教学法

1870 年,哈佛大学法学院院长兰德尔开创了案例教学法。案例教学法要求学生广泛阅读判例文本,在教师的不断提问下层层深入地思考,从中总结、提炼判例隐藏的法律原则和原理。② 立法条文是法律的静态形式,司法实践适用是法律的动态形式,这是法律的社会性与实践性所决定的。案例教学模式将学法与用法并重,遵循"案例—理论—案例"的讲授逻辑,将"以案释法"作为教学活动的出发点,将"以法解案"作为最终的落脚点。③ 案例教学的目的并非仅停留于"以案释法",更在于学法之后的"用法",即通过案例向学生讲授知识,让学生从案例中体会抽丝剥茧的法律思维;帮助学生运用知识,培养学生定分止争所需的各种职业技能和能力。案例教学法能使学生认识和掌握案件全貌,而不是仅仅获得片段的知识和经验。④ 但我国的法学教育往往重视对法科学生理论知识的培养,对实务案例分析能力的重视程度不足。

---

① 曹先锋、张龙:《法学教学中法教义学研究方法的本土化贯彻》,载《甘肃政法学报》2016 年第 6 期。
② 孟涛:《美国法学教育模式的反思》,载《中国政法大学学报》2017 年第 4 期。
③ 方照明主编:《法学专业人才培养与教学法研究》,中国政法大学出版社 2013 年版,第 201 页。
④ 张新宝:《个案全过程教学:在素质教育基础上的能力培养》,载《法学》2013 年第 4 期。

案例教学模式在法科学生职业能力培养方面存在明显优势,具体呈现在以下两个方面。

首先,案例教学与传统教学高度适配。在我国,案例教学主要通过两种方式实现:第一,开设专门的部门法案例研讨课程;第二,案例教学与传统理论型授课相融合。我国存在教育发展不平衡、不充分与人民群众对优质教育需求旺盛的矛盾,高校"大班授课"是符合我国人口国情、教育资源国情的举措。无论是开设专门的案例研讨课还是寓理于案,案例教学都能够以大班授课为基础,有效融入现行的课程体系,对教学场地、设备无特殊要求,能够达到普惠性教学效果。

其次,案例教学法有利于培养学生的法律思维能力。传统理论型讲授的主要教学目标是知识传授,在一定程度上忽略了法律从业者必需的法律思维能力的训练。在传统理论型讲授教学中,无论是课堂教学、提问、期末考试甚至是法律职业资格考试,学生看到的案件事实都是经简化的、高度概括的,甚至是没有争议的,运用的法律知识也是相对固定的。这样的法学教育是远离法律思维的真实环境和过程的。[①] 案例教学法在培养法科学生法律思维能力方面具有得天独厚的优势。诘问式的教学特点倒逼学生主动思考,站在不同角度对已知的全面的案件事实进行分析,养成敢于质疑的习惯。此外,案例教学法有助于帮助法科学生了解法官解释法律、适用法律的基本规则与方法,并了解当下司法实践进行案件裁判的基本思路与立场。[②]

但是,案例教学法在法科学生职业能力培养方面也存在困境。第一,案例教学法的理念常常被误解。案例教学呈现"举例教学"倾向[③],案例内容通常经过教师的"裁剪"和"去争议化",答案一目了然。举例教学的逻辑链条是"理论—案例—理论",案例起到掌握理论的媒介作用,理论是出发点也是落脚点。这是对案例教学法理念的误解。实践中法官或律师初次接触到的都是真假不明的案情,需要从错综复杂的材料中界明法律关系。基于此,案例教学法应当要求案例素材具备原始性和真实性,如此方能让学生知晓如何

---

① 包玉秋主编:《法学人才培养模式改革研究》,法律出版社 2013 年版,第 135 页。
② 李友根:《论基于案例研究的案例教学——以"经济法学"课程为例》,载《中国大学教学》2015 年第 3 期。
③ 李丹:《实践教学视角下法律案例教学思路的重塑》,载《高教探索》2020 年第 6 期。

从案情中提取法律事实,如何处理原被告主张的事实与法律认定的事实之间的差异性,将案例中的碎片化事实归入法律构成要件之中。简单化的案例只能使学生理解表层的知识原理,无益于培养学生独立自主解决法律问题的能力,不能真正地培养、强化学生在复杂法律关系中抽丝剥茧的法律思维能力。第二,案例教学法所使用的案源在选取上耗时耗力。早年有学者指出案例教学的瓶颈是司法裁判文书说理部分过于简单,[1]随着依法治国深入展开,上述情况已经得到改善。以奇虎、腾讯不正当竞争纠纷案为例,广东省高级人民法院一审判决书以近万字的篇幅对该案的争议焦点进行了详细的分析与论证[2];最高人民法院二审判决书在裁判理由中对行业自律公约与公认商业道德的关系、新型商业模式发展、技术创新中自由竞争与不正当竞争的界限等问题作了具体论述,为互联网时代竞争法的理论创新和发展提供了丰富的素材。[3] 随着中国裁判文书网建立并运行、指导性案例制度长效化落实,《人民法院案例选》数十年不间断出版、《最高人民法院公报》精选案例长期发布,案例资源已不再是制约案例教学发展的因素。

尽管我国有丰富的案例资源,裁判文书说理也日趋严谨完善,但选取恰当的案例进行案例教学仍存在耗时耗力的问题。第一,当案例教学法所使用的案例为真实案件时,随着法律的不断改进与完善、司法解释的出台,陈旧案例可能与现行法律适用有所偏差;第二,法学专业教学内容具有内在逻辑性,上下章节的讲授内容环环相扣,案例的选择既要考虑当前内容的现实性与针对性,又要兼顾前后逻辑运用的合理性与协调性。综上,若要保证高质量的案例教学,教师必须具备丰富的法律实践经验与深厚的法学功底,收集大量案例并进行归纳整理,保证案例教学的深度与广度、时代性与针对性。因此,案例教学法带来的工作量远高于传统理论型讲授教学。

---

[1] 王泽鉴:《法学案例教学模式的探索与创新》,载《法学》2013 年第 4 期。
[2] 腾讯科技(深圳)有限公司、深圳市腾讯计算机系统有限公司与北京奇虎科技有限公司、奇智软件(北京)有限公司不正当竞争纠纷案,广东省高级人民法院(2011)粤高法民三初字第 1 号民事判决书。
[3] 腾讯科技(深圳)有限公司、深圳市腾讯计算机系统有限公司与北京奇虎科技有限公司、奇智软件(北京)有限公司不正当竞争纠纷上诉案,最高人民法院(2013)民三终字第 5 号民事判决书。

三、模拟法庭

模拟法庭(模型法庭)源于美国法学院的"moot court"课程①,是集审、控、辩于一体的实践教学方法。模拟法庭以庭审为核心,以学生为主角,以胜诉意识为导向,以案例分析和法规解释为条件,以写作和辩论为手段,②对刑事、民事诉讼进行模拟演练,目的是通过模拟审判活动培养和提高法科学生的法律职业能力。

模拟法庭在法科学生职业能力培养方面的优势在于以下两方面:(1)有利于化育法律职业共同体意识。在 20 世纪 50 年代,我国法学教育与法律职业呈现分离状态,此处的分离状态表现为未经大学教育而担任法官、检察官、律师等法律职业。③ 与社会主义法律相适应的法学教育体系建成后,其理论讲授之特征使法学教育与法律职业呈现一种新型分离势态——法学教育与法律职业衔接不畅,文本上的理论教学的确定性和司法实践的不确定之间存在冲突,理论教学与司法实务二者处于封闭隔绝状态,法科学生缺乏对法律职业共同体的感知感悟。模拟法庭是对现实司法的模拟再现,能够为法科学生提供了解不同法律职业内涵与特性的途径,增进法科学生对于不同法律职业的特点的了解,有助于法科学生形成对未来所欲从事的职业的初步判断。此外,模拟法庭角色有助于法科学生明确自我定位,尤其是在扮演法官和检察官的角色时,学生能够体验到职业的神圣、感受到正义的力量,从而提升学生的职业道德感和职业素养,培育法科学生的法律职业共同体意识。(2)有利于提高法科学生的协同工作能力。学生通常以团队合作形式参与模拟法庭实践教学活动。在一般情况下,模拟法庭案件中存在处于"真空地带"的法律争议,即争议焦点在学术界和实务界并没有定论,参与学生需要灵活运用其他裁判实例、证据、学说和法律规定来论证己方观点。参与一场模拟法庭活动的准备工作涉及法律文书撰写、争议焦点分析、辩论演练等,单枪匹马往往难以取得成效。从这个角度来说,模拟法庭提供了法科学生协同工作的

---

① 刘晓霞主编:《模拟法庭》,科学出版社 2010 年版,第 5 页。
② 杨宗科主编:《构建法治人才培养体系的探索与实践》,北京大学出版社 2019 年版,第 487 页。
③ 方流芳:《中国法学教育观察》,载《比较法研究》1996 年第 2 期。

平台,通过模拟法庭的训练,学生的团体意识、协同工作能力将会得到明显提高。

同样,模拟法庭在法科学生职业能力培养方面也存在困境,具体包括以下几个方面:

首先,课程设置的边缘化以及赛事开展的非常态化。高校开展模拟法庭实践教学主要依托三种形式:第一,在课程设置上,将模拟法庭设置为必修课或者选修课;第二,将模拟法庭安排在某一门诉讼法课程中,不将其作为单独课程;第三,以竞赛形式开展模拟法庭活动。据笔者统计,在第四轮法学学科评估等级 C - 及以上的 100 所高校中,仅有湖南大学、广东财经大学将模拟法庭设置为单独课程。总体来看,模拟法庭在课程设置上呈现边缘化的特征。除"Jessup""理律杯"等具有广泛影响力的模拟法庭赛事有人力、财力可以支撑常规化开展外,大部分高校因师资匮乏、资金短缺、行政管理等,无法保证以学年或者学期为单位常态化开展模拟法庭赛事。课程设置边缘化及赛事开展非常态化意味着模拟法庭课程学生容量小且教学频次不稳定,加之课程学时和竞赛时间限制的影响,高校模拟法庭教学呈现诉讼角色简单化、典型化以及诉讼程序阶段化的特征,[①]即通常仅选取控辩双方以及审判方三方角色,其他诉讼角色不参与模拟法庭。另外,课程关注重心为法庭辩论,弱化庭前准备工作、法庭调查及法庭宣判等流程,严重影响以模拟法庭模式培养法科学生职业能力的效果。

其次,模拟法庭流于形式且趋于表演。在真实司法审判中,法官、当事人,抑或其他诉讼参与人各有定位,法官的价值诉求是维护司法公正,而当事人的诉求是自身利益最大化。当事人之间的立场相对、利益相悖,这就决定了真实司法庭审必定充满未知甚至戏剧化的因素。然而,模拟法庭具有参与主体身份的"虚拟性"和审判目的的"非诉讼性"两大特征,这就决定了学生在参与模拟法庭审判时,无法体验到真实司法审判的对抗性,使模拟法庭逐渐流于形式、趋于表演。一方面,学生并非真实的诉讼参与主体,而仅仅是进行角色扮演,在多数情况下只是将自己定位为"按照模拟法庭剧本来表演的

---

① 史凤林主编:《法学实践教学的改革与完善研究》,法律出版社 2021 年版,第 97 页。

局外人",难以从真实庭审参与者的立场去思考问题。① 另一方面,为控制模拟法庭的进程,某些高校选用具有轰动效应的大案要案,新闻媒体已经将这些案件的事实细节以及控辩双方的攻防策略进行了详细报道,甚至有权威学者、资深实务工作者已经对案件的争议焦点及法律适用发表了专业意见。某些高校则选用案情简单、争议不大的案件,追求模拟审判程序的流畅性而忽视审判过程的对抗性。在上述两种情形中,无论是在案件事实还是法律适用层面,学生基本已无挖掘空间,学生的临场应变能力无法得到锻炼,这显然有悖于模拟法庭设立的初衷。

最后,实务元素融入不足。无论是以单独课程抑或融于诉讼法课程的形式开展模拟法庭教学,还是以竞赛方式开展模拟法庭,都存在实务元素融入不足的实质性缺陷,这主要体现在以下几个方面:第一,师资配备不尽合理。受我国"重理论,轻实践"教学理念的影响,我国高校教师多为理论型教师,少有实务型教师。部分高校因师资匮乏,可能无法为模拟法庭课程配备实务型教师,无法为模拟法庭赛事配置实务领域的指导老师和评委,以至于模拟法庭局限于封闭的教学资源和传统的教学环境,影响其实效性的发挥。第二,缺乏校内外资源联动。同步实践教学模式要求将法律实务部门拥有的优质司法资源大规模引入高校,从而改变学生自主实习的传统实践教学的单一模式,②这的确在一定程度上促进了校内外资源联动,但"实务进校园"活动多以宣传讲座方式开展,因而难以惠及课程设置边缘化的模拟法庭课程。此外,高校模拟法庭竞赛多由法学院系单方操办,赛事指导老师及评委主要由本校教师担任,很少邀请人民法院、人民检察院和律师事务所等实务部门专家参与、点评,从而无法及时调整模拟法庭教学的内容和手段。

四、诊所法律教育

诊所法律教育发端于美国,它借鉴了医学院利用诊所实习培养医生的模式,通过在法学院开设法律诊所教育课程,让学生在有实践经验的诊所教师

---

① 房文翠主编:《法学实验教学原理与课程设计》,厦门大学出版社2011年版,第66页。
② 黄进:《创建"即时共享协同融合学训一体"同步实践教学模式,培养卓越法律人才》,载《法学教育研究》2015年第1期。

的指导下,为当事人特别是社会弱势群体提供咨询,"诊断"他们的法律问题,开出"处方"。① 诊所法律教育以真实案件和对象为"教材",倡导在实践中培养学生的法律问题思维和法律职业道德,鼓励法科学生在实践中提升法律职业意识和法律职业技能。

诊所法律教育遵循法治人才培养的客观规律,契合深化中国高等法学教育改革的正确方向。中国法学会法学教育研究会高度重视诊所法律教育的开展,于2002年7月28日正式批准成立"中国法学会法学教育研究会诊所法律教育专业委员会",②推进诊所法律教育事业在中国本土化的推广、普及、繁荣和不断发展。截至2017年,已有180所法律院校成为会员单位,其中90所会员院校正式开设了诊所课程。③

诊所法律教育与传统法学教育相比具有诸多优势。我国传统法学教育主要是理论教学,以教师通过课堂教学向学生讲解抽象的法律理论为特征,教师与学生之间主要是教师单向地传授理论知识。④ 传统法学教育认为实践教学的作用是辅助理论教学的开展,从而忽视了对法科学生解决法律问题的实践能力的培养。诊所法律教育强调法科学生的直接参与,法科学生需要回归现实生活,在真实的法律案件处理过程中求学问、学技巧、增能力。在法科学生职业能力培养方面,诊所法律教育这种以直接参与为特征的体验式方法相较于传统法学教育以理论讲授为特征的单向传授式教学具有多方面优势,主要体现在以下三个方面:

第一,多学科交叉知识结构生成优于单一部门法传输。传统法学教育囿于部门法划分的桎梏,侧重于单一、孤立的某一具体部门法的知识传输。诊所法律教育将法学理论与法律实践、实体法与程序法有机结合,使学生全流程参与真实案件,不断培养法科学生从法律职业者的角度,综合实体法、程序法和不同部门法知识对案件进行多方位法律分析的职业能力,以纠正传统法

---

① 甄贞主编:《诊所法律教育在中国》,法律出版社2002年版,第4页。
② 陈伟:《规范化法学教育实习基地的改革与完善》,载《河南财经政法大学学报》2014年第6期。
③ 龙翼飞主编:《中国诊所法律教育探索与创新》,法律出版社2017年版,第2页。
④ 梅锦:《再论诊所法律教育在我国的运行模式》,载《黑龙江高教研究》2014年第4期。

学教育只关注具体部门法专业知识培养的错误倾向。①

第二,全流程参与真实法律案件优于书面片段化传授。诊所法律教育注重法科学生在真实法律案件中的全过程参与。它要求法科学生发挥自主能动性,全流程参与实际承接的真实案件,在诊所教师的指导下,经历诸如接待当事人、提供咨询、起诉(应诉)、起草法律文书等案件的全部过程。诊所法律教育实际上是"案例全过程教学",学生能够在综合考虑与当事人的谈判技巧、适用的法律条文、采取的诉讼技巧等过程中,认识和掌握案件流程的全貌,习得具有连贯性、全流程性的职业能力。传统法学教育下,职业能力训练具有"板块化"特征,被拆分为法律文书写作课程、法律职业伦理课程等。片段化传授的碎片化职业技能难以被缺乏实践训练的法科学生有效整合、内化为有机统一的职业能力,难以在解决实际问题的全过程中被熟练运用。

第三,法律职业伦理具象化培养优于书面化讲授。法律职业伦理教育是我国高等学校法学教育的重要组成部分。传统法学教育将法律职业伦理设置为一门独立的课程,主要以学生熟悉一系列关于法官、检察官、律师等法律从业者的法律职业行为规范为导向。职业伦理困境隐藏于法律规则之中,法律从业者所面临的职业伦理困境与法律职业行为规范的具体化应用都需要在真实案例中体现。采用传统法学教育模式对法律职业伦理进行书面化输出,学生难以通过文本感受案件中的人性,也就难以产生类似当事人在案件中的真切感受。② 法科学生的法律职业伦理培养需要重塑、更新,让学生在更真实的环境中获得对法律职业伦理的感悟。③ 诊所法律教育是法律职业伦理实践教学的对症之药,法科学生通过法律诊所为社会弱势群体提供无偿法律服务能够极大地提升自身的社会责任感、职业获得感和职业道德感。目前已经有部分高校将法律职业伦理教育实践化,如中国政法大学进行"学训一体"法律职业伦理教学模式改革尝试,形成了"理论教学—案例教学—法

---

① 单平基:《法律赋能诊所教育及其本土化路径——基于我国"经院式"法学教育模式的检讨》,全国外国法制史研究会第二十六届年会论文。

② 廖振中、高晋康、王伦刚主编:《法学实践性课程的场景革命——探索法学实践性课程革命的中国路径》,西南财经政法大学出版社2021年版,第87页。

③ 许身健、张涛:《认真对待法律职业伦理教育——我国法律职业伦理教育的双重挑战及克服》,载《探索与争鸣》2023年第12期。

律诊所—法律实习"的法律职业伦理教学体系。①

同时,诊所法律教育培养模式也存在不足。第一,普适性不足。诊所法律教育覆盖面有限,无法满足法科学生规模日益递增的需要。我国是人口大国,加之高校扩招政策的影响,全国法科学生数量庞大。诊所法律教育以学生的深度参与和教师的个性化指导为特点,该内生性特征决定了诊所法律教育的受众范围小。据统计,在开设法律诊所课程的高校中,课程招生数量最多的是中国政法大学。② 该校每学期开设6个不同专业面向的诊所课程,课程面向本科三年级以上同学,每学期可选修诊所课程的学生数量为120人。③但该校招生总体人数就较其他学校多,根据《中国政法大学毕业生就业质量年度报告(2021)》统计的数据,2021年该校法学本科毕业生高达1815人。④

第二,教学案源难寻,这与案例教学法的缺点存在一致性。诊所法律教育是课堂教学与实际办案的有机结合。诊所教师在诊所法律教育中应当选择具有教学意义、适宜学生处理的案件作为"教材",案件不宜过于复杂,案件的社会影响力不宜过大,利益牵涉面不宜过广。大多数高校面向本科三年级以上学生开设法律诊所课程,此类学生尽管已经完成了法学主干课程的学习,但法律实践经验阙如,难以驾驭太过复杂的案件。如果案件处理不当,将严重影响当事人利益,学生、法律诊所将面临较高的责任风险。同时,案件又不宜过于简单,缺乏高质量的案源作为"教材",教学质量必定难以保证,这与诊所法律教育"在真实的法律案件处理过程中求学问、学技巧、增能力"的初衷相悖。基于此,诊所法律教育的落实必须有充足的案源作为支撑,供诊所教师反复斟酌筛选。但目前诊所法律教育课程化、规范化发展的过程中仍

---

① 刘坤轮:《"学训一体"法律职业伦理教学模式的实践与创新》,载《政法论坛》2019年第2期。
② 龙翼飞主编:《中国诊所法律教育探索与创新》,法律出版社2017年版,第28页。
③ 《中国政法大学"法律诊所"课程管理办法》(校教字[2006]27号)第6条,"'法律诊所'课程面向本科三年级以上学生开设。选课学生名单的确定采取学生向开课学院报名和导师筛选双向选择的方式,由主讲导师根据课程性质、特点和要求,基于保证教学质量的目标,确定选课学生的数量和报名条件。每个专业课堂的选课人数一般不超过20人",载中国政法大学实验教学中心2006年5月27日,http://syjxzx.cupl.edu.cn/info/1125/1137.htm。
④ 《中国政法大学毕业生就业质量年度报告(2021)》第7页,载中国政法大学信息公开网2021年12月31日,http://xxgk.cupl.edu.cn/info/1065/3945.htm。

面临着案源单一、无选择余地的困境。①

第三节 法科学生职业能力培养与教学内容实践的衔接

上一节主要探讨了法科学生职业能力培养模式变革下教学方法实践的探索,在本节,我们将继续探索法科学生职业能力培养与教学内容实践的衔接问题。具体而言包括两个方面,第一,教学内容与法科学生专业能力培养应具有一定对应关系;第二,应将法科学生通用能力的培养嵌入在通识必修课程、科研项目、竞赛以及实习实践等活动中。

一、教学内容与专业能力培养的对应关系

苏力教授指出:"当代中国,法学面临的第一项根本任务,是要针对中国的社会发展需求,培养更多的合格的法律人。"②培养"合格的法律人"的关键在于不断提高法科学生的职业能力素养。要达到这一目标,需要将法学课程设置与职业能力培养对应起来。

(一)法律职业伦理课程

遵守法律职业伦理是法律人具备专业能力的体现,也是法科学生职业能力培养的侧重点之一。通常认为,法律职业伦理既包含法律职业活动所涉及的伦理价值及原则,也囊括法律职业人员在职业活动中应当遵循的职业行为准则。掌握法律职业伦理的内容与精神是法律从业者从事法律行业的前提条件。长期以来,在法律人才培养过程中,我们在一定程度上忽视了职业道德教育和思想政治教育。我们强调培养法律人才的专业能力,尤其重视法律职业技能的培养和法律知识的掌握,但是对于个别法律人才出现的职业伦理道德、政治素质和个人品德下滑现象却没有给予相应的重视,未能预防和阻

---

① 兰州财经大学法学院能够提供给诊所学生演练的案件主要依赖当地法律援助中心及人民法院提供,但提供案件为数甚少,而且受当地法律援助中心管理改革影响,2013年未能提供真实刑事案件以供法律诊所学生演习。参见龙翼飞主编:《中国诊所法律教育探索与创新》,法律出版社2017年版,第128页。

② 苏力:《当下中国法学教育的两项根本任务》,载《中国大学教学》2008年第2期。

止部分法律人把法治作为谋私的手段和工具,进一步引发了司法腐败问题。① 2017 年,习近平总书记在中国政法大学考察时强调:"法学教育要坚持立德树人,不仅要提高学生的法学知识水平,而且要培养学生的思想道德素养。"进入新时代,习近平总书记明确提出:"全面推进依法治国,建设一支德才兼备的高素质法治队伍至关重要。"② 这也是新时代法学教育培养目标的基本要求。对此,必须加强和改进法学教育,构建立德树人、德法兼修的高素质法治人才培养新模式。③ 思想道德素质是方向,要求法律人具有正确的价值观、道德观和职业伦理。法律共同体应以社会公平正义为目标,忠于宪法和法律,严格遵守行业规范和职业道德。法律职业道德要求法学专业毕业生具备高度的社会责任感和职业荣誉感,遵守法律职业道德规范,维护法律职业的尊严和形象。实践中出现的违背法律职业伦理的案例引发了人们对法律职业伦理的思考与讨论,凸显了法律职业伦理课程的重要性。

法律职业伦理课程的由来既有立法依据也有政策依据。我国《律师法》《公务员法》《法官法》《检察官法》《律师职业道德和执业纪律规范》《法官职业道德基本准则》等一系列法律法规明确了法律职业共同体的职业责任,规范了其从业行为。与此同时,2018 年年初教育部发布的《普通高等学校本科专业类教学质量国家标准》明确了法学专业核心课程体系,将"法律职业伦理"课程列入十门法学专业核心必修课程之一,要求所有开设法学专业的高校必须面向法学专业学生开设"法律职业伦理"课程,实现法律职业伦理教育贯穿法治人才培养全过程。④ 同年,教育部、中央政法委联合发布"卓法计划 2.0",指出要加大学生法律职业伦理培养力度,面向全体法学专业学生开设"法律职业伦理"必修课,实现法律职业伦理教育贯穿法治人才培养全过

---

① 杨宗科:《习近平德法兼修高素质法治人才培养思想的科学内涵》,载《法学》2021 年第 1 期。
② 习近平:《加快建设社会主义法治国家》,载求是网,http://www.qstheory.cn/dukan/2020 - 06/04/c_1126073255.htm。
③ 杨宗科:《习近平德法兼修高素质法治人才培养思想的科学内涵》,载《法学》2021 年第 1 期。
④ 《〈普通高等学校本科专业类教学质量国家标准〉有关情况介绍》,载中华人民共和国教育部网,http://www.moe.gov.cn/jyb_xwfb/xw_fbh/moe_2069/xwfbh_2018n/xwfb_20180130/sfcl/201801/t20180130_325921.html?eqid=adc23fce00023a8f00000006645dab6b。

程。据了解,目前大部分高校均按照国标要求,在学校必修课中加入"法律职业伦理"课程。例如,西南政法大学设 1 学分,中国政法大学设 3 学分,清华大学、浙江大学、武汉大学、暨南大学、中山大学、西北政法大学等高校均设 2 学分的"法律职业伦理"必修课程。① 大部分高校法学院会在法律职业伦理课程上针对国内外典型职业伦理案例进行研讨,同时对《法官法》《检察官法》《律师法》《公务员法》等法律法规进行教学和解读,也有高校采取模拟实践、电影赏析等形式来辅助理论知识的讲授。

虽然法律职业伦理课程逐步受到重视,但我国法律职业伦理教育也面临诸多挑战。例如,某些高校并未给予法律职业伦理课程与其他法学课程同等的重视,在教学内容上略显单一;教师缺乏与学生的交流与讨论,只是依照教学大纲机械地进行知识灌输;学生自身重视度也有所欠缺等。此外,目前大多数高校的法律职业伦理课程都由法学院的老师负责授课,且多由民法、刑法等不同部门法研究方向的老师兼职教学,②在专业度上有所欠缺。诊所法律教育的教学方法或可为法律职业伦理课程注入新活力,但如何进一步完善和优化我国法律职业伦理教育仍是我们面临的重要挑战。

(二)法律职业技能课程

熟练运用法律职业技能是法科学生具备扎实的法学理论基础与应用能力的核心体现。苏力教授将法律职业技能定义为从事某项具体的法律实务时所必需的技术性能力,包括:(1)分析具体法律问题、整合材料的能力;(2)针对具体法律纠纷提炼法律争点、撰写法律文书的能力;(3)解决具体纠纷的能力;(4)同客户谈判和交往的能力;(5)在具体案件中熟练运用诉讼程序应对诉求的能力;(6)在立法中就特定法律事项进行游说和推动法律变革的能力;(7)就具体案件进行法庭辩论、说服法官的能力。③ 还有学者从中国法治建设的实际需要出发,认为法律从业者应当具备以下基本的职业技能:

---

① 《关于政协十三届全国委员会第二次会议第 0676 号(教育类 082 号)提案答复的函》(教提案〔2019〕第 14 号)。

② 许身健、张涛:《认真对待法律职业伦理教育——我国法律职业伦理教育的双重挑战及克服》,载《探索与争鸣》2023 年第 12 期。

③ 苏力:《中国法律技能教育的制度分析》,载《法学家》2008 年第 2 期。

(1)获取、掌握和应用信息的能力;(2)谈判能力;(3)沟通、协商的能力;(4)制作法律文书的能力;(5)起草、审阅合同的能力;(6)审核、鉴别和有效运用证据的能力;(7)辩论的技巧和方法;(8)制定规则的能力;等等。① 无论对法律职业技能进行何种解释,均能看出法律职业技能的内涵十分丰富。这决定了法律职业技能课程应是一个广义上的系列课程,包括法律诊所课程、模拟法庭课程、案例分析课程、法律文书写作课程等。

为了培养法科学生的法律实务能力,需要强化法学院的实践性教学。② 实践中,众多法学院校在进行本科教学模式改革的过程中加强了对法科学生法律职业技能的培养。例如,清华大学对本科生采取专业教育与通识教育相结合的培养模式,专业课程包括理论和实务课程,如法律诊所课程、与律所合作开办的实务类课程等。此种培养模式一方面可以奠定学生坚实的法学知识基础,拓宽专业口径;另一方面可以培养法科学生对社会问题的洞察力,并提升学生分析、解决法律问题的职业能力。③ 又如,武汉大学法学院在常规课程之外开设了法律诊所、模拟法庭、法律实习等课程。这些课程新颖且独具特色,培养了一大批综合素质强、实务能力过硬的法治人才。再如,北京大学课程改革中推出了案例研习课。该课程区别于传统的讲授类课程、研讨类课程和实务类课程,以"案例研习"为核心对学生进行法律技能训练,将方法与知识、思与练、小班研讨与大班教学相结合。自 2010 年起,北大法学院启动以课程建设为中心的新一轮教学改革,增设案例研习课、实务课、写作课等新型课程。经过近 10 年的努力,新课数量持续增长,涌现了"民法案例研习""刑法案例研习"等国家级一流本科课程,多元课程体系基本成型。④ 还如,西南政法大学在本科阶段开设法律职业礼仪、刑事辩护实务、审判策略与庭审技巧、律师非诉业务操作技能等选修课程。此外,有的省份也在积极举办大学生法律职业技能竞赛,从而回应我国高等法学教育改革发展中提高法律

---

① 霍宪丹:《法律职业与法律人才培养》,载《法学研究》2003 年第 4 期。
② 王泽鉴:《法学案例教学模式的探索与创新》,载《法学》2013 年第 4 期。
③ 清华大学法学院:《2023 清华报考攻略|清华法学等你来》,载微信公众号"清华大学法学院"2023 年 6 月 25 日,https://mp.weixin.qq.com/s/VhV4253b_LnKrCJ4jZbTng。
④ 北大法宝:《法学院课程怎么改? 北大挺进深水区|北大法学院教学改革撷英(一)课程建设篇|中国法律评论》,载微信公众号"北大法宝"2021 年 3 月 9 日,https://mp.weixin.qq.com/s/d-w90FU2IhuD72HzDyPb8g。

人才培养质量、锻造法科大学生法律职业素养的要求。①

但是,仍有部分高校认为法科学生在学校应尽可能多地学习法学理论基础知识,到工作岗位再强化其职业技能,故法律职业技能课程在这些高校的培养方案中学分比例较低,此类高校对法律职业技能的重视程度还有待提高。通过对法科学生各种实践技能的培养,提高法科学生的综合能力,能够帮助法科学生在未来法律职业生涯中更好地处理复杂的法律问题,并在实践中不断创新和提高自己的专业能力、提高自身的道德素养。实践性法律教育旨在为学生提供传统课堂教学无法提供或忽视的机会和训练。如果学校不给学生提供融会贯通的实战机会,学生就只能学到割裂的、片段的、零散的知识,这无法适应不断变化的法律实践对现代法学教育的要求②,也无法让学生学到法律条文以外的实践能力、技巧和知识。将充分重视解决实际问题的法律职业技能课程纳入法科学生培养方案之中并增大其学分占比能够很好解决目前法学教学中理论与实践脱节的问题,对我国的法学教学具有重要的意义。③ 但如何进一步地完善系列法律职业技能课程,还需要各高校对教学方法与教学内容进行进一步探索。

(三)交叉法学课程

中共中央办公厅、国务院办公厅印发的《关于加强新时代法学教育和法学理论研究的意见》指出,要推进法学和社会学、政治学、经济学、心理学、管理学、统计学、人类学、网络工程以及自然科学等学科交叉融合发展,培养高质量复合型法治人才。交叉法学课程体系的建立健全是搭建复合型法治人才培养模式的重要基础。完善新时代中国特色社会主义法学学科体系,加强法学与其他学科的融合发展、促进学科之间的交叉,具有重要的理论创新意义、学科建设意义和法治实践意义。④ 通过跨学科的研究方法,可以更全面地了

---

① 谭世贵、苏新建、董文辉:《以法律职业能力培养为目标的法学教育改革——以浙江省大学生法律职业能力竞赛为实例》,载《中国大学教学》2014年第11期。
② 王晨光、陈建民:《实践性法律教学与法学教育改革》,载《法学》2001年第7期。
③ 何欢:《案例教学法在民商法教学中的应用》,载《教育评论》2014年第9期。
④ 韩大元、杜焕芳、路磊等:《跨学科教育与研究:新时代法学学科建设的实现路径》,载《中国大学教学》2018年第4期。

解法律问题的社会、经济、文化背景和影响,为法律的制定和实施提供更科学的依据。同时,法学与其他学科的结合也有助于培养具有跨学科视野和能力的法律人才,提高法律服务的水平和质量。例如,西北政法大学以创建西北国家安全法学新兴学科为重点,在民族法学、国家安全法学、反恐法学等新兴交叉学科建设方面取得显著成效,①继而依托这些新兴学科培养服务国家特殊需求的高层次法治人才。②

当今世界正经历百年未有之大变局,培育符合时代需求的法治人才,对于我国当下的发展具有重要意义。面对国家战略需求、面对新兴重点领域,需要推动法学培养模式的转型升级,以更好适应社会对法科学生职业能力的要求。如今我们处于全球化和数字化时代,面临着新的挑战与危机。数字经济是未来发展的趋势,这要求法科学生应具备前瞻性思维,掌握时代发展的大方向,从而提升自己的实践能力。就法学院校而言,也需要据此更新法科学生的培养方案和培养模式,发展并完善新时代法学学科建设。例如,西南政法大学在法学专业本科阶段开设法学新兴课程模块,包括数字法学前沿、数据法学、区块链存证理论与实务、人工智能典型应用场景法律规制等课程。这无疑是对当代社会发展的积极回应,是促进法学培养模式在全球化和数字化背景下转型的有力举措,从而提升法科学生职业能力,向社会输出适应时代发展的法律从业者。

但如何将法学与其他学科进行有效融合,尽最大可能发挥不同学科的最大价值,是当下有待解决的问题。首先,法学作为一门独立的学科,具有其独特的学科特性,如严谨的逻辑性、实践性和规范性等。其他学科如自然科学,也具有各自的学科特性。在融合过程中,这种学科特性的差异可能会带来一定的困难和挑战。其次,不同学科的发展进程往往存在差异,这可能导致在融合过程中出现发展不平衡的现象。例如,某些学科可能已经相对成熟,而其他学科可能还在发展阶段,这种不平衡可能会影响融合的深度和广度。最后,不同学科具有不同的价值观念和学科文化,在融合过程中可能出现文化冲突。

---

① 郜占川:《新时代卓越法治人才培养之道与术》,载《政法论坛》2019 年第 2 期。
② 杨宗科:《培养服务国家特殊需求的高层次法治人才》,载《人民法治》2018 年第 16 期。

二、教学内容中通用能力的嵌入培养

强实践性是法学专业的特点之一,推动法学专业知识向专业应用能力转化的过程,实际上也是学生将专业知识融入自身综合素质及综合能力的过程。① 法科学生除需要具备体系化的法学专业素质外,还需具备一系列的综合能力,包括专业辅助能力、表达沟通能力、人际交往能力、职业生涯规划与发展能力等。

(一)专业辅助能力

专业辅助能力是相关人员从事一定领域的工作或处理特定行业事项时,其非专业能力的辅助性支持。法科学生的专业辅助能力包含计算机操作技能、人工智能应用能力、外语应用能力以及其他对法学专业学习与发展具有支撑辅助作用的能力。② 专业辅助能力的重要性在于它们提供了必要的支持,使法科学生能够更有效地参与专业领域的实践活动,增强其解决复杂法律问题的能力。在快速变化的现代社会中,法学专业要求法科学生具备深厚的法律理论知识,还要求其能够灵活运用各种辅助工具和技能,以适应不断发展的法律实践需求。例如,计算机操作技能可以帮助法科学生高效地进行法律文献检索和资料整理;人工智能应用能力使他们能够利用最新技术进行法律分析和预测;外语应用能力则是在全球化背景下进行国际法律实践的关键。这些能力共同构成了法科学生专业素养的重要组成部分,是他们适应法律行业发展、提升职业竞争力的必备条件。

对专业辅助能力的嵌入式培养,不仅仅体现在通识必修课程中,更应体现在自主学习研究、科研项目参与、竞赛展示等活动中。首先,法学院应在课程设计中加强法学与信息技术、外语等学科的交叉融合,通过开设相关课程或工作坊,提供系统的训练机会。例如,通过编程课程教授学生如何使用法律技术软件,或通过法律英语课程提升他们的法律英语应用能力。其次,高

---

① 王轶、申卫星、龙卫球等:《"新时代复合型法治人才的培养"大家谈(笔谈)》,载《西北工业大学学报(社会科学版)》2022年第2期。
② 胡绵娓编著:《法科学生职业化能力培养研究》,厦门大学出版社2022年版,第165—166页。

校法学院应鼓励和支持学生参与科研项目、实习、模拟法庭竞赛和其他实践活动。这些活动不仅能提供实践经验，还能让学生在实际操作中学习和应用专业辅助技能。通过这种方式，学生可以在真实或模拟的法律环境中测试和提高他们的技能，同时也能够更好地理解法律理论与实践的联系。最后，自主学习和持续教育也是培养法科学生专业辅助能力的关键途径。法学学科的实践性决定了法律人的学习不可能止步于课堂，而应不断学习新的知识、新的技能，助力实现法学水平的高、精、尖。法学院可以通过建立在线学习平台、组织学术讲座和研讨会，鼓励学生主动探索新知识、新技术，并与法律实践领域的专家进行交流。这种自我驱动的学习方式有助于学生不断更新知识体系，适应法律职业的发展趋势。

（二）表达沟通能力

表达沟通能力指将自己的意图、情感、想法等，用文字、语言、表情、图形和动作等清晰明确的方式表达出来，并让他人体会、理解和掌握的能力。法科学生未来可能会成为律师、法官、检察官等法律从业者。良好的表达沟通能力可以帮助法科学生更好地与客户、当事人、法官、检察官等各方进行有效沟通，从而更好地完成法律实践工作。

培养法科学生的表达沟通能力，是法学教育中的一个重要环节，良好的表达沟通能力对于他们未来在法律职业中的成功至关重要。以下是几种有效的培养方法：

第一，开展模拟法庭和辩论活动。通过模拟法庭和辩论活动，法科学生可以在实践中学习如何有效地表达和论证自己的观点。这种活动不仅能够帮助学生锻炼逻辑思维能力，还能提高他们在公众场合的口头表达能力和自信心。通过模拟真实的法律争论场景，学生能够在接近实战的环境中练习如何清晰、有逻辑地表达自己的法律观点，以及如何进行有效的交叉审问。

第二，持续进行法律写作和研究训练。法律写作和研究课程能够帮助学生提高法律文件编写能力，法律文件包括法律意见书、起诉状、答辩状等。这要求学生能够准确、清晰地用书面语言表达法律观点。通过法律写作训练，学生可以学习如何组织法律论据，如何使用法律术语，以及如何以书面形式有效地与法官和对手律师沟通。

第三,建立沟通技巧工作坊。组织专门的沟通技巧工作坊,邀请经验丰富的律师、法官或其他法律专家来分享他们的经验和技巧。这些工作坊可以专注于语言沟通、倾听技巧、说服技术、公众演讲等方面。通过这种互动式学习,学生能够获得宝贵的第一手经验,了解在法律职业中有效沟通的重要性和方法。

第四,提供实习渠道。通过在律所、法院或其他法律服务机构的实习,法科学生可以获得真实的法律实践经验。在实习过程中,学生将有机会直接参与沟通、案件讨论和法庭辩护,从而在实际工作中练习和提高自己的沟通能力。实践经验使学生能够更好地理解理论知识与实际应用之间的联系,同时也有助于他们发展专业的法律沟通技巧。

第五,持续输出反馈和评价。为学生提供定期的反馈和评价,无论是在书面作业、口头陈述还是实际演练中,通过教师、同学甚至外部法律专家的反馈,学生可以明确自己在表达沟通方面的强项和待改进之处。定期的评价不仅可以帮助学生及时调整学习策略,还可以鼓励他们持续进步。

此外,在表达沟通能力的发展中,法科学生也应同时具备人际交往能力。法律职业不仅涉及与客户的沟通,还涉及各种人际关系的处理。具备良好的人际交往能力可以帮助法科学生更好地融入团队,建立良好的人际关系,提高团队协作能力和工作效率。

(三)职业生涯规划与发展能力

法科学生培养职业生涯规划与发展能力是一个系统工程,涉及自我认知、目标设定、资源整合和实践探索等多个方面。在中国式现代化的背景下,探索应用型、复合型法律职业人才以及涉外法治人才培养道路,需要不断推动法学教育前沿理论与中国实际的结合,根据法科学生自我认知不断培养其职业生涯规划与发展能力,从而为全面依法治国提供全方位的人才保障。

具体而言,法学院在培养法科学生的职业生涯规划与发展能力方面可以采取一系列有效措施,以帮助学生更好地理解法律行业、明确职业目标,并为将来的职业生涯做好准备。

首先,法学院可以开设职业规划课程和工作坊,涵盖职业生涯规划基础、简历编写技巧、面试技巧、职业道德、法律职业发展趋势等内容。法学院可以聘请经验丰富的职业顾问和律师来进行一对一的咨询,为学生的职业选择、实习机会、进阶学习等提供指导。

其次,法学院可以利用校友资源建立导师计划,将在校法科学生与行业内成功的校友联系起来。通过这种导师关系,学生可以从校友的经验中学习,获得职业发展的建议和指导,以及了解行业实务。同时,校友网络也为学生提供了宝贵的职业发展机会和实习、就业机会。通过与法律机构、律所、非政府组织等合作,为学生提供丰富的实习和实践机会。结合实际工作经验,学生不仅可以应用所学知识,还可以探索自己的职业兴趣,积累宝贵的职业经验,为未来的就业打下坚实基础。

再次,学校应定期举办职业发展研讨会和讲座,邀请法律行业的领军人物,如资深律师、法官等来分享他们的职业经验和见解。这些活动不仅能够为学生提供行业洞见,还能激发学生对法律职业的兴趣,帮助学生建立起对法律职业的深入理解。

最后,应建立一套系统的跟踪反馈和评估机制,定期收集和分析学生就业情况、实习反馈以及职业发展路径的数据。这些信息对于法学院不断优化职业规划和发展服务、提升教育质量非常重要。

第四节 创新与发展法科学生职业能力培养模式

在对法科学生职业能力培养模式的变革、教学方法实践、教学内容实践进行了深入研究后,可以清楚地意识到我国目前采用的复合型、应用型法律人才培养模式的适用困境。尽管这种模式在培养学生多方面能力上取得了一定成效,但也不可否认其存在一些不足,这需要我们认真对待并寻求解决方案。接下来的讨论将集中在如何创新与发展法科学生职业能力培养模式上,以期为法学教育的进步和发展作出更为重要的贡献。

一、引领个性发展路径:多元化的培养目标、课程体系及平台

大学人才培养目标与法科学生职业能力培养模式息息相关,也是大学自治的重要体现。但各高校培养目标高度一致,许多法学院校的法学专业人才培养目标均为培养公检法司机关所需要的专门人才。这样的培养目标站在

一个较为宽泛的视角上,只有搭配个性化培养实施机制,才能真正培养出高水平法治人才。

个性化培养机制应当充分尊重学生的个性差异,因材施教,提供个性化的学习计划和指导。如针对不同学生的特长和兴趣,可以设置不同的选修课程或专业方向,让学生在专业知识的基础上,进一步发展自己的专业特长;为学生提供丰富的实践机会,包括模拟法庭、实习以及社会实践项目等,以培养法科学生的实际操作能力和解决问题的能力。具体而言,可以从法学本科教育的一般规律与我国法学教育的现实情况出发探讨法科学生职业能力培养的个性化发展路径。

(一)法科学生职业能力培养目标的多元化

在确定法科学生职业能力培养目标时,高校必须全面考虑法律职业的多样性和不断变化的趋势。如今,现代法律职业已不再局限于律师、法官、检察官等传统角色,而是涉及科技法律顾问、人工智能法律研究员、数据分析师等新兴职业。这种多样性的出现要求我们重新审视法科学生的职业培养目标,以适应当今法律领域的需求。法科学生职业能力的培养目标应更加灵活多样,不仅仅局限于传授基础的法律理论知识和交叉法学知识,高校还应该注重培养学生的专业辅助技能、实践应用能力以及自我规划能力。这些技能包括但不限于法律写作能力、法学研究方法论、沟通技巧、团队合作能力等。培养学生的实践应用能力也至关重要,法科学生需要通过参与模拟法庭、实习项目以及法律实践课程来获得真实世界中的经验和技能。与此同时,自我规划能力的培养也必不可少,学生需要学会制订职业发展计划、规划个人学习和职业道路,并不断调整加以完善。因此,高校在法科学生职业能力培养方面需与时俱进,不断调整和完善培养目标,以确保学生在未来复杂多变的法律职场中具备足够的竞争力和适应能力。

(二)法科学生职业能力培养课程体系的多元化

为使课程设置体现多元化培养的特点,需要系统化构建课程体系。当前,许多法学院校为弥补传统法学课程中职业能力培养不足的问题,正在对教学内容进行改革,并以强化实践教学环节为重点。与其他专业如管理学、经济学等相比,法学类专业在核心课程上存在数量过多、学分过多的情况,高校目前是否完全基于法学的职业教育性质来确定法学核心课程,是否过分突出部门法专业教育,有待我们进一步地进行观察。正如学者指出的那样,"许多核心课程并未按照教育规律和培养思路进行设置,而是成为标榜某一部门法或分学科重要与否的标志。这种情况导致在培养高素质法律职业人才时,很少考虑这些核心课程的实效。"[①]法学专业选修评估考核标准过于宽松、学分过少的现状在未来实现法科学生职业能力培养多元化的过程中应当予以改善。

(三)法科学生职业能力培养教学平台的多元化

实践教学环节包括实验、实训和实习,近年来法学实践教学环节越发得到重视,对法科学生职业能力培养起到了推动作用,如许多院校建立了专门的法学实验教学中心。但是,在如何建设法学实验教学平台、如何构建法学实践教学模式的问题上,还需要我们予以特别重视。

通过对教育部第四轮法学学科评估名单中涵盖的100所高校官网资料的收集、检索与对比分析,可以发现各个高校法学院在本科法学实践教学体系方面呈现出明显的共性。这些实践教学体系总体可以划分为两大部分:校内实验和校外法律实践。在校内实验方面,高校法学院通常设置了基础型实验和综合性实验两个主要层次:基础型实验主要包括课程实验,旨在帮助学生巩固课堂所学的法律理论知识,并将其应用于具体案例中;而综合性实验则更为综合和深入,包括专项实验和仿真实验,这些实验项目常常模拟真实法律场景,让学生在模拟环境中进行法律操作和决策,提高其解决问题的能力。在校外法律实践方面,高校法学院通常包括实验、实训、调研和实习四大模块:实验方面主要涵盖以法庭科学为主的实验课程,如法医、侦查、物证鉴定等,通过这些实验课程,学生可以亲身体验法律实践的过程,了解司法系统的运作;实训方面更加注重模拟真实法律工作场景,包括庭审、案例研究、司法实务、企业法务、行政执法、调解和仲裁等,法科学生可以通过参与这些实

---

① 王晨光:《卓越法律人才培养计划的实施——法学教育目标设定、课程设计与教学安排刍议》,载《中国大学教学》2013年第3期。

训活动,锻炼自己的法律技能和实践能力;调研方面主要指地方立法、法律援助等专项调研活动,法科学生可以通过这些调研项目,深入了解法律实践中的现实问题,提升其法律研究能力和问题解决能力;实习环节则是将学生送入真实的法律工作场景,例如,学生到法律诊所、企业进行法律实务仿真实习和毕业实习等,该环节能够让法科学生在实践中积累经验,提高自己的法律实践能力和法律职业素养。

诸多大学为推动构建实践教学体系,均不同程度地加强了对法学实践教学平台的建设。法学实践教学平台通常分为主平台和辅助平台。主平台包括三大系统,分别是法律实务综合仿真实习平台、职业模拟能力训练平台和网络虚拟平台。辅助平台包括两大平台,一是由信息化、网络管理、软件系统支撑的网络辅助教学平台,二是由实验室仪器设备支撑的技术性环境条件技术辅助平台。① 法学实践教学模式的构建与实验教学平台的建设能够在个性化培养目标的指导下全方位助力培养法科学生专业能力、实践应用能力以及其他通用能力。

此外,利用大数据技术,法科学生职业能力培养可真正落实"个性化安排"。大数据能够收集在过去不可能聚起来的反馈数据,并借助概率预测优化学习方式、学习时间和学习内容。② 通过数据处理对法学教育进行精细雕刻,可以确保不同学生获得相应的特色教学。为逐步将教师主导的统一步调式教学转化为在教师指导下、多线程的、学生自主安排的异步化学习,我们可以引导学生自主选择学习方式、调控学习行为、选取教学资源,并鼓励学生根据自我认知、自我偏好、自我学习习惯来决定教学内容的表达方式及呈现顺序,从而灵活调控学习时机和氛围。③ 与此同时,在大数据时代,要将旧时专业教育的硬性教育模式变革为更加灵活的目录式、个性化的教育模式,就应适当缩小班与级的区别程度,扩大课程自由度,激励、助力学生在科技支持下全面进行自主学习。这一转变不仅有助于提高法科学生对基础知识的理解

---

① 杜承铭:《论本科法学职业教育目标的多元化及其实现》,载《中国大学教学》2014 年第 8 期。

② [英]维克托·迈尔-舍恩伯格、肯尼思·库克耶:《与大数据同行:学习和教育的未来》,赵中建、张燕南译,华东师范大学出版社 2015 年版,第 104 页。

③ 冯果:《新理念与法学教育创新》,载《中国大学教学》2019 年第 10 期。

和应用能力,而且能强化其自我管理能力及职业生涯规划能力。

二、深化内外单位合作:教学平台共筑与协同育人

为了积极贯彻习近平总书记有关构建法学院校与法治实践部门合作育人新机制的重要指示精神,教育部、中央政法委在2018年发布了"卓法计划2.0",以重塑共育机制,铸就法治人才生态圈,培养卓越法治人才。创新法治人才培养机制关键在于准确理解法治实践的迫切需求,构建一个以高校为中心、以法治实践机构为主体的"法治人才培养联盟",协同建设教学实践中心,联合制定人才培养蓝图,共同挑选专业师资队伍,合作开发创新教材,共同探索最佳教学方法,以建立资源共享、优势互补、协作共赢的法治人才培养生态。

习近平总书记明确要求:"要打破高校和社会之间的体制壁垒,将实际工作部门的优质实践教学资源引进高校,加强校企、校地、校所合作,发挥政府、法院、检察院、律师事务所、企业等在法治人才培养中的积极作用。"[①]应积极促进司法实务部门在法治人才培养各个环节中的深度参与,以培养出具备应用型和复合型特质的、符合法治实践需求的高素质法治人才。当下,法学院校的法学专业教师受时间、规模和执行力等因素的限制而缺少丰富的法治实践经验。因而,法学院校应加强与法律实务界的合作,充分利用好优质实践教学资源,加强与法律实务专家和法治工作部门在法学教材和课程建设、人才培养方案制定、课堂教学、学生实习实践实训等方面的合作,促进法学教育和法律职业的有效衔接。[②]

增加法学实践性教学所需教学资源,形成与法律实务部门的长效合作机制,实现共享法律资源、共育法学人才,是助力法科学生职业能力培养的基石。具体而言,增加法学实践性教学资源可以帮助学生提高实践能力、加深对理论的理解、适应职业需求以及拓宽视野。法学教育应该注重实践性教学资源的建设和利用,为学生提供更多的实践机会和实践平台。但当下,法学

---

① 习近平:《论坚持全面依法治国》,中央文献出版社2020年版,第177页。
② 焦富民:《全面依法治国视域下高素质法治人才培养机制的优化》,载《学术界》2023年第5期。

院校普遍存在欠缺实践性教学资源的问题。例如,对于新近典型案例的原始资料,学生通常难以获取;又如,校内设备设施不足,无法充分保障学生实践性教学的开展,同时还欠缺校外实践基地以弥补实践性教学资源的匮乏;再如,法学院校在教学资源上缺乏专门的教材来有效地指导教学,这也成为阻碍实践性教学发展的因素之一。①

对此,我国法学院校正在不断探索增加法学实践性教学资源的路径。例如,中国政法大学在"学训一体"法律职业伦理教学模式的改革尝试中已经取得了较为成熟的经验。中国政法大学通过多元化的课程设计,形成了"理论教学—案例教学—法律诊所—法律实习"的标准化、层层递进的法律职业伦理教学体系。②又如,中南大学法学院以培养"德法兼修的卓越法治人才"为目标,率先启动"双千计划",先后与法院、检察院、律师事务所等实务部门合作设立了29个"中南大学法学实践教育基地",聘请一大批资深法律实务界的专家参与课堂教学、指导学生实践、联合培养研究生,实现校内外联合培养,率先形成理论和实务深度融合的"双师同堂"教学品牌,逐步形成全员、全过程、全方位"三全育人"的教育大格局。③

在进行教学改革时,平台垒筑是至关重要的组织保障,特别是在新文科建设的路径探索中更应注重人才培养平台搭建的基础性作用。为了突破法学学科内部与外部的学科壁垒,我们需要建立校内外交叉融合平台。教学组织需要进行重大改革,其中之一是教研室应实现由隔离到协同,应打破不同学科之间的藩篱,建立一个没有"围墙"的学术组织机构。这意味着学校需从问题出发,设立跨学科教学机构和研究中心,促进学科之间的融合。同时,学校要构建起中外交流、科教结合、产教融合、校企合作的多样化协同育人机制,④通过柔性引进、共建等方式将校内外资源进行整合,以探索法治人才培养共同体的构建路径。例如,在校内设置实务部门的调解室、鉴定室、审判

---

① 黎慈:《学科建设视阈下法治人才培养的机制创新研究》,载《淮阴师范学院学报(自然科学版)》2023年第3期。

② 刘坤轮:《"学训一体"法律职业伦理教学模式的实践与创新》,载《政法论坛》2019年第2期。

③ 《中南大学法学院及特色培养模式介绍》,载微信公众号"中南大学本科生招生办公室"2022年4月27日,https://mp.weixin.qq.com/s/GmBmunHF2MOuORBuBX8CKQ。

④ 冯果:《新理念与法学教育创新》,载《中国大学教学》2019年第10期。

庭、实验室等工作机构。

综上所述,搭建校内外交叉融合平台、构建多样化协同育人机制,是推动新文科建设、促进教学改革的重要举措。只有通过这些举措,提高教学质量和教育水平,才能为培养具有国际竞争力和创新精神的高素质人才打下坚实基础。

三、激发师生共创活力:实施产出驱动激励机制

法学教育的健康发展受到了过于浓厚的经济导向性的影响,这导致教师和学生之间的良好互动被削弱。在法学教育发展过程中,曾存在功利性、短期性、盲目性的行为,这使尚未成熟的法学教育发展逐渐失衡。因此,法学教育的后天发育不良成为一个突出的问题。① 知识传授被过分强调,而能力培养被忽视;理论讲解占据主导地位,实践培训则被边缘化;法律条文的注释备受重视,但法律精神的传授却被忽略;考试分数备受重视,而个人素质的提高则被忽略;教育活动的规范化和秩序化备受重视,但学生道德品质的培养和个性的展示却未能得到足够重视。②

法科学生职业能力培养是一个需要教师与学生共同参与、共同努力,综合知识传授与技能训练的过程,而激发师生共同创造的活力需要建立起有效的产出激励机制。这意味着教师不仅仅要传授知识,还要引导学生参与实践,让他们在实践中不断提升自己的技能。与此同时,法科学生也需要积极参与到学习过程中,勇于尝试、勤于思考,与教师共同探索解决问题的方法。只有在这种共同努力之下,才能够真正培养出具备实际操作能力的优秀法律专业人才。因此,师生互动激励机制的建立对于促进师生之间互动、激发法科学生学习热情、提高法科学生创造力具有重要意义。

(一)多元化评价体系的设立

首先应设立多元化评价体系。在法学教育中,因强调知识传授和理论讲

---

① 焦富民:《"法治中国"视域下法学教育的定位与人才培养机制的优化》,载《法学杂志》2015年第3期。

② 焦富民:《地方综合性大学法学素质教育的目标与法学教育的改革》,载《法学家》2003年第6期。

解而忽略了能力培养和实践训练是一个普遍现象。多元化评价体系的建立旨在打破传统以考试成绩为唯一衡量标准的局面,更全面地评价学生的学习成果和能力,同时也可变相促进教师采用更多样化的教学方法。具体而言,可采取多种评价标准。

第一,应引入科研项目、课程小论文、研究报告等综合评价的方式,从而直接提高学生对研究能力、批判性思维能力、实际操作能力的重视。

第二,应将过程评价与结果评价相结合。即不仅要关注最终的考试成绩或任务结果,还要注重学习过程中法科学生在各个环节的学习状态。在评价过程中,学校可将部分重心转移到课堂积极参与度、知识掌握的进步幅度等方面,这样的评价方式能够使教师更全面地了解学生全过程的学习情况,并激励他们在整个学习过程中保持充分的积极性。通过这种全过程的评价方式,学生与教师之间的互动可以更好地展开,学生与教师均在此种多元化评价标准的教学互动中不断提升自己的能力和水平。

第三,在同行评审中,学生需要与老师合作评审学习成果,并在互动中分享自己的见解和经验,与老师展开深入的讨论和交流。这种互动过程不仅能够促进师生之间的合作和交流,拉近师生之间的距离,建立起更加紧密的师生关系,更重要的是通过同行评审,学生和教师可以从彼此的反馈中发现问题并提出改进建议,从而促进教育教学工作的不断完善。同时还可引入学生自我评价机制。自我评价机制要求学生对自己的学习过程进行深入的反思和评价,这也是一个与教师进行沟通和交流的机会,通过这种方式,教师可以更好地了解学生的学习状态和学习需求,为其提供更加个性化的指导和支持。

除上述具体措施之外,也可以尝试从多角度对教师评价体系进行完善。对教师的评价不仅包括学术贡献、职称评价,还应在学生反馈、教学创新、学术贡献等多个维度给予重视,以促进教师全面发展。尤其是在教学创新方面,即教师在教学方法、教学手段、课程内容等方面的创新能力,是提升教育教学质量和效果的驱动力的重要体现。评价教师的教学创新能力,可以激励教师积极探索新的教学理念和方法,不断优化教学设计,提高教学的吸引力和感染力。加强教师实践教学的管理也是促进师生互动效果的重要措施,具体方式体现为制定实践教学大纲、实践教学计划和实践教学指导书等文件,明确实践教学的目标、内容、方法和要求。最终,为了检验上述措施的运行效果与实践质量,高校还应建立实践教学质量监控机制,定期对实践教学进行检查和评估,以确保实践教学的成效。

(二)奖励与激励机制的施行

建立一个公正、透明、多样化的奖励与激励制度至关重要,通过奖励与激励,可以有效地激发师生之间互动的积极性,促进他们更加积极地参与到教学和学习过程中,共同努力推动法律教学工作质量的不断提高。具体而言,可采取多种激励机制。

第一,可以通过制定多样化的奖励机制来增强激励的效果。除了传统的奖学金和教学奖励,高校还可以引入创新项目奖、最佳实践奖等,以覆盖学术研究、教学创新、社会实践等多个领域。这样的多样化奖励机制能够更好地激发师生的创新意识和学习动力。

第二,个性化激励计划是另一个重要的激励机制。不同教师、学生之间个体差异较大,教与学特征较明显,因此设计个性化的激励计划更加贴近实际的互动需求。例如,针对展现出特别研究兴趣或创新能力的学生,可以提供专项研究基金或参与高层次学术会议的机会,以激励他们进行进一步深入研究和探索。

第三,长期与短期激励相结合也是一种行之有效的策略。短期激励关注即时表现和成果,如课堂参与度、论文成绩等,而长期激励则更多关注持续进步和个人发展,如学生的学术成就、教师的教学质量等。通过这种方式,既能够激励短期的努力,又能够促进长远的职业发展和个人成长,以实现全面发展。

第四,建立公正透明的评选机制至关重要。为确保奖励与激励制度的公正性和透明性,应建立明确的评选标准和程序,让所有参与者都能够清晰了解评选机制,保证评选的公正性和可信度。只有建立起公正透明的评选机制,才能够确保奖励与激励制度的有效实施,推动教育教学工作的不断改进。

综上所述,通过多样化奖励机制、个性化激励计划、长短期激励相结合以及公正透明的评选机制,可以有效地激发师生之间的互动积极性和合作精神,共同推动法学教育质量的不断提升。

四、构建持续成长体系：完善评估与反馈机制

为了有效提升法科学生的职业能力，构建一个法科学生职业能力持续成长体系是至关重要的。这要求完善评估与反馈机制，具体而言包括建立适当的法科学生职业能力评估机制以及毕业生就业跟踪调查与人才培养改进机制。

法科学生职业能力评估标准应当充分反映法律职业导向，并制定具体的指标体系。首先，就法律知识体系而言，应确定法律职业所需的核心知识，如民法、刑法、行政法等，制定相应的学习目标和考核标准。这些标准可以涵盖不同层次的法律知识掌握程度，从基础知识到专业深度均应有所体现。其次，法律实务能力方面包括法律文书写作、法律案件分析、法律咨询等实践技能。可以通过模拟案例、实地调研、法律实习等方式培养学生的实务能力，并将实践表现作为评价标准的重要依据。最后，在职业操守和道德素养方面，法律职业要求从业者具备高度的职业操守和道德素养，包括诚信、责任感、敬业精神等。可以通过课堂教育、案例讨论、道德伦理课程等途径培养学生的职业操守和道德素养，并将其纳入评价体系中。

为了完善法科学生职业能力评估体系，在校内主体参与评价的基础上，还可引入社会评价机制，包括建立校友、用人单位、实习单位等校外主体针对法科学生职业能力的评价机制。在实习单位评价方面，建立与实习单位的合作机制，定期邀请实习单位对学生实习表现进行评价和反馈，通过实习报告、实习成绩、实习指导老师评价等方式收集实习单位的意见，以此评估学生的实践能力和综合素质。在用人单位评价方面，与用人单位建立联系，定期开展对毕业生的就业情况和工作表现的调查和评价，了解用人单位对毕业生的需求和评价，为调整课程设置、改进教学模式提供依据。

建立毕业生就业跟踪调查与人才培养改进机制是转变法科学生职业能力培养模式的前提。具体而言，首先，建立毕业生档案系统是这一机制的基础。这个系统应当包括毕业生的基本信息、学习经历、就业初期情况及其后续的职业发展变动情况。这样的档案系统不仅能够为学校提供丰富的数据资源，也方便毕业生与学校之间保持联系和信息交流。

其次，定期开展毕业生就业变动情况跟踪调查是这一机制的关键。通过

在线问卷、电话访谈或面对面会谈等多种方式,学校可以有效地收集毕业生的就业信息、职业发展轨迹以及他们对学校教育内容和方式的评价。这些信息和反馈对于学校来说是宝贵的第一手资料,能够帮助学校了解毕业生在职场中的实际表现和遇到的挑战。通过分析调查结果,学校可以进一步发现并分析教学模式存在的问题,如课程内容与职业需求的不匹配、教学方法的不足、实践机会的缺乏等。基于这些分析,学校可以及时调整教学计划和课程设置,如增加或减少某些课程的教学时长、引入新的教学方法和技术、增加实习和实践的机会等。

此外,毕业生的反馈还可以为学校的教育改革提供方向。例如,毕业生可能会反映某些软技能培训不足的问题,如团队合作、领导力、沟通能力等。这些反馈将促使学校在课程设计中更加注重这些通用能力的培养,从而使教育更贴近实际需求。通过定期收集毕业生的反馈意见,并将其纳入教育改革的决策过程中,学校能够更加及时地调整教学内容和方法,满足法律职业的发展趋势和需求变化。这种循环反馈的机制不仅可以帮助学校持续更新教育内容和改进教学方法,还能够提高毕业生的职业竞争力和适应能力。在收集毕业生反馈的基础上,学校可建立起高效反馈处理机制,包括及时归纳和分析毕业生的反馈意见,并将其转化为具体的改革举措,制订实施计划。在实施过程中,学校可以通过各种途径与毕业生保持沟通,及时了解他们对改革举措的反馈和意见,进一步完善教育改革的方案。通过建立这样一个高效的反馈处理机制,学校能够更好地倾听毕业生的声音,可以实现教育内容和方法的持续更新和改进,进而为学生提供更加优质的教育服务。这不仅有助于毕业生成功地融入职场,也提升了学校的教育品质和声誉。毕业生的反馈不仅是一种宝贵的资源,更是推动学校教育改革和提高教育品质的重要动力。

总而言之,要有效提升法科学生的职业能力,构建一个促进学生持续成长的教育体系至关重要。其中完善评估与反馈机制具体涉及建立适当的法科学生职业能力评估机制和毕业生就业跟踪调查与人才培养改进机制。首先,评估机制应充分反映法律职业导向,涵盖法律知识体系、法律实务能力、职业操守和道德素养等方面。可以引入社会评价机制,包括实习单位评价和用人单位评价。其次,构建毕业生档案系统和定期开展毕业生就业变动情况跟踪调查等操作,是转变法科学生职业能力培养模式的关键之处。通过建立循环反馈机制,学校能够及时调整教学内容和方法,适应法律职业的发展趋势和需求变化,从而提高法科毕业生的职业竞争力和适应能力,最终不断优化法科学生职业能力培养模式。

第五章　我国法科学生职业能力培养的课程体系重塑

第一节　法科学生职业能力培养教材体系优化

党的二十大报告明确指出:"全面依法治国是国家治理的一场深刻革命,关系党执政兴国,关系人民幸福安康,关系党和国家长治久安。"在中国共产党成立100周年之际,党的十九届六中全会通过的《中共中央关于党的百年奋斗重大成就和历史经验的决议》指出:"全面依法治国是中国特色社会主义的本质要求和重要保障,是国家治理的一场深刻革命。"在全面建设社会主义现代化国家新征程上,必须坚持推进全面依法治国:加强法治专门人才队伍建设,是为法治中国建设提供人才支撑和智力支撑。① 党的十八届四中全会通过的《中共中央关于全面推进依法治国若干重大问题的决定》明确提出,加强法治工作队伍建设要创新法治人才培养机制,形成完善的中国特色社会主义法学理论体系、学科体系、课程体系,培养和造就熟悉和坚持中国特色社会主义法治体系的法治人才。法科学生职业能力培养作为中国特色社会主义法治人才培养的关键一环,在我国法学教育体系中居于重要地位。法科学生职业能力导向下的教材体系建设作为法科学生职业能力培养的前提,亦需要与时俱进。《法治中国建设规划(2020—2025年)》明确了法学教育四个体系的建设要求:推动以马克思主义为指导的法学学科体系、学术体系、教材体系、话语体系建设。在这四个体系之中,法学教材是其他三个体系的主

---

① 王晨:《坚持全面依法治国法治中国建设迈出坚实步伐(学习贯彻党的十九届六中全会精神)》,载《人民日报》2021年11月23日,第6版。

要载体,教材系统化呈现和反映法学学科体系、学术体系、话语体系建设的成果。①

由于法科学生本科阶段主要是以通识教育为主,兼顾职业能力培养,因此本章以比较有代表性的法律硕士研究生的教材体系建设为样本予以展开。法律专业硕士学位自1996年设立,经过20余年的发展,法律硕士教育的基本框架和制度体系已经形成并不断优化,在培养方针、专业方向、培养模式、选拔方式、考核评价、师资建设、教学改革等多方位取得了积极成效;②但在全面推进依法治国的新时代背景下,法律硕士研究生的培养成果和法治队伍建设正规化、专业化、职业化的要求之间仍有一定差距,法律硕士毕业生仍存在专业性和实践能力不强、社会认可度不高的问题。法律硕士研究生的课程和教学环节亟须更深刻、更趋同时代步伐的变革,而一套与时俱进的法律硕士教材则是法律硕士人才培养的基础和关键支撑。

一、以法律硕士为代表的法科学生教材优化背景分析

为深入推进法律专业学位研究生教育综合改革,2017年7月,全国法律专业学位研究生教育指导委员会修订了《法律硕士专业学位研究生指导性培养方案》,法律硕士的培养目标经历了从"法律人才"到"法治人才"的转变,这是法律硕士教育对法治建设现实需求的积极回应③,体现了新时代对法律硕士研究生的更高要求。全面贯彻习近平法治思想,培养德才兼备的高素质法治人才是新时代法律硕士研究生培养目标的应有之义。

为了解2017年以来法律硕士研究生培养和法律硕士研究生教材编写的相关情况,本书以中国知网为数据库进行文献检索④。以"法律硕士"和"培养+教育"为主题进行检索,可以检索到2017年以来的690篇期刊论文。其中大多数论文从宏观角度探讨法律硕士的培养现状及其在培养模式、学科建

---

① 胡铭:《完善法学教材体系》,载《中国大学教学》2023年第9期。
② 王利明:《我国法律专业学位研究生教育的发展与改革》,载《中国大学教学》2015年第1期。
③ 董娟、赵威:《从法律人才到法治人才:法律硕士培养目标的新转变》,载《学位与研究生教育》2019年第5期。
④ 最终检索日期为2024年3月20日。

设等方面存在的问题和改进路径;部分论文从中观角度分析某一具体的培养制度的优劣,如"双导师"制度、实践基地、联合培养等;仅有10篇左右的论文探讨具体课程内容的改革和评价标准、教学方式等微观层面的内容。以"法律硕士教材"为主题进行检索,仅检索到2017年以来的26篇期刊论文,且其中只有2篇涉及某一具体课程的教学现状与改进。以"法学"为主题、"课程思政"为关键词进行检索,可检索到2017年以来的94篇期刊论文,其中研究某一法学专业或法学学科与思政教育的融合的文献较多,但针对性讨论法律硕士研究生培养的课程思政建设的文献在5篇以下,具体到法律硕士教材编写层面则没有检索到相关文献。

由此可见,学界对法律硕士研究生教材这一法律硕士研究生培养的微观层面的问题研究较少,对教材是否符合法律硕士培养目标、贯彻习近平法治思想的时代需求也缺乏关注。且笔者了解到,在教学实践中,各高校之间甚至同一高校内也缺少统一的权威性的法律硕士研究生教材。究其原因,大概有以下几点:

第一,现有法学教材受众覆盖面广。20世纪90年代末至21世纪初,围绕教育部确定的法学的14门核心骨干课程,在教育部的规划和管理下,诸多出版社和高校组织编写了多套法学教材。这些教材经过一段时间的沉淀和再版,已经成为相关部门法学科较为权威的用书,其受众广泛覆盖法学本科生、研究生和法律工作者。上述法学教材编写的热潮兴起时,法律硕士专业学位才刚刚设立。在这些教材的影响下,编写法律硕士研究生教材的必要性并未凸显。

第二,法律硕士研究生普遍采取分流培养模式,其教学安排不完全统一。和法学硕士研究生招录时即按照法学的学科专业目录分别招录不同,法律硕士研究生入学考试初试系一统招考,各高校录取考生后按不同方式进行分流培养。目前法律硕士研究生分流培养的主流做法是将法律硕士分流至法学二级学科所属学院(系),由不同学院(系)完成对相应方向法律硕士的培养和管理。依托各高校的法学学科资源,不同高校的分流设置不尽相同,各有特色①。各高校不同培养方向的法律硕士研究生的培养计划、课程设置由各高校自行负责,没有完全统一的安排,也甚少有研究去关注各高校不同培养方向课程设置共性,根据法律硕士研究生的总体培养目标设计教材体系。这在一定程度上也影响了法律硕士研究生教材编写与使用的需求。

第三,未能真正明确法律硕士研究生的教材编写要求。我国法律硕士研究生的培养模式几经变化,经历了从最初套用法学硕士培养模式到类同化培养再到分类培养三个阶段,每一次变化都与国家法治建设事业息息相关。② 但在法律硕士研究生培养模式的改革和变迁之中,并未能完全明确法律硕士研究生培养对教材的独特要求,自然少有针对性的教材编写。

二、新时代以法律硕士为代表的法科学生教材改革的重要意义

(一)贯彻习近平法治思想的必然要求

习近平法治思想是全面依法治国的根本遵循和行动指南。习近平法治思想中关于法治工作队伍与人才培养的论述及指导理念亦是法律硕士研究生教育工作的根本指引。2017年5月,习近平总书记在中国政法大学考察时发表重要讲话,为法学学科建设和法学教育等问题提供了重要指导:法学学科体系建设对于法治人才培养至关重要,在指导思想、学科体系、学术体系、话语体系等方面要充分体现中国特色,推动中国特色社会主义法治理论进教材进课堂进头脑;法学教育要处理好知识教学和实践教学的关系,要提高法治人才应用能力,做到知行合一。③ 此外,习近平总书记曾就研究生教育、法治人才培养等问题多次发表讲话和作出批示。教材工作是高等教育体系的基础性工作,体现国家意志,事关未来,对于育人育才、教师发展、教育进步具

---

① 例如,中国政法大学法律硕士(非法学)设置法庭科学、司法文明、传播法等方向,法律硕士(法学)设置教育法、卫生法、体育法和金融法、财税法、社会法方向;西南政法大学设置民商法实务、知识产权法实务、财税金融法实务、企业法实务、刑事法实务、民事司法实务、监察法实务等13个方向。

② 洪冬英、戴国立:《我国法律硕士研究生培养模式的改革叙事与当代思考》,载《法学教育研究》2020年第3期。

③ 樊伟:《努力培养大批高素质法治人才——学习习近平总书记考察中国政法大学重要讲话精神的体会》,载《重庆日报》2017年5月11日,第14版。

有重要意义。① 在法治建设呼吁培养德才兼备的高素质法治人才的时代背景下,法律硕士研究生的培养目标已然明确,编写体现中国特色、符合时代需求和培养需要的法律硕士研究生教材是贯彻习近平法治思想的必然要求,应当成为高校等培养单位教材工作的重要任务。

(二)法律硕士研究生实践教学规范化的现实需求

区别于学术型硕士的培养模式,课堂教学仍是法律硕士研究生获取知识、提升学术能力的重要途径。相较于本科生,对法律硕士研究生的要求更高,不仅要求学生全面掌握法律专业知识,同时要能够运用法律思维分析和解决法律实务问题,还要求学生有一定的发现学术问题并据此撰写学位论文的能力。然而,受限于法律硕士研究生的学制,高校能够为每一门基础课程提供的课时相当有限,绝无可能以本科教学的方式全面讲授,统一编制的教学大纲又只能提供框架指引,因此教师在具体教学内容上几乎完全自主取舍,难免挂一漏万;而且不少教师的教学理念和教学方式并不匹配法律硕士研究生培养需求。这导致教学效果在相当程度上受制于培养单位和教师的教学水平,培养水平参差不齐。教材是适应课程需要,帮助学生掌握课堂知识的主要教学工具,是实现教学目的的重要手段。② 因而有必要总结归纳法律硕士各学科课堂教学的经验,形成系统的法律硕士研究生教材,借助教材的编写与使用,为课堂教学提供规范化的指导,聚焦法律硕士研究生教学对基础知识、实务能力、学术水平等的要求,纠正课堂教学存在的主题不明确、缺乏特色等问题,从而促进法律硕士研究生教学水平的整体提升。

(三)法律硕士研究生知识需求多元化的根本保障

非法学本科的法律硕士研究生在入学之前基本未接受过系统的法学训练;而就法学本科的法律硕士研究生,由于其入学考试的范围和非法学本科的法律硕士基本相同,入学前复习的内容相对局限,且受限于本科院校法学

---

① 杨丹:《构建新时代高校教材工作新格局初探》,载《中国高教研究》2021 年第 12 期。
② 于书洁、曹薇:《研究生教材建设应以学科发展为中心》,载《中国农业大学学报(社会科学版)》2000 年第 1 期。

实力和本科阶段个人的学业水平,他们中的大多数的法学基本功也参差不齐。总体上来讲法律硕士研究生普遍都对法学基础理论知识有较高的需求。但在学习资料的选择上,学生往往无所适从。加上很多学生往往在研究生阶段才通过法律职业资格考试,相当多的学生在研究生阶段接触的最为系统的法学教育资料仅是法律职业资格考试的培训教材。开阔学生视野、启发学生思考亟须系统化的教材来实现①。理论和实践是"源与流"的关系,法律硕士研究生对法学基础知识的掌握水平直接影响其实践能力。符合法律硕士培养特点的教材是法律硕士研究生自主学习、夯实基础知识的重要工具。

三、以法律硕士为代表的职业能力导向型教材体系建设的"西政思考"

(一)西南政法大学"法律硕士精品系列教材"建设方案

2020年全国专业学位研究生教育指导委员会发布了《专业学位研究生核心课程指南》(试行),该指南以研究生成长成才为中心,结合各一级学科和专业学位类别课程教学和人才培养特点编写,旨在为研究生课程设置、讲授和学习提供依据,为教育行政部门和研究生培养单位开展质量评估提供参考。2022年西南政法大学推出了"法律硕士精品系列教材",该教材既是按照研究生核心课程指南目录搭建的对应的系统性教材,又是结合实务训练课程需要编写成的案例丰富、实践性强、以案说法的实务性教材,有效满足了新兴学科发展和法律硕士特色培养的需要,取得了业界的较好评价。总体来讲,该系列教材建设主要有以下特色:

第一,在教材编写过程中引入课程思政。教材编写过程在关注对学生实务能力进行针对性锻炼的同时,结合具体案例引入课程思政。尤其需要强调的是,该系列教材编写中课程思政的引入力求实现"润物细无声"的效果,通过针对性选取近年来我国司法实践中出现的典型案例,以贯彻习近平法治思想、弘扬社会主义核心价值观等为重点,将思政建设融入具体案例,通过个案剖析深化对思政知识的理解和体会,通过思想育人,全方位培养造就新时代

---

① 李勇军、陈松涛:《试论法律硕士研究生教材的建设与使用》,载《中国法学教育研究》2013年第4期。

法治人才。

第二，着力完善新时代法律硕士培养亟须的法学实务能力课程。在对既往《法律谈判实务教程》《法律文书实务教程》《律师实务教程》等法律实务能力教材进行系统性修订的基础上，该系列教材编写新增《实务调研与文献检索实务教程》，与近年来最高人民法院倡导的类案检索与实务调研等核心能力保持一致。

第三，重点突出职业能力培养要求下的实务性导向。该系列教材的编写除在整体教材体系上突出法律硕士的实务能力培养之外，具体的部门法教材通过案例引入、法官释法等板块的针对性打造也将实务能力的培养和锻炼贯穿在教材编写的全过程之中，以区别传统教科书的编写体例。

第四，注重教材编写的体系化。该系列教材编写的体系化包含两个方面：一是宏观层面上涵盖了法律硕士教学指导委员会指定的14门法学核心课程，以构建法律硕士完整的法律知识体系为主要目标；二是微观层面上针对某一具体的部门法进行讲授，注重其知识体系的完整性和逻辑性，通过培养法律硕士针对部门法的体系化思维辅助其提升学习效果。

（二）西南政法大学"法律硕士精品系列教材"建设个案剖析

2023年7月，全国法律专业学位研究生教育指导委员会批准了西南政法大学唐力教授主持申报的研究生在线示范课程"民法与民事诉讼原理与实务"，将其作为首批全国法律专业学位研究生在线示范课程予以立项。教材和在线示范课程并行推进，有力促进了民法与民事诉讼法两大学科的融合和发展。本章以唐力教授、张力教授主编的《民法与民事诉讼法原理与实务》教材作为样本进行个案剖析。

1.《民法与民事诉讼法原理与实务》教材编写原理

民法和民事诉讼法是民商事理论和实务的基础与核心，尽管对法律硕士研究生广泛采用分流培养的模式，但民法学和民事诉讼法学也应当是所有培养方向的基础课程，同时也是民商事方向的专业核心课程，如西南政法大学的民事司法实务方向等。民法和民事诉讼法是法律体系中两个重要的部门法。民法调整平等主体之间实体权利义务；民事诉讼法是民法实现的程序载体和保障。然而，以往教学、科研以及教材编纂上呈现出民法与民事诉讼法分离的"孤岛现象"。随着法学研究的深入,特别是随着《民法典》的编纂与实施,民法与民事诉讼法彼此间不可割裂的内在联系不断被发掘,两学科间联动与整合的程度日益增强,形成了学科间的动态互动与彼此关照。有效实现民法与民事诉讼法的融合已经成为共识。《民法与民事诉讼法原理与实务》的特色有二:第一,切实贯彻课程思政教学。在编写过程中,教材针对性选取了近年来体现习近平新时代中国特色社会主义思想的实践案例,深入挖掘案例中所蕴含的思政元素,通过"润物细无声"的方式将思政教学真正带入学生心中,通过有力举措切实推动习近平法治思想进教材、进课堂、进头脑。第二,始终坚持理论和实务相结合。2017 年,习近平总书记在中国政法大学考察时强调,"法学学科是实践性很强的学科,法学教育要处理好知识教学和实践教学的关系"。该教材根据《法律硕士专业学位研究生指导性培养方案》,坚持综合型法律人才培养方向,以培养法律硕士的实务能力为主要目标,以运用基本理论解决司法实践难题为鲜明特色。

2.《民法与民事诉讼法原理与实务》教材编写思路

民法与民事诉讼法合并教材的编写与单行教材的编写不同,一方面须明确该教材的适用对象大多是同时具备民法与民事诉讼法方向知识体系的法律硕士研究生,其重点在于对司法实践中出现的实体法与程序法交叉的相关民事疑难案例进行系统讲解和分析,应将其定位为实践能力提升教材,以示与传统单行教材的区别;另一方面要深刻认识到实体法和程序法融合的重点和难点,打破传统程序法和实体法的教材编写体例,采用案例先行的编写体例,通过典型案例分析其中的实体法和程序法问题,在实现程序法和实体法深度融合以解决司法实践难题的同时实现知识体系上的突破,以符合实践能力培养教材的定位。具体编写体例如下:

(1)第一部分:基础理论。该部分的主要目的为辅助学生系统回顾相关专题的知识体系、理论前沿、实践的热点和难点以及相关立法的最新变化,帮助学生在夯实知识基础的同时提高以案例为导向的实践能力,具体包含以下几方面内容:第一,专题基本知识介绍:以提纲、思维导图、设问相结合的形式,简明扼要回顾专题知识体系,引导学生自主查漏补缺,总结知识要点以及理论和实务界的最新研究动向。第二,专题教学目标及方法:简要介绍本专题教学意欲实现的目标以及所涉及的具体研究方法,为学生提供方法论指引。第三,相关立法综述:介绍相关专题的最新立法动态,辅助学生夯实案例分析能力、加深对相关立法的理解和认识。

(2)第二部分:案例研讨。案例分析作为上述教材编写的重点和特色,须以培养法律硕士的实务能力为主要目标,以运用基本理论解决司法实践难题为鲜明特色,突出锻炼学生的思辨能力和逻辑思维能力。编写过程要明显区别于传统教科书,将实务能力培养贯穿在案例研讨部分中。该部分包括以下几方面内容:

第一,案例导入:用简明扼要的文字概括出基本案情,注意减轻学生的阅读负担,使其在最短的时间内掌握案情。此外,以案情为基础,结合章节知识点提出问题,引导学生将对相关知识点的理解转化为在纠纷解决实践中的应用能力,并培养学生的问题意识和由理论介入实践的具体视角。

第二,法官释法:此部分要求从实际裁判者的角度出发,剖析具体案例,释明裁判者的心证的形成过程,展现法官的裁判视角,以及对具体法律规范的应用过程,向学生介绍相关法条的立法意旨以及实践适用的具体要求,其目的是使学生将在案例导入阶段带着问题思考所形成的观点与法官的裁判观点和路径进行对比,发现两者差异以及具体的形成原因,从中进一步学习相关知识理论以及作为支撑的法条在司法实践中的具体适用路径。结合判例学说有利于学生系统地梳理现行法的概念体系,了解法律内部的价值理念,在整体上把握法律与具体案件中的规范适用的关系。

第三,案例研习:在前两部分的基础上,针对性选取 2~3 例司法实践中的典型案例供学生进行实务练习,在检验学习成效的同时巩固相关专题知识点,起到举一反三、知识升华的目的。

第四,课程思政:针对某些代表性案例,在进行上述知识讲解的同时,结合中国特色社会主义法治体系和习近平法治思想,引导学生树立崇高的理想信念和公平、正义的法律观念以及为人民服务的法治使命,培养新时代法治人才。

(3)第三部分:知识拓展。针对此部分所学知识,通过提出相关问题、列举拓展阅读文献等形式校验学生对相关知识的掌握程度,启发学生进一步思考,总结经验、发现不足。

第一,拓展阅读:针对相关专题,通过列举相关学术论文、司法判例以及视频讲解等形式供学生回归理论，拓展知识边界，加深其对实践问题的理解和掌握，实现从实践到理论的回归，培养学生的问题意识。

第二，学位论文选题指导：结合相关专题，为学生列举2~3个相关的论文研究方向，并辅以写作要求和写作指导，旨在培养学生的学术研究兴趣，锻炼学生发现专业化、多样化选题的能力，提升学生学位论文写作的框架设计和写作能力，①引导学生在锻炼实务能力的同时完成毕业论文的部分工作。此部分内容亦可由教师选择作为课程的课后作业纳入课程的考核。

四、以法律硕士为代表的法科学生教材改革的具体维度

（一）在教材编写中要把课程思政放在突出位置

建设高素质法治队伍，须把思想政治建设摆在首位。随着时代的发展变化，高等教育阶段的思想政治教育任务由单一思政类课程完成的模式已不能完全满足人才培养的需要，以立德树人为目标，推动专业课程与思想政治理论课程协同育人的课程思政教育理念应运而生。② 法学是社会正义之学、公平之学，在法律硕士专业教材中引入课程思政，符合法治人才"德才兼备"的培养要求。在教材编写过程中，对于公民基本权利保障、社会公平、诚信体系建设、公序良俗、家庭美德等社会广泛关注的议题，应结合热点案例、司法判决等，将中国特色社会主义法治理论、习近平法治思想、社会主义核心价值观融入课程，完成思政教育的任务。应推动中国特色社会主义法治理论进教材、进课堂、进头脑，以全面实现知识传授、能力培养与价值观塑造的有机统一③，培养有态度、有高度、有温度的新时代中国特色社会主义法治人才。

（二）在教材编写中要把职业能力培养作为重要目标

对接应用型法治人才培养目标，法律硕士研究生课程体系必须强化实

---

① 夏新华、周洋：《法律硕士学位论文存在的问题及写作的规范化——以某校2014年法律硕士学位论文答辩为分析对象》，载《时代法学》2015年第4期。
② 张大良：《课程思政：新时期立德树人的根本遵循》，载《中国高教研究》2021年第1期。
③ 张建文、章晓明：《立德树人 课程育人 培养具有政法特色的高素质法治人才——西南政法大学关于新时代中国特色法学教育路径的探索》，载《法学教育研究》2019年第2期。

践、实训和案例课程建设,①着力完善新时代法律硕士培养亟须的法律实务课程。在教材编写上,除对既往的法律谈判、法律文书、律师实务等法律实务课程相关教材进行系统性完善以外,新增《实务调研与文献检索实务教程》一书,其理念与近年来最高人民法院有关提高类案检索与实务调研等核心能力的相关意见保持一致。对法律硕士实务能力的培养,除在综合性法学教材编写体例上要突出强调之外,在具体的部门法教材编写体例上,也要满足现实中案例教学的需要,通过针对性打造案例引入、法官释法等板块,将实务能力的培养贯穿在教材编写的全过程之中,以区别传统教科书的编写体例。

(三)在教材编写中要注重体系化思维

追求教材编写的体系化,并不意味着要沿袭传统部门法教材的体系和内容,简单罗列法律概念和法律制度。法律硕士研究生课业负担重,课堂学习时间短,不可能花费所有时间对各部门法知识进行本科式的梳理。因此,法律硕士研究生教材应聚焦于"专门型、应用型"和"复合型、应用型"特点,采用专题教学模式,突出相关领域的基础理论和实践中的重难点,以提纲挈领和启发思考为目标,避免和本科教材的同质化。

(四)在教材编写中要适当兼顾学术能力培养

法律硕士学位论文主要可以概括为三种类型,即学术型论文、案例研究和调研报告。实践中,学术型学位论文占据绝大多数,②因此,法律硕士研究生教材应适当兼顾学生的学术能力,重点是培养问题意识。教材可以将各专题理论与实践案例相结合,并增加论文选题指导内容,引导学生发现问题,并学会从中提炼出学术话题。一方面激发学生学习的主观能动性,另一方面促使学生在增强问题意识的同时提高实务技能。

---

① 吕涛、窦衍瑞:《应用型法治人才培养的课程体系构建》,载《法学教育研究》2019 年第 2 期。

② 夏新华、周洋:《法律硕士学位论文存在的问题及写作的规范化——以某校 2014 年法律硕士论文答辩为分析对象》,载《时代法学》2015 年第 4 期。

第二节 法科学生职业能力培养方案设计

《法科学生人才培养方案》是高校培养法学专业人才的纲领性文件,是法学教育工作的根本依据,也是高校培养法学专业人才的重要保证,且能充分体现学校的教育思想和教育理念。一直以来,我国的法学教育重理论、轻实践,学生的职业能力培养流于形式,导致毕业求职的法科学生脱离社会需求,达不到用人单位的预期。法学教育的目的"除对学生进行实在法规和法律程序方面的基础训练外,还必须教导他们像法律工作者一样去思考问题和掌握法律论证与推理的复杂艺术"[①]。法学是一门实践性很强的学科,学生只有通过实践才能更好地理解和运用所学知识。故我们需要充分意识到法科学生职业能力培养方案建设的重要意义,在制定《法科学生人才培养方案》时,在培养目标、培养模式、学科体系优化等各方面都要重视法科学生职业能力的培养,具体考虑学生未来实践中所需的职业技能和专业知识,使学生可以在学校中不断地提高自己的法律技能和能力,为将来的法律实践做好充分的准备。

一、法科学生职业能力培养方案建设的重要意义

(一)推动法学教育高质量发展

法学教育是培养法律人才和法治人才的重要途径,是构建法治社会的重要支撑,对推进全面依法治国具有重要意义。将职业能力培养纳入法学教育的核心内容,可以提高法学教育的实效性和针对性,使教育更加贴近实际需求。科学合理的职业能力培养方案以法律实践为支撑,通过法学院校与法治工作部门的良性互动,从而提升法学教育质量,为推进全面依法治国作出积极贡献。高校通过强调实践教学、优化课程设置、加强辅导指导、完善综合评价等,使学生在学习期间获得更丰富的知识和技能,让学生为将来的法律实践做好充分准备,提高了法学院校的教育质量和教学水平。

---

① [美]E.博登海默:《法理学:法律哲学与法律方法》,邓正来译,中国政法大学出版社2004年版,第492页。

(二)增强法科学生的就业竞争力

法学专业历年来就业人数都较多,法科学生在求职时也较为困难。通过设计科学合理的培养方案,法学生能够系统掌握法律知识和法律理论,提高专业素养和学术水平,提升综合能力,特别是解决问题的能力,培养实践操作技能,从而能够更好地适应未来的法律工作。此外,职业能力培养方案不仅关注学生的专业技能培养,还注重培养学生的团队合作能力、沟通能力、领导能力等综合素质,使其成为全面发展的法律专业人才,从而增强自身的竞争力,提高就业机会。实践是明确未来职业方向的最好方法。法科学生可以通过实践熟悉行业和职位的概念,为自己将来的职业规划和正式工作明确一个清晰的方向,正确地认识自己,为自己的职场生涯正确导航。

(三)引导法科学生树立正确的职业道德

习近平总书记提出的"德法兼修"的教育理念,对我国新时代法学教育具有重要的指导意义。通过职业能力培养方案设计,高校能够引导学生在实践学习和实习经历中,亲身感受法律职业中的道德挑战和职业伦理要求,培养他们成为具有社会责任感和法治意识的法律人才。在培养方案中,应当明确法律职业道德教育的目标及具体实现路径,使法律职业道德教育在学校的整体课程安排中处于一个重要位置。通过组织专门的伦理道德培训课程和讨论会,让学生了解职业伦理的重要性,引导他们思考法律职业中的道德难题,并探讨解决之道,从而让学生认识到自己在法律职业中的社会角色和使命,引导他们积极履行社会责任,维护社会公正与法治,培养他们成为具有高度职业伦理素养的法律专业人才。

只有建设一支高素质的法治人才队伍,才能够更好地推进全面依法治国,促进社会的长期稳定和繁荣发展。法学教育在法治人才培养中的重要地位不言而喻,而职业能力培养方案设计是法学教育中至关重要的一环。在培养方案的基本原则、培养要求、培养目标、课程设置与学分分配等核心问题的设计中高校要突出强调法科学生职业能力的培养,进一步夯实职业导向型人才培养的中心地位,切实提高法学人才培养质量,推动法学人才培养主动回应国家战略和社会市场需求。

二、法科学生职业能力培养方案设计的不足

(一)职业能力培养目标空洞宽泛

法学专业的人才培养目标在培养方案设计中扮演着重要的指导和规划作用,直接影响到培养方案的设计和实施。明确的人才培养目标,可以更好地指导法学教育的发展方向,使高校培养出符合社会需求的优秀法学专业人才。在各种层次的法律人才培养方案中,其目标定位多具有抽象性,如忠于宪法和法律、能理论联系实际、具有独立研究能力等。毫无疑问,诸如此类的目标定位都具有正确性,但是在法学院校林立、生存与发展竞争激烈的当下,我们应当考虑到以下的问题和风险:一是因缺失个性而被雷同化与边缘化,从而面临"我既在又不在"的风险;二是面临"可能因走得太远而忘记了为什么而出发"的初心走丢的问题;三是面临"什么是你的贡献"的痛楚;四是面临"自我实现"困难的落差。① 我们应该思考:应该培养什么样的法律人?每个法学院该如何确立与巩固自己的目标而不迷失方向?如北京大学、清华大学等超一流大学法学院将其人才培养目标定位为高境界法律人才,高定位的目标必然带来高定位的培养模式;② 然而,大多数非重点院校的法学院目标可能并非如此。

(二)职业能力培养模式单一僵硬

我国法学教育培养模式长期以来呈现单一化趋向,并且在一定程度上限制了法学教育的发展和学生综合能力的培养。重知识轻道德、重理论轻实践、重技巧轻原理的倾向导致学生在学习过程中缺乏对法律背后的道德、社会和人文价值的深刻理解,导致其实践操作能力不足。这种"司法中心主义"教育理念注重培养法官、检察官等司法人才,忽视了其他法律职业以及非

---

① 《黎四奇:我们应该培养什么样的法律人才?》,载微信公众号"湖南大学法学院"2022年1月10日,https://mp.weixin.qq.com/s/wcxVIsWLhoc8adgr9N_WSg。
② 侯巍巍、马波、毛晓华:《法学专业人才培养目标与培养模式的互动研究——以广东石油化工学院人才培养方案调研为视角》,载《南方论刊》2018年第2期。

司法领域的法学人才的培养需求。① 随着社会的发展和法治建设的深入推进,法科毕业生的就业并不局限于上述职业领域,对法律专业人才的需求在各个领域都得到了不断的增加和扩展。除了司法机关和律所,法科毕业生还大量地在立法机关、政府部门、企业、社会团体、民间机构、社会中介组织任职,还有一部分优秀的毕业生考取了重点大学的研究生或选择留学,从事学术研究。培养应用型、复合型法律职业人才是卓越法律人才培养的重点目标,"卓法计划2.0"也提出具体要求:强化法学实践教育。但是,法学教育培养模式实质上仍未完全摆脱上述桎梏,对法科学生职业能力的培养重视不足,法学教学内容和方法单一化,学生接触的实践和经验较为局限,缺乏多样性和广度,导致法学教育培养模式与法学人才培养的目标仍有差距。

(三)传统法学学科体系陈旧封闭

我国法学学科体系历史悠久,在改革开放以后逐渐形成了法理学、法史学等基础学科,以及宪法学与行政法学、民商法学、刑法学、经济法学、诉讼法学、环境与资源保护法学、国际法学等专门法学分支领域,这种传统的学科格局在一定程度上反映了我国法律领域的发展和需要。② 但法学学习并不仅仅是理论知识的积累,更重要的是要扎根于社会的法治实践,通过对法律法规、司法实践等的研究和探讨,不断总结和提炼出适应社会发展需要的法治理论和实践经验。中国的国家发展和治理转型随着工业化、市场化、城市化和信息化的进程不断推进,这对法律体系和法学体系提出了新的挑战和要求。中国当前的法学知识建构和教育发展仍然拘泥于既有的学科结构,根据新发展阶段解决新的实践问题的速度还不够快,如人工智能时代权利与责任归属、数字时代的隐私保护、网络安全和数据保护、环境保护和气候变化、跨境互联网治理、生物伦理和基因编辑等新的法律问题。随着国家的发展和治理转型的不断推进,法律体系和法学体系也需要不断发展变化,以应对新的社会需求和挑战。

---

① 邓世豹:《超越司法中心主义——面向全面实施依法治国的法治人才培养》,载《法学评论》2016年第4期。
② 杨灿明:《完善法学教育体系,推动法学教育高质量发展》,载《中国高等教育》2023年第15期。

三、法科学生职业能力培养方案设计的"西政模式"

西南政法大学是中国最早建立的一批高等政法学府,具有悠久的办学历史和深厚的学术底蕴。作为新中国法学教育的重要组成部分,西南政法大学在培养法学人才、推动法学研究和服务社会发展等方面发挥着重要作用,在中国法学界具有重要的地位和影响力。学校以法学为主,实现哲学、经济学、文学、管理学、工学等多学科协调发展,在人才培养方面构建了多层次、多类型的教育格局。经过多年的不懈探索,学校形成了符合学校特色、专业特色,以及社会发展需要的法学专业人才培养目标和培养要求。在此基础上,学校对标一流专业建设要求以及法学专业教学质量国家标准,进一步对法学专业社会需求状况和学科支撑情况等进行深入调研和论证,制定出了符合社会需要、具有学校特色的人才培养方案。

(一)强调政治教育,构建立德树人全链工作体系

坚持立德树人,全面推进习近平法治思想进教材、进课堂、进头脑,学校将思想政治工作贯穿教育教学全过程,把立德树人融入各环节,贯通专业体系、教学体系、教材体系、管理体系,更好地引导学生树立正确的世界观、人生观和价值观。学校坚持德智体美劳全面发展的育人导向,大力推进德育、智育、体育、美育、劳动教育"五育并举",强化"五育融合"的理念,使各育之间相互渗透、相互促进,实现教育目标的有机统一。

(二)提升培养质量,创新一流本科人才培养体系

第一,推进各项人才培养计划深入实施。一是要深入实施"卓法计划2.0",深入推进复合型、应用型、创新型的国际化、高素质人才培养改革,重点加强涉外法治、监察法、人工智能法、公共法律服务等领域的法治人才培养,探索实施"法学+"校内双学士学位复合型人才培养项目和高水平大学联合学士学位培养项目,加强卓越法治人才培养实验班建设;二是要实施优秀生源基地和实践教学基地的"双千计划",积极培育产教学研一体化的协同育人基地;三是要聚焦教育部一流本科专业建设"双万计划",建设一流专业体系,稳定本科专业规模,发挥专业特色优势,建立健全本科专业动态调整机

制，以新文科、新工科建设为引领，带动专业结构调整、优化和内涵提升，做强主干专业，建设一流特色专业，升级改造传统专业，打造新时代经济社会发展急需专业。

第二，加强课程体系设计。立足经济社会发展需求和人才培养目标，加强课程体系整体设计，提高课程建设的规划性、系统性，优化公共课、专业基础课的比例结构。学校要积极响应教育部一流本科课程建设，实施"双万计划"，深入推进思政课程、课程思政同向同行与一体化建设，实施思政课程质量提升工程，打造课程思政示范课、精品案例库，构建新型思政课程和课程思政体系，实现课程思政全覆盖。

第三，提升学生创新创业能力。深入实施创新驱动发展战略要求高校深化创新教育改革，提升大学生创新创业能力，强化大学生创新创业服务体系建设，改善创新创业环境，办好"青年红色筑梦之旅"活动和"互联网+"大学生创新创业大赛。推动新文科创新创业教育供给侧改革，创建新文科创新创业教育先行试验示范区，探索未来创新创业教育模式，培养"法、经、管、文、工"交叉跨界、融会贯通的复合型、应用型、创新型的国际化、高素质人才。改革创新创业学院运行体制，推动教学管理、科学研究、学生指导和专题辅导等有机协同，办好创新创业学院和创新创业实践教育中心。

(三)深化教育改革，提升高层次人才培养质量

西南政法大学深入落实《关于加快新时代研究生教育改革发展的意见》等文件精神，以立德树人、服务需求、提高质量、追求卓越为主线，实施《西南政法大学研究生教育质量提升行动方案》，加快提升研究生教育质量。完善研究生分类培养体系，深化研究生培养机制改革，推进研究生分类培养和联合培养改革；加强学术学位研究生创新意识和创新能力培养，建立"课程学习+科研训练、课程教学+学术研究"有机结合的学术学位研究生人才培养模式；加强专业学位研究生实践创新能力培养，以职业需求为导向，以应用型人才培养为目标，全面落实专业学位研究生"双导师"制度，建立专业学位产教融合协同育人机制。

围绕立德树人根本任务，把思想政治教育贯穿人才培养体系，推进各类研究生课程与思想政治理论课同向同行。打破学科壁垒，推进并试点硕博连

通融合课程,强化实践教学和案例教学课程建设。推进不同类型的特色教材建设,适应分类培养需求。探索实施研究生中期考核和分流淘汰机制,建立学业全过程预警机制。全面落实学位论文质量责任倒查机制,保障学位论文质量。强化导师岗位管理,完善导师招生资格动态调整制度,创新导师培训形式,提高导师指导能力,强化兼职导师管理,发挥校内校外导师的最大合力。

四、法科学生职业能力培养方案设计的发展建议

(一)职业能力培养目标的设定需要更加明确具体

首先,法科学生职业能力培养目标应明确知识和能力要求。《法学国标》是指导全国法学专业教育的规范性文件,其关于培养目标设定了法学类教学的一般知识和能力要求,以及德才兼备的伦理要求。《法学国标》属于指导性要求,为法学专业教育提供了基本框架和方向。然而,由于各个法学院系的情况和发展需求不同,因此需要对《法学国标》进行细化和延展,以适应具体的教学环境和人才培养需求。这个细化和延展仍然是知识、能力以及伦理层面的细化,同时,也需要考虑与国际高等法学教育的同频共振,即与国际接轨、符合国际标准,以培养具有国际竞争力的法学人才。①

其次,法科学生职业能力培养目标应是可达成、可衡量的具体要求。与前一特征相联系,法学专业人才培养目标的设置应当是简洁明了、具体明确的,以使法学专业全体师生思想一致并且符合本专业学生的毕业预期。② 应用型本科法学专业的目标更要体现职业性、应用型的特点。在制定法学专业人才培养目标时,需要从法学知识和职业能力的两个角度进行描述和考量。法科学生职业所需知识和能力要求应该明确具体,如对实体法和程序法知识的理解和检索能力,以及对具体案件的分析和掌握能力,且这些要求可以通过课程设置、教学方法和评估方式来达成。除了具体知识和能力的测试,法律统一职业资格考试和用人单位、实习单位的评价也是重要的评估与衡量手

---

① 刘坤轮:《法学专业人才培养目标的三个维度》,载《中国高等教育》2020年第7期。
② 刘雪梅:《应用型本科法学教育实现路径探析——北京城市学院法学专业人才培养方案改革研究》,载《北京城市学院学报》2012年第3期。

段,这些可以全面评估学生的学术水平和实践能力。

最后,法科学生职业能力培养目标应体现专业一般性要求和院系特色。"没有特色的法学院就是缺乏存在价值的法学院,也就是质量无法体现的法学院。"[1]中国拥有众多法学院系,每所法学院系都可能有自己的研究特色和优势领域。例如,某些学校可能擅长国际法研究,而另一些学校可能在刑法领域有突出表现;有些学校可能更加注重理论研究,培养学术型法学人才,而另一些学校可能更倾向于实务教学,培养实践型法学人才。《法学国标》所给出的人才培养目标是一般性的指导,但法学专业人才培养的目标绝不是千校一面,法学专业人才培养的目标应该因地制宜,发挥每所院校的特色和优势,以培养出符合自身发展定位的法学人才。不同地区的法学院系需根据本地区的具体情况设计出具有自己特色与优势的培养目标,以服务地方法治建设。将人才培养目标与学校的特色和定位相结合,可以更好地发挥每所法学院系的优势,培养出适应社会需求的法学人才,为法学教育的发展注入活力和动力。

(二)职业能力培养模式的探索需要更加个性创新

首先,法科学生职业能力应分层培养、分类发展。在应用型、复合型法律人才培养中,采用分层培养方案和目标具有可行性,这考虑到了各高校的自身能力,也充分考虑到了学生的差异性,充分利用高校资源以促进学生自我学习和发展。[2]通过因材施教、重点突破,分层分类培养模式可以更好地满足学生多元发展的需求,提高教育的针对性和有效性,为学校的人才培养目标和社会的需求实现更好的对接提供桥梁。强化分层培养可以区分拔尖创新人才和卓越应用人才,针对拔尖创新人才,可以提供更加深入、更具有拓展性和挑战性的课程,鼓励他们参与科研项目和创新实践,培养其在学术领域的突出能力和领导潜力。对于卓越应用人才,可以提供更加实用、应用性更强的课程和项目,注重实践技能和职业素养的培养,使其具备在社会各个领

---

[1] 徐显明:《中国法学教育的发展趋势与改革任务》,载《中国大学教学》2009年第12期。
[2] 屈茂辉、陈锦红:《应用型复合型卓越法律人才培养方案研究》,载《大学教育科学》2015年第2期。

域中发挥作用的能力。①

其次,法科学生职业能力培养模式应关注差异化定位和市场细分,即根据本地区、本校的实际情况进行设计,而不能一概而论。每个地区、每所学校的法学专业都可能有不同的市场需求、教学资源、师资力量。因此,在设计法科学生职业能力培养模式时,需要深入调研,分析本地区和本校的实际情况,了解市场需求、学生就业、教学资源等方面的情况,然后有针对性地设计培养方案,以更好地满足市场需求,提高学生的就业竞争力和社会适应能力。某些地区可能有特定的产业特点,对某些法律领域的需求更为突出,如一个港口城市可能对海商法人才的需求更大;而某些学校可能在法学研究领域具有突出优势,可以重点培养研究型法学人才。

最后,法科学生职业能力培养应以实践为主、教师指导为辅。这就要求各法学院丰富教学形式,提升实践教学质量,增加实践教学在课程设置中的比重,开拓实践教学的多元路径。具体而言,可以充分利用高校教学资源,深化其与法院、检察院、律所等实践基地的合作关系,为学生提供更广阔的实践平台和资源支持;通过组织学生到政府部门和企业实习,加深学生对实际工作环境和流程的了解,提升其解决实际问题的能力;通过电话、互联网等形式为社会提供法律服务和宣传,不仅可以提高社会对法律服务的满意度,还可以为学生提供实践机会和锻炼平台。② 此外,老师作为法学知识与技能的传授者,可以通过多样化的教学方式和丰富的案例分析激发学生的学习兴趣,帮助学生建立科学的学习方法,指导学生进行职业规划并提供相关的就业指导和支持。

(三)法学学科体系需要更加开放拓展

首先,优化法学学科体系应立足于实践性。随着社会的发展和变革,法学也需要与时俱进,适应新时代的要求。在这个过程中,将法学教育和实践需求紧密结合,注重实践性和结果导向性,是非常重要的。传统的规范法学

---

① 胡铭、严嘉琪:《多学科交叉融合与法学教育模式的流变》,载《新文科理论与实践》2023年第3期。

② 薛维然:《我国应用型法律人才培养模式创新》,载《沈阳大学学报(社会科学版)》2016年第6期。

主要关注法律规范的制定、解释和适用,强调法律条文。实践法学则更加关注法律在实际应用中的效果和影响,重视法律实践中的问题解决和社会效果。在新时代背景下,法学教育应当立足于实践性,使学生能够真正掌握法律理论知识,并能够将其灵活运用于实际工作中,解决实际问题,为社会提供服务。因此,教学内容应当更加贴近实际,教学方法也应当更加注重实践操作和案例分析,培养学生的实际操作能力和问题解决能力。同时,法学研究也应当更加关注实践,关注法律规范的实际效果和社会影响,不能仅停留在理论层面,还要关注法律规范的实际运用情况,为法律制度的完善和改进提供理论支持和实践经验。法学体系的优化过程中,应当将法学教育和研究转向以结果为导向的实践法学,以更好地适应新时代的需求,培养出更加适应社会发展需要的高素质法学人才。如模拟法庭实践课程一直是低成本的使学生掌握法律方法的途径之一,通过模拟演练、自主学习,可以提升学生对于案件事实的认知能力、养成学生对于法律规范的理解能力、强化学生对于法律规范的检索能力,铸成学生对于法律观点的表达能力、练就学生对于团队合作的协调能力。① 除此之外,还可以通过社区法律服务、国际交流合作等创新方法使法学实践课程更加生动有趣、贴近实际,从而帮助学生更好地适应法律实践领域的挑战。

其次,优化法学学科体系应跳出学科边界。法学的发展已不仅仅局限于传统的法律文本解读和司法实践,而是需要跨越学科边界,与其他领域融合,以更好地应对现代社会带来的复杂挑战。在数据科学、生物信息学等新兴领域的发展中,涌现了许多与法律、伦理和道德相关的问题。这些问题涉及政治、经济、社会、文化和生态等方面,无法仅仅从技术角度来解决。因此,需要法学与其他学科进行交叉融合,共同探讨和解决这些复杂问题。② 通过打破学科边界,法学可以与经济、管理、政治、社会等学科相互借鉴、互相促进,以更广阔的视角思考法律问题,并且为自然科学领域注入规范性、伦理性和安全性,重新定位人文学科在社会发展中的支撑功能。同时,将自然科学的方法、元素和思维范式融入法学,可以增强法学的实证性和科学性,探索新的研

---

① 何志鹏:《模拟法庭与法学教育的职业转型》,载《中国大学教学》2016 年第 4 期。
② 朝乐门:《数据科学导论的课程设计及教学改革》,载《计算机科学》2020 年第 7 期。

究范式和教育资源整合的机制。① 然而,需要强调的是,法学与其他学科的融合不能是一种简单的排列组合,而应当具有现实意义。这种融合需要建立在对社会现实需求的回应之上,并在实践中不断发掘新的增长点和创新点。只有在解决实际问题的过程中,法学与其他学科的融合才能真正体现出其价值和意义。

最后,优化法学学科体系应加强国际化课程建设。为解决涉外法治人才紧缺的问题,需要锻炼法科学生法律外语能力与运用涉外法律知识的能力。大多数在校法学生只掌握一门外语,通常是英语,高校一般要求学生在校期间通过英语四级考试以及六级考试。在部分法学院校或者国际化程度较高的院校,学生可能还会有学习第二门外语的机会,如法语、西班牙语、德语等。法学生在书面阅读方面通常有一定的基础,能够理解和分析外语法律文献、案例等。然而,大多数法学生在听说能力方面相对薄弱,特别是在法律领域的专业术语和表达方面。在法学领域,除书面材料外,外语的听说能力同样至关重要,故将法学学习与外语学习结合起来进行复合式教学十分必要。在外语教学活动中,教师可以结合法律案例、法律文件等实际内容进行教学,让学生通过阅读、翻译、讨论等方式,掌握法律专业术语和表达方式,提高他们在法律领域的外语应用能力。此外,在现有的校企深度协同实践的基础上,高校法学院还应该积极搭建国际实践通道,与国外的司法部门和国际司法组织、法治智库共同搭建国际化的法学实践交流平台,为学生提供更广阔的实践平台和交流机会,拓宽学生的国际视野、提升学生的国际交流能力,培养适应全球化法律环境的法律人才,为加深包括"一带一路"共建国家在内的国际交流合作,特别是增强中国在国际社会中的话语权,贡献法治人才力量。②

第三节　法科学生职业能力导向型考核模式改革

考核历来是我国传统法科教育的重中之重,被认为是检测学生学习能力

---

① 杜辉:《迈向新文科的法学教育范式三重定向》,载《法学教育研究》2023年第2期。
② 刘光华、刘娇、马婷:《法学专业本科培养方案对新文科建设的回应——基于内容分析法》,载《新文科教育研究》2021年第4期。

和专业水平的重要方式之一。但是比起时代的日新月异,法科学生的考核模式却仍然止步于传统的试卷问答形式。伴随人工智能等新兴技术的应用,社会对职业能力的要求也有显著提升,在此背景下,对于法学这一具有浓烈人文色彩的学科进行法科学生职业能力导向型考核模式改革也就势在必行。

一、法科学生传统考核方式存在弊端

(一)法科学生传统考核方式重理论轻实际

目前,我国法科学生的考核模式仍然是传统的试卷问答形式。不可否认,无论是闭卷考试抑或开卷考试在一定程度上都可以对学生一段时间内的学习情况进行检测,但是一张试卷所能体现的真实情况太过有限。对于绝大多数学生而言,以考前期末周的突袭复习来应对考试是常态现象,但这样的突袭复习只是短暂性地进行知识的叠加记忆,即使学生可以取得优秀的期末成绩,学生本身对于知识的掌握也不会得到质的提升,反而会导致学生学业上以及学校教学质量上的虚假繁荣。法学教育理应统筹兼顾,不仅是对学生进行基础知识的传授,同时也要注重对学生法律职业能力的培养,立足于理论与实践的结合,引导学生将书本知识投射到现实,运用所学知识解决实际问题。① 然而法科学生传统考核方式却将重心放在学生的知识记忆上面,忽视了对学生个人实践能力的培养。这种以试卷为中心的考核方式很难检验学生对知识的拓展和灵活运用的能力,对学生实践能力和分析问题能力的考查更是微乎其微。

(二)法科学生传统标准化考核方式局限性较强

在法科学生传统考核模式之下,教师的重要性是不言而喻的。传统考核模式往往采用标准化的评价标准,教师可以依照自己的倾向选择考核的重难点,并且输出自己的观点,此时学生就会被动地成为教师授课的客体,当老师的兴趣方向与学生不符时,学生很容易出现对于授课内容的不适应。同时,

---

① 陈治、李瑞雪:《法科学生实践能力培养的问题与出路:西南政法大学研究生法律援助中心的实践探索及启示》,载《法学教育研究》2014年第1期。

传统的考试形式可能导致学生产生考试焦虑[①],过度侧重分数而非真正理解法律概念在一定程度上阻碍了学生对法学知识进行深入思考和实践。作为互动性极强的人文学科,法科必须注重学生的创造性思维和探索精神,以学生为主体,否则只会导致法科学生学习的内在动力不足,成为单纯接受知识的受众。考试是教学活动的重要环节之一,考试的功能不仅在于评定学生的成绩,通过考试可促进学生复习已学过的知识,有助于学生所学知识的系统化;同时,考试也是老师检测教学效果的方法之一,通过相应的考试,教师可以了解学生的学习状况,及时调整教学内容,改进教学方法。[②] 但是这种考核模式只注重当下对学生的评价,忽视了考核之后对学生的反馈。

（三）法科学生传统考核方式缺乏对实践能力的评价

社会是一个有机联系的整体,这一点在法律领域尤为凸显,因此法学是一个充满了互动的学科。但是传统考核模式缺失了对于团队协作和综合能力的考查,极易出现学生对某一学科偏重的现象。传统考核模式通常以个体为单位,学生只需要完成答卷,不需要和其他人进行沟通和协作,这就导致对学生在团队协作中的表现无从评估。在法律领域,典型的法律职业如法官、检察官和律师等,无法避免团队协作,团队协作甚至对处理好一个案子起到至关重要的作用,而这方面的能力却是传统考核模式所忽视的。加之传统考核模式往往偏向于测试单一学科的知识,过分依赖于记忆,忽略了学生的分析和解决问题的能力,难以培养学生的综合能力和跨学科思维,而跨学科的综合素养恰恰是现代法律领域亟须的。

总之,我国在法科学生的培养上虽然设有考核制度,但在其评价体系的设定上,显然未能充分重视对法科学生职业能力的考查。当前的考核标准往往过于形式化和统一,未能凸显法科教育的独特性和专业性。如评价指标较为单一,更多地侧重理论考核,而忽略了对学生实践能力和应用能力的评估;此外,对科研素质的评价也过于追求外在形式,未能深入其内在价值。因此

---

① 王爱平、车宏生:《学习焦虑、学习态度和投入动机与学业成绩关系的研究——关于〈心理统计学〉学习经验的调查》,载《心理发展与教育》2005 年第 1 期。

② 李潞涵:《法学专业人才培养模式的改革与创新》,载山东交通学院网 2020 年 11 月 29 日,http://jtfx.sdjtu.edu.cn/info/1055/2749.htm。

法学教育未能建立起一个针对不同方向的法科学生的各具特色的、科学合理的质量评价考核体系。由于缺乏对职业能力培养的有效引导和有力的监控管理体制，我国在提升法科学生培养质量方面仍面临较大的挑战。

二、法科学生职业能力导向型考核模式之要义

法科学生职业能力导向型考核模式是一种以培养法科学生实际职业能力为目标的评估体系。

（一）法科学生考核模式应以职业能力培养为导向

法科学生职业能力导向型考核模式注重培养学生在法律领域实际工作所需的能力。法学本身的特色决定了在法学教育中必须注重理论与实践的结合，理论与实践并重是法科学生全面发展的重要基石，因此要在二者之间寻求一个最佳平衡。法科学生职业能力导向型考核模式应该以学生未来在法律职业中的角色和责任为基础，确保学生在毕业后能够胜任法律实务工作，而不是闭门造车，陷入法科学生传统考核模式之下"重理论轻实践"的恶性循环。这就包括对学生法律专业知识以及法庭辩论、法律研究、法律文书写作等法律实务能力的考核，让学生真正地做到学有所用，夯实基础理论，深化专业认识，掌握专业方法，以契合"职业法律人才"的培养目标。[①]

（二）法科学生考核模式应当侧重综合评估

法科学生职业能力导向型考核模式应采用综合性评估方式，涵盖学生在不同领域的表现。传统的考核模式很大程度上侧重对学生基础知识的考查，注入式教学足以应对，故而很多课程内容陈旧，教学方式单调，难以充分调动学生的学习积极性。法科学生职业能力导向型考核模式要改变这种现象，就要运用考试、实地实习、模拟法庭辩论、案例分析等多种评估方法，促使教师和学生牢固树立质量意识。应坚持理论知识学习与解决问题能力培养训练有机结合，着力提高学生运用法律解决实际问题的能力；坚持理论知识学习

[①] 谢澍：《"六年制法学人才培养模式"的反思与改革——以刑事诉讼法教学为主视角》，载《中国大学教学》2023年第11期。

与学术研究相结合,着力提高学生开展法学理论研究与学术创新的能力;坚持教学与实践相长,打破高校和社会之间的体制壁垒,以全面了解和提升学生的综合能力。①

(三)法科学生考核模式应当侧重个性化培养

法科学生职业能力导向型考核模式注重个体差异,鼓励学生根据自身兴趣和特长进行深度学习。人才个性化培养可以有效化解"内卷",消解同质化竞争。"内卷"是群体之间无意义的消耗,是由竞争的白热化导致竞争的无序化。长期"内卷"无疑会造成我国人才资源的浪费。个性化培养以其独特的优势巧妙地规避了当前教育领域存在的一些难题。它更加注重每个学生的内在需求与自我认同,激励个体深入挖掘并探索自己的能力与价值。在这样的模式下,学生虽在同一领域探索,但他们的选择和道路却呈现出多样性和分散性,甚至有能力开辟全新的学术或职业道路。这样的个性化发展策略有效地缓解了法学领域的供需矛盾,避免了由于缺乏个人特色和差异性而产生的低效、反复甚至无益的竞争,从而为学生提供了更为广阔和多元的发展空间。这种个性化的培养方式有助于学生更好地发挥自己的优势,形成专业特长。法科学生职业能力导向型考核模式是将学生作为大学的主体,在制度或者行为上引导学生真正成为自主学习的主体,而不是单纯的受众,更不是观众。②

(四)法科学生考核模式应当对接社会需求

法科学生职业能力导向型考核模式与法律行业的实际需求应当保持一致性,确保学生所学习的知识和技能符合法律职业的实际要求。法学来源于我们的实践生活,最终又应用到我国的实践生活。③ 因此教师在教学活动

---

① 付子堂:《弘扬法学教育优势培养德法兼修法治人才》,载《法学教育研究》2017年第4期。
② 《中南大学法学院院长许中缘:法学院校要重视人才的个性化培养》,载中南大学法学院官网2022年4月23日,https://law.csu.edu.cn/info/1112/4702.htm。
③ 王利明:《法学是实践之学》,载微信公众号"北大出版社法律图书"2021年8月20日,https://mp.weixin.qq.com/s/QaBUAn2n8poVKamkW3tPuA。

中,必须根据实践生活需求不断地进行课程内容及授课形式的改革。在授课内容上应牢牢把握培养目标、紧跟法学领域的发展,不断修改、调整授课内容,力求保持与本学科理论与实践发展的同步性。同时,法科学生职业能力导向型考核模式需要不断根据法律行业的发展进行更新,应定期对考核模式进行评估和调整,以适应法律领域的新趋势和挑战,以确保培养出的法科学生具备与时俱进的职业能力。这有助于推动法学教育和法治实践更好融合发展,提高法治人才培养质量,提高法科学生的就业竞争力。

(五)法科学生考核模式应当畅通反馈机制

法科学生职业能力导向型考核模式应当设置及时的反馈机制,帮助学生了解自己的优势和不足,及时调整学习方向。法科学生传统考核模式之下的"重评价轻反馈"导致了师生对于考试结果不能充分利用,进一步限缩了考试的作用。法科学生职业能力导向型考核模式着眼于反馈机制,实现教学质量的有效监控,对学生的成绩作出定性与定量分析,课程组、教研室在考试之后,认真总结教学经验与教训,发现问题及时纠正,建立相应的教学质量的有效反馈渠道和沟通机制,有助于学生在学习过程中不断改进,提高学生学习能力的功效。

综合来看,法科学生职业能力导向型考核模式的要义在于培养学生全面、实际的法律职业能力,使其更好地适应法律领域的挑战和要求。

三、法科学生职业能力导向型考核模式的"西政探索"

为了贯彻落实《国民经济和社会发展第十四个五年规划和2035年远景目标纲要》《中国教育现代化2035》《关于新时代振兴中西部高等教育的意见》《关于新时代推进西部大开发形成新格局的指导意见》《成渝地区双城经济圈建设规划纲要》《国家教育事业发展"十四五"规划》《重庆市国民经济和社会发展第十四个五年规划和二〇三五年远景目标纲要》《重庆市教育事业发展"十四五"规划(2021—2025年)》,进一步提高西南政法大学法科学生的培养质量,西南政法大学始终牢记为党育人、为国育才使命,以推动高质量发展为主题,以立德树人为根本,以党的建设为引领,以内涵发展为核心,以改革创新为动力,以进入世界一流学科行列为目标,把服务国家作为最高追求,坚持服务国家战略和区域经济社会发展,全面提升学校综合实力和核心竞争力,为建成中国特色世界一流大学不懈奋斗;统筹推进学校综合改革,全面深化教育评价改革,完善内部治理体系,全面推进学校法治工作,以法治思维和法治方式推动学校改革与发展;推进教育治理方式变革,加快形成现代化的教育管理与监测体系,实现管理信息数字化、网络化,推进治理精准化和决策科学化,在一系列改革工作中形成了法科学生职业能力导向型考核模式的"西政探索"。①

(一)推行日常化考试模式,培养学生"功夫在平时"的习惯

在教学过程中,教师们已经摒弃了单一的终期评估模式,而是聚焦于对课程的日常监督与考核,通过随机进行的课堂测验来细致评估学生的日常学习表现和学习效果,这种转变意味着西政更加关注的是学生的学习过程而非最终的期末成绩。同时,这样的做法也使平时成绩的评定更加规范和公正。这种日常考核的方式不仅激励学生调整学习方式,使其养成更加自律和高效的学习习惯,而且也为教师提供了及时的反馈,使他们能够根据学生的学习情况灵活调整教学内容和方法,培养出更加适应社会需求的高素质法科人才。

对于学生的学习考核,西政倡导实施以平常考试为主导、期末考试为辅助的考试制度,并以专业基础课为试验田。在日常教学中,教师可以采取多种考核形式来评估学生的学习效果,这些测评活动的时间通常控制在15分钟以内,以确保师生能够有效利用课堂时间,避免过长的测试影响教学进度,同时教师又能迅速获得学生的反馈,及时调整教学策略,提升教学质量。测评题目将由主讲教师根据课程内容和学生的学习需求精心设计,以确保其针对性和有效性。若需制作试卷进行考试,则由主讲教师或其助手以主讲教师的名义,将试卷直接提交至学校的试卷制作室,严格按照学校规定的试卷印制规则进行印制,以确保试卷的规范性和保密性。

对于实施日常化课堂评估的班级,其原有的期中考试和期末考试安排保

---

① 《关于印发〈西南政法大学"十四五"发展规划(2021—2025年)〉的通知》(西政委发〔2021〕86号)。

持不变。对于每门课程，每个学期至少将进行 6 次随堂考试测评，以确保对学生学习进度的持续追踪。考试测评的次数将与课时数成正比，以确保评估的全面性和准确性。日常化课堂评估的成绩将占据学生总成绩的显著部分，通常是 50%~60%。具体的比例将由学院和主讲教师根据课程特点和教学目标进行确定，以更好地反映学生的学习表现和成绩。

(二)推动考试形式的创新与多样化

为了更全面地评估学生的学习效果，西政鼓励教师在考试形式上大胆创新，采取灵活、多样且有效的考核方式。学校赋予任课教师充分的自主权，让他们能够根据课程特色和评估目标，选择最适合的日常化考试形式。这些形式包括但不限于口试、闭卷或开卷笔试以及实际应用能力测试等。对于必修课程的期末考试，西政原则上坚持闭卷笔试的形式；对于跨学院或跨专业的全校性本科公共必修课或法学专业必修课，如果决定进行统一考试，通常会安排在该学期的最后一个教学周进行，以确保所有学生都有足够的时间进行复习和准备。此外，西政强调同专业同年级的相同课程应采用统一试题考试，以确保评估标准的一致性和公平性。这一系列措施，旨在推动考试形式的创新与发展，更好地服务于学生的学习与成长。

(三)优化成绩评定机制，确保成绩分布均衡合理

为了实现考试成绩的公正评定和合理分布，西政采取百分制的方式进行成绩评定。成绩的分布将基于教学班、行政班或专业年级等计算单位进行统计，在每个计算单位中，严格控制高分和低分的比例：90 分及以上的优秀学生比例应在 5%~8% 之间，而低于 60 分的不及格学生的比例则控制在 3%~5% 之间。同时，西政给予学院和主讲教师一定的自主权，允许他们在规定的幅度内调整高分和不及格的比例，但高分和低分比例之间需保持联动关系。

对于其他分数段的学生，学院和主讲教师将根据课程的实际情况和学生的学习表现，合理确定各分数段的比例。针对考试中对试题难度把控不当导致的学生成绩普遍偏高或偏低情况，西政赋予了学院和主讲教师适度的灵活性。他们可以根据考试实际和学生表现，对卷面成绩进行合理调整，以确保

成绩的总体平衡和科学分布。这些调整方案将作为试卷分析材料的一部分被妥善保存,以备后续查阅和审计。在调整成绩的过程中,应充分注重并保持原始评分的客观性和调整过程的公正性。因此,调整后的评分将以明确的形式与原始评分相区分,确保调整的透明度和可追溯性,旨在维护考试的公平性和准确性,同时为学生提供一个公正、客观的评价环境。

(四)提升命题质量,推进标准化考试建设

西政始终将着力提高命题质量、逐步构建标准化考试体系作为不断提升考试的应用性和针对性的重中之重。学院及其教研室采取切实有效的措施,组织教师深入研究提升试题质量的策略,并付诸实践。在试题设计方面,提升实务工作中法学知识的考核权重,减少对纯粹记忆性内容的依赖,并增加侧重知识运用能力的题目。同时,注重平衡主客观题目的比例,以寻求一种更为科学、标准化的方式来评估学生是否具备实际运用所学知识的能力。为确保试题能够紧密贴合教学内容,学校及其各学院教研室将深化教学大纲、教材与课堂讲授内容之间的内在联系,让教学大纲在教学和人才培养中发挥关键的引领作用。

学校将选取试点课程,建立试题库并试行标准化考试。此外,为提高命题质量,西政鼓励并引导学生积极参与试题的创作。学校将面向学生公开征集试题,一旦被选中并收录入库,学校将为学生颁发相应的证明,以表彰他们的贡献和创意。这一举措旨在激发学生的积极性和创造性,同时也为试题库注入了更多的新鲜血液。

(五)实施试卷评讲机制,优化教学闭环

为了完善教学流程,西政推行试卷评讲制度,以加强考试与教学的紧密联系。在此制度下,任课教师将全程跟进与考试相关的各个环节,考试结束后,教师们将迅速向学生提供详尽的考试反馈,旨在帮助学生及时了解自己的考试表现,明确知识掌握上的不足,并为学生后续的学习提供有针对性的指导。对于日常考核的试卷,任课教师可以利用课堂时间进行讲评与反馈,帮助学生及时了解自己的学习状况;而期末考试的试卷评讲与反馈,则可以在新学期初或评阅工作结束后进行,以便学生根据反馈调整学习策略。相关参考答案、评分标准以及考试情况分析将由任课教师统一公布在教学管理平台或学院网站上，供学生随时查阅，促进学生自我反思和提升。这一机制的实施有助于构建一个完整的教学闭环，实现教学与考试的良性互动。

（六）构建现代化考试中心，推动考试管理制度创新与人才培养质量提升

为了进一步规范考务管理，加强考试在促进学生学习中的积极作用，西政将着力打造一个独立的现代化考试中心。该中心将集机考考场、法律职业资格考试模拟中心、阅卷中心、试卷库和保密库于一体，形成一个功能完备的考试管理平台。考试中心充分利用现代教育技术的优势，逐步推动考试模式的创新，努力实现更加科学、精准的考试管理，使考核过程更加公正、公平。这不仅是考试考核改革的具体体现，也是改进教学质量、提升教学服务以及更好塑造学校整体形象的重要举措。此外，考试中心还将为学生提供各类社会性考试的模拟环境，如法律职业资格考试的模拟环境，以帮助学生更好地了解考试流程和要求，提高学生的应试能力。这不仅有利于学生自身的全面发展，也进一步凸显了西政在人才培养中强调实务能力的特色。

西政对职业能力导向型考核模式进行了深入的研究和实践。这一模式将考核的本质提升至一个新的高度，使其真正成为衡量人才专业水平和实际能力的科学工具，积极发挥了现代教育技术在考试中的应用优势。"西政探索"致力于构建一套科学的人才培养质量评价标准体系，不断探索并理解考核评价结论与人才质量、学生能力素质之间的深层联系和规律性。在构建评价标准体系时，西政注重将职业能力导向作为核心，确保考核内容与学生未来职业发展紧密相关。这一体系不仅涵盖了传统的学术评估，更融入了对学生实践技能、创新思维和职业素养的全面评价。随着对考核评价结论与学生能力素质关系的深入理解，西政开始逐步调整和优化教学方式。通过引入更多案例教学、模拟法庭、实践项目等实践性教学方法，激发学生的学习兴趣，培养他们的实际操作能力和问题解决能力。这一系列的探索和实践，不仅促进了人才培养模式与方式的改革创新，也全面提升了西政法科人才培养的质量，为学生未来的职业发展奠定了坚实的基础。

四、法科学生职业能力导向型考核模式的革新路径

法律人才是国家法治建设的基石,法学教育在推动民主法治进程中占据着基础性、先导性的关键地位。① 从某种角度来看,中国法治化进程和司法改革的持续性推进的关键在于法学教育的改革与进步,以及法律人才培养的数量与质量。只有不断优化法学教育,确保法律人才具备扎实的专业基础和广泛的实践能力,才能为法治国家的建设提供强有力的支撑和保障。课程考核是法学教育的重要环节,随着人工智能的高速发展和教育信息化时代的到来,法科学生传统的考核模式已经难以适应培养高质量法律人才的要求,当下必须探索多元化、信息化的考核模式,助力新时代卓越法治人才的培养。

(一)以职业能力导向型考核作为重要标准

法学教育只有深深扎根社会生活实践,才不会沦为纸上谈兵。职业能力导向型实践考核是一种旨在评估法科学生对实际工作技能掌握程度的考核模式,通过引入不同形式的实践性考核,确保这些实践性教学考核活动与法学专业的不同领域相结合,满足不同兴趣和职业方向的学生的需求。比如,广泛开展法律实习项目,让学生参与真实法律案件的处理过程,从事法律文件的起草、法律顾问等实际工作。对学生参与法律实习项目的情况进行考核可以使法科学生更全面地获得职业所需的技能、知识和素养,为更好地适应法律职业做好充分准备。

(二)以模拟案例驱动考核方式革新

模拟案例考核是一种模拟实际法律场景的考核方式,通过模拟案例让法科学生在虚拟环境中体验法律实务,培养其实际操作能力。首先,选取真实、涉及多个部门法、具有挑战性的法律案例,以案例反映法律实务中常见的问题,培养学生面对实际挑战时作出合理的法律分析和决策的能力。其次,安排模拟法庭辩论活动,让学生在模拟法庭中扮演法官、检察官、律师和证人等

---

① 霍宪丹:《法律人才是建设法治国家的第一资源——从法律职业到法学教育》,载《中国法学教育研究》2006 年第 4 期。

角色,通过法庭辩论和法庭程序,锻炼学生的法庭辩论技能和法律论证能力。要求学生以团队方式合作参与模拟法庭,培养学生的团队协作和沟通技能。最后,要求学生在案例解决过程中撰写实际的法律文书,如判决书、法律意见书、合同草案等,培养学生书面表达能力和起草法律文书的能力。通过模拟案例考核倒逼学生快速进入法律实务场景,让法科学生更全面地了解法律实务,以免高校法学教育与社会实际工作之间出现真空状态。

(三)健全形成性考核模式①

形成性考核模式是一种对学生学习过程进行持续评估和反馈的考核方式,旨在促进学生对法学知识的深层次理解和能力的全面发展。形成性考核模式一般会包括以下内容:其一,实行测验常态化模式,检测学生对所学知识的理解掌握程度;其二,引入小组讨论,让学生共同研读案例和解决问题,提升他们的团队协作和合作能力;其三,将学期划分为几个项目阶段,每个阶段设立特定的法学实践任务,如模拟案例分析、法律文书起草等,有助于学生逐步提高实际操作能力;其四,要求学生进行反思性写作,总结他们的学习体会和理解;其五,引入学术报告制度,让学生深入研究某一法学主题,并进行学术性的报告;其六,建立同行评价和反馈机制,让学生相互评估,并提供建设性的反馈,培养学生的批判性思维和对他人观点的包容尊重。形成性考核模式强调学生学习过程中的反馈和调整,通过给予学生独立思考的空间来培养学生独立解决问题的能力,因而形成性考核模式与我国职业能力导向型法律人才培养的目标相契合。

(四)将"互联网+"深度融合进考核过程

"互联网+"与法学考核的深度融合意味着将互联网技术有机融入法学教育和考核的方方面面,以促进更高效全面的法学学习和考核。2023年年初,中共中央办公厅、国务院办公厅印发的《关于加强新时代法学教育和法学理论研究的意见》强调更新完善法学专业课程体系,一体推进法学专业理论

---

① 罗三桂、刘莉莉:《我国高校课程考核改革趋势分析》,载《中国大学教学》2014年第12期。

教学课程和实践教学课程建设。法科学生职业能力导向型考核模式的革新也必须适应"互联网＋教育"新形态新要求,创新教育教学考核的方法手段。[①] 通过社交媒体平台构建法学学术社群,鼓励学生与法学专家、同行进行互动,分享学术观点和实践经验,完成对法科学生知识运用水平的评价。利用人工智能技术开发智能化的法学考试与评估系统,使系统能够根据学生的学习表现提供个性化的学习建议和深度评估。

(五)建设智能化评估系统

首先,通过对法学考核的具体需求进行详细分析,了解学科特点、学生特点和法学职业需求,进而构建包含不同难度、类型的法学题库,包括选择题、案例分析题等,题库的建设涵盖法学各个领域,确保全面覆盖考核内容。其次,基于学生个体差异,考虑学生的学科偏好、学习方式、兴趣等因素,构建个性化的评估体系。再次,引入智能算法,如机器学习和数据挖掘技术,使系统能够分析学生的学习行为,为个性化评估提供支持。最后,引入实时反馈机制,让学生在完成考核任务后能够立即获得评估结果,促进学生对知识点的及时修正和深化理解。智能化评估系统的建设顺应了时代要求,结合法学专业知识和先进技术手段,从而推动法学教育的现代化和个性化,使法学教育考核评估更为精准、高效、全面。

(六)将思政教育融入考核全过程

当前,法学教育应以习近平新时代中国特色社会主义思想为指导,尤其要将习近平法治思想和社会主义核心价值观贯穿学生培养的全过程;促进专业知识教育与政治价值引领多维契合,助力法学教育同思政教育同向同行,实现德法并重;将服务于法治中国建设的教育目标落到实处,培养学生正确的政治方向,树立学子对法治中国的内生自信。[②] 因此培养德法兼修的法治人才必须注重对法科学生进行思政方面的考核,强化法科学生的社会责任感,高校要通过打造与社会组织、非营利机构合作的社会项目,让学生通过法

---

① 王渊、吴双全:《"互联网＋"时代法学教育变革研究》,载《高教探索》2019年第7期。
② 杨垠红:《创新应用型卓越法治人才培养》,载《光明日报》2022年4月26日,第15版。

学知识解决社会问题,培养法科学生服务法治中国建设的使命感。

建设高素质的法治人才工作队伍是推进依法治国、建设法治体系的基础性工作。[①] 2018 年,习近平总书记在全国教育大会上强调,要"扭转不科学的教育评价导向,坚决克服唯分数、唯升学、唯文凭、唯论文、唯帽子的顽瘴痼疾,从根本上解决教育评价指挥棒问题"。信息化时代的到来为法科学生职业能力导向型考核模式的改革提供了新的方向,应深化互联网技术对于法学教育的影响,科学构建符合法学学科特点的考核体系。考核作为教育中的重要一环,必须对其加以重视,基于国家战略和社会发展,坚持法学研究服务实践,完善法科学生职业能力导向型的考核模式,力求培养一批德法兼修、深谙和坚持中国特色社会主义法治体系的应用型卓越法治人才,助力推进全面依法治国,这是西政的使命和责任。

---

① 郑博:《习近平总书记重视法治人才培养》,载《民主与法制》2023 年第 36 期。

第六章 我国法科学生职业能力培养的多元师资融入

第一节 实务师资引入

法科学生职业能力培养在目标导向上要求学生具备扎实的法学知识根底与卓越的法律实践能力,在培养方式、课程体系以及教材设计中均注重学生实践及职业能力的训练,这些都离不开多元化师资融入,特别是离不开具有丰富法律实践经验的实务师资的引入。事实上,我国主要法学院校一直以来均注重实务师资在学生职业能力培养过程中的融入,多年来不断贯彻协同培养理念,推进法学院校、科研院所与法治工作部门人员双向交流,逐步探索并形成了多元化的实务师资引入方式,具体来说,较为稳定和具有一定成效的方式包括聘任兼职实务导师、合理利用专业实习指导教师、实务人才引进以及教师实务化锻炼等。

一、兼职实务导师

(一)兼职实务导师协同培养

聘任以法治工作部门人员为主体的兼职实务导师目前成为各法学院校引入实务导师的主要方式。2010年以来,《国家中长期教育改革和发展规划纲要(2010—2020年)》就人才培养体制改革提出"创新人才培养模式""提高人才培养质量""探索多种培养方式"等要求,2012年教育部《关于全面提高高等教育质量的若干意见》针对高等教育人才培养模式创新专门提出"实施卓越工程师、卓越农林人才、卓越法律人才等教育培养计划,以提高实践能力为重点,探索与有关部门、科研院所、行业企业联合培养人才模式"等意见,对高等教育人才培养模式提出新的要求。因法学专业本身具备较强的实践性,当下法学教育的目标已从理论人才培养转化为既包括理论又包括应用的法治人才培养,[①]单纯依赖校内偏重理论的教学师资是远远不够的,亟须实务师资的协同培养。对此,众多法学院校在卓越法律人才教育培养计划的影响下,大力推进了兼职实务导师融入人才培养的相关机制建设。如《中国人民大学法学院法律硕士实务导师聘任办法》(2018 年)第 2 条规定,"实务导师是指与法学院合作培养法律硕士的法律实务界人士,包括司法机关(法院系统、检察院系统)、行政机关、律师事务所以及企事业单位、社会团体中的法律工作者";《北京大学研究生指导教师管理办法》(2018 年修订)要求,"兼职导师应具有丰富的实践经验或技术专长,在业内具有一定的影响力";《中国政法大学硕士研究生兼职导师聘任办法》(2013 年)也明确要求,兼职导师应当"具有丰富的实际工作经验,一般应具有硕士以上学位或高级职称,年龄一般不超过 55 岁周岁,身体健康,能够认真履行研究生指导教师职责"。《西南政法大学兼职研究生指导教师规范》(2020 年)将兼职导师区分为高校或科研机构兼职导师以及实务部门兼职导师,且对实务部门兼职导师提出具体工作年限的要求;其他主要法学院校也大多制定了类似的兼职实务导师规定。

从以上关于兼职实务导师的规定来看,兼职导师主要面向的群体为法科研究生。至于法学本科生的培养,各法学院校也在不断探索,作出有益尝试。早期本科生导师多从校内教师中选任,近些年来,随着对法学专业职业能力培养的重视,越来越多的院校尝试从实务部门选聘本科生兼职导师。如华东政法大学《全日制本科生导师制管理办法》(2018 年)提出,"导师由专业教师、管理教辅人员、校外实务专家、研究生等组成"。《西南政法大学一流本科教育建设方案》(2022 年)提出,"实施'专业导师+实务导师'制度。加强校内校外导师对学生的指引作用,进一步推进理论教学与实践教学的有机融合,推进人才培养与社会需求的无缝对接,推进校内教育与未来职业的深度衔接,构建起本科协同育人机制和人才培养共同体"。根据公开新闻报道,西

[①] 徐显明等:《改革开放四十年的中国法学教育》,载《中国法律评论》2018 年第 3 期。

南政法大学各学院在不同层面推进了校外实务导师对本科生教育的培养①。

(二)兼职实务导师职责多元

结合兼职导师相关规定以及指导学生的现实情况来看,兼职导师的职责并不限于法科学生职业能力培养方面,而是具有显著的多元化特征。如《中国政法大学硕士研究生兼职导师聘任办法》(2013年)第6条提出兼职导师的职责包括:遵守师德规范和学校有关研究生导师的规定;为研究生开设实务课程或讲座;为研究生的专业实习实践提供机会;对自己共同指导的研究生予以学业、实践、论文指导;参加研究生的学位论文评阅、答辩;为研究生创业与就业提供指导与帮助。从这些职责要求来看,兼职导师除对研究生职业能力培养予以指导外,还需要在专业实习、创业与就业乃至科研层面提供机会与帮助。其他法学院校兼职导师的相应职责大多也包含类似内容。由此来看,兼职实务导师对法学院校而言,一方面,将其丰富的司法实践经验融入法科学生职业能力培养过程中;另一方面,兼职导师主要来自法治实践部门,有条件为高校带来更多的实践教学资源以及就业资源。

(三)兼职实务导师重在实践能力的培养

法学院校从校外聘请实务导师是以提升法科学生实践能力为导向的,这从相关院校关于兼职导师任职条件的规定中可见,如《中国人民大学法学院法律硕士实务导师聘任办法》(2018年)明确要求实务导师应当是"具有10年以上司法工作经验的高级法官、检察官,担任处级及以上领导职务并有10年以上工作经验的国家行政司法实务部门公职人员,具有15年以上法律从业经验的资深律师与公司法务总监等"。结合其他高校关于兼职导师的任职条件来看,相关规定集中体现在职业时限、职业经验、职业能力与职业范围等方面,个别高校对兼职导师的学历条件作出限定。

---

① 比如,2023年4月,西南政法大学国际法学院第二批本科学生"1+N"成长导师聘任仪式暨促就业座谈交流会圆满召开。该学院邀请到来自全国各地法治领域的12位优秀校友担任在校生成长导师,颁发聘用证书,并对学生就业工作开展进行深入交流、提出宝贵意见。参见《西政国际法学院邀请校友当学生成长导师 共促就业发展》,载西南政法大学新闻网2023年4月6日,https://news.swupl.edu.cn/pub/xww/mtkxz/d215f44363624396aa4ffb7146a24e34.htm。

兼职实务导师参与到法科学生职业能力培养环节，集中体现在几个方面：其一，兼职导师结合法治工作部门的实际需求，特别是职业能力方面的需求，参与法科学生培养计划的制订；其二，兼职导师在总结、提炼自身实践工作经验的基础上为法科学生举办有关学术交流会议、实务专题讲座或进行实务课程授课，该方式也是兼职导师参与职业能力培养的主要方式之一；其三，兼职导师直接指导研究生工作，特别是指导研究生结合实务撰写相关学位论文，进一步引导学生在论文写作中以现实问题为导向，研究现状、提出问题、分析问题并形成完善意见，增强论文研究的现实意义；其四，作为研究生培养的导师组成员，兼职导师参与研究生学位论文的开题、评阅及答辩工作，借助其实践经验智慧，在与校内师生碰撞和交流中不断形成双向良性互动并进一步提升论文质量；其五，兼职导师担任法科学生专业实习期间的指导教师，并以师徒方式引导法科学生不断提升法律职业能力。

兼职实务导师参与法科学生培养是以职业能力培养为导向的，其任职条件与职责内容也以培养法科学生的实践能力为核心，兼职导师充分履职是法科学生职业能力培养过程中的关键一环。以西南政法大学经济法学院 2011 年度开展的实务导师制度试点为例，为督促实务导师履行职责，经济法学院规定了实务导师必须完成"一会一课一讲谈一指导"。其中，"一会"指召开研究生实务能力培养交流会，"一课"指开设研究生实务课程，"一讲谈"指举办研究生实务讲座或座谈，"一指导"指实务导师为其名下的研究生提供各方面的指导。实务导师的具体指导实行"请进来"和"走出去"相结合的方式，"请进来"即请实务导师进校来指导研究生；"走出去"则要求研究生到实务导师单位去参与实习或者实践活动。调研情况显示，在经济法学院推行实务导师制度 1 年多的时间内，多数研究生的实务水平有了较大提升。[①]

二、专业实习指导教师

专业实习长期以来一直是法学专业本科及研究生培养过程中的必修课程，学生经由专业实习，全面接触和深入了解司法实践，在实习单位指导教师

---

① 叶明：《西南政法大学经济法学院实行研究生实务导师制的实践与经验》，载《经济法论坛》2013 年第 2 期。

的指导下,辅助或者参与案件办理,不断训练和提升法科学生的职业能力。

(一)实习指导教师引导学生学习

法学院校通常与法治工作部门建立科研实践等方面的长期合作,把建立法科学生专业实习基地纳入合作项目之一,通过实习基地的建设不断提升法科学生专业实习的质量与效果。以西南政法大学法科学生专业实习工作为例,学校在总结以前专业实习等人才培养经验的基础上,于2011年开展法科学生全员统一集中实习模式的探索,并取得了超预期的效果。截至2022年年底,学校已经与全国22个省市的138个法治实务部门签订《教学科研实践基地协议书》,建立起集"教学、科研、培训、实践"于一体的实习基地。①

法科学生专业实习效果在很大程度上与实习单位指导教师密切相关。西南政法大学与法治实务部门签订的《共建教学科研实践基地协议书》明确要求,法治实务部门应当"选派业务水平过硬、工作经验丰富的业务骨干任实习学生的指导教师(名单报校方备案),对学生的实习活动进行指导,带领实习生按照规定参与相关工作,见习、实习期满对每个实习或见习学生出具书面鉴定意见,作为评定学生实习或见习成绩依据"。《中国政法大学本科生专业实习管理办法》(2017年)也要求兼职实习指导教师充分参与到实习指导工作中,对学生在实际工作中所表现出的综合专业素质以及学生制作专业文书(作品)的能力进行评价,并将其作为实习考核内容。

法科学生在专业实习指导教师的引导下学习,教师可以采用"手把手""传帮带"等教授方式,引导实习学生真实感知并动手操作,切实参与到真实的司法活动中来。比如,最高人民法院自2015年建立法律实习生制度以来,定期接收法律院校实习生,按岗制定了法律实习生培养工作清单,选拔一大批理论水平过硬、审判能力突出、实务经验丰富的法官担任导师,全方位指导法律实习生做好各项工作,导师言传身教,引领帮助学生提升政治素养和业

---

① 石经海、蔡思宇:《法学专业实习模式的探索与展望——以西南政法大学法科生全员统一集中实习模式为例》,载《中国大学教学》2023年第6期。

务能力，真正以"手把手"教学取得"实打实"成效。① 可以说，指导教师本身的专业素养、实践经验以及实习指导履职情况对法科学生实践能力培养至关重要。

(二)实习指导教师的遴选与考评

为进一步提升法科学生专业实习的质量与效果，应当从实习单位指导教师着手，注重指导教师的遴选、考评、激励等相应措施。

第一，重视指导教师的遴选。一方面，法学院校与法治工作部门在建立科研实践类实习基地的过程中，应就实习单位专业指导教师的遴选工作提出原则性要求，如"选派业务水平过硬、工作经验丰富的业务骨干任实习学生的指导教师"；另一方面，法治工作部门为法科学生提供长期法律实践的，应引导业务能力强的骨干人员参与到实习指导中来，条件成熟的情况下也可以制定本单位关于实习工作的管理规范。值得借鉴的是最高人民法院于2015年专门印发了《关于建立法律实习生制度的规定》，提出："实习活动实行导师制。人民法院应指定经验丰富的法官或其他工作人员担任指导老师。实习人员在实习期间担任实习法官助理或实习书记员，在指导老师帮助下参与案件审理、案件记录、起草法律文书以及专题调研等辅助工作。"

鉴于实习单位专业指导教师系法治实务部门人员，指导教师的遴选制度通常也是由实务部门自行确定的。以C市N区检察机关的实习样本为例，尽管为法科实习生指定了若干检察官担任实习指导教师，但是该检察机关并没有明确指导教师选任的具体条件，也未提出指导的准则，故从调研情况来看，作为指导教师的检察官存在指导意愿与指导能力层面的问题。② 事实上，一方面，由于法学院校对实习单位指导教师没有管理权限，大多数专业实习点也缺乏实习管理方面的具体规范，专业实习指导教师更多是自发性地投入实习指导工作中，确实会存在个别指导教师缺乏耐心甚至缺乏意愿指导的

---

① 乔文心：《奏响新时代法治人才培养"青春之歌"——最高人民法院深入推进法律实习生工作综述》，载中国法院网，https://www.chinacourt.org/article/detail/2022/10/id/6956678.shtml。

② 闵丰锦：《从形式到共赢：实习生在检察院的困局及破解》，载《法学教育研究》2018年第1期。

情况;另一方面,实习单位对实习指导教师的确定缺乏标准与规范,存在部分指导教师能力不足或者一名指导教师同时指导较多实习生的情况。上述问题均直接影响法科学生专业实习效果和质量,不利于学生职业能力的培养。鉴于此,在指导教师的遴选层面,法学院校与法治工作部门仍需加强沟通交流,相互协作致力于选拔既有意愿又有经验的优秀人才投入专业实习指导工作中来。

第二,实习单位指导教师参与法科学生实习指导工作属于岗位职责之外的特殊履职行为,法学院校与实习单位给予其相应的考评与激励予以正向引导是必要的。如西南政法大学《共建教学科研实践基地协议书》中要求,实习单位将专业实习导师情况向学校进行备案;《中国政法大学本科生专业实习管理办法》(2017年)提出,"学校对优秀实习生、优秀实习集体、优秀专业指导教师、优秀兼职指导教师和实习工作先进个人进行表彰,颁发荣誉证书"。对于法治工作部门而言,法科实习生的到来是对本单位业务工作的人力支持,同时单位的口碑也基于实习生的口口相传得以建立与巩固,单位也得以吸引到优秀毕业生报考入职,故对实习指导教师的悉心指导与付出,也有必要从其所处单位内部绩效考评层面予以相应激励。

三、实务人才教师化与教师实务化

引入实务师资的另一个路径为法学院校吸收法治工作部门优秀人才进入校园,以及推荐校内优秀教师走出去深入司法实践,即实务人才教师化与教师实务化两个转化。

(一)"双千计划"实施

教育部、中央政法委2011年"卓法计划"提出探索"高校—实务部门联合培养"机制,探索建立高校与法律实务部门人员互聘制度,由此互聘制度作为一种重要合作交流机制被固定下来。2013年7月,中央政法委、最高人民法院、最高人民检察院、教育部等六部门联合推进的"双千计划"系高校与法律实务部门协同培养的典型方式,也是最具有影响力的,通过"走出去""请进来"的合作机制,提升高校法学教师实务经验与水平,助力于卓越法律人才教育培养。

根据教育部、中央政法委员会、最高人民法院等《关于实施高等学校与法律实务部门人员互聘"双千计划"的通知》,请进来的实务专家"应具有较高的思想政治素质,忠于党、忠于国家、忠于人民、忠于法律;具有10年以上法律实务工作经验,较高的职业素养和专业水平,实绩突出;法学理论功底扎实,对本专业领域法律问题有较深入研究;爱岗敬业,能够在聘期内完成相应的教学任务"。走出去的高校人才"应具有较高的思想政治素质,认真学习中国特色社会主义理论体系,模范践行社会主义法治理念;师德师风好,教书育人的荣誉感和责任感强;具有高级专业技术职务,较强的业务能力,能够帮助法律实务部门分析解决疑难复杂案件;忠实履职,能够在聘期内完成相应的实务工作"。这些条件均突出在"政治素质、理论功底、业务能力、敬业态度"等方面的要求,由此可以保障"双千计划"选拔出优秀实务人才参与到应用型、复合型法律职业人才的培养中来。

"双千计划"的实施效果是双向的。一方面,"双千计划"促使一大批优秀的实务专家走上讲台,结合自身的工作经历授课,其形式生动活泼,内容新颖有趣,给高校课堂注入了新鲜血液和活力,并深受学生欢迎。在这个面向上,"双千计划"本质上也属于前述聘任兼职实务导师参与法科学生职业能力培养的范畴,实务专家们通过定期到学校开展实务前沿讲座、开设精品实务课程、编写案例教材等方式深入参与到高校人才培养工作。一些实务专家还牵头签订其所在单位与高校的共建合作计划,双方共建培训平台和实践教学基地,为更好地培养卓越法律人才进行深度合作。① 另一方面,高校内部偏重法学理论研究的优秀人才走进法治工作部门,经由司法实践锻炼不断积累和沉淀司法实务经验,逐渐成长为理论功底与实务经验兼备的双师型教师。以西北政法大学"双千计划"的实施情况为例,"双千计划"自2013年实施,至2016年年底,学校通过"请进来",聘请法律实务部门专家到学校任教,制定实施客座教授、兼职教授聘任办法,从中央、地方法律实务部门聘请了25位专家担任兼职教授或客座教授。受聘专家承担法学专业课程教学任务,全方位参与人才培养方案制定、课程体系设计、优质教材开发和教学团队

---

① 叶青:《"双千计划"有效创新法学人才培养模式》,载《法制日报》2017年5月24日,第9版。

组织。与此同时,学校通过"送出去",选派教师到法律实务部门挂职,并制定实施教师受聘兼职法律职业岗位管理办法,规定 40 岁以下法学教师必须到基层法院、检察院等法律实务部门从事一年全脱产的法官助理、检察官助理或挂职副院长、副检察长等工作。截至 2016 年年底,学校累计派出 63 人次挂职锻炼,起到了用法治实践反哺课堂教学,提高法治人才培养质量的作用。①

(二)双向交流常态化

事实上,早在"双千计划"实施以前,国内主要法学院校就认识到了人才培养中实务师资短缺的问题,并积极推动"送出去"和"请进来"两种方式加强实务师资建设。例如,西南政法大学在 2007 年就不断加强双向交流,一方面,建立"教学、研究、实践、进修"相结合的师资培训制度,鼓励教师参加实践教学调研和实务部门挂职锻炼。另一方面,"有计划地聘请具备理论和实践经验的专家、学者、企业家和法律行业从业人员,通过兼职课程、开办实务知识和技能讲座、担任专业实习指导教师等方式,指引学生学习、思考和实践"②。

"双千计划"的有效实施更进一步推动了法学院校与法治实务部门的深入合作与交流,鉴于该计划的互聘名额及所纳入的高校范围有限,未惠及更多法学院校及中青年学者,但是"双千计划"的启动和实施畅通了高校与法治实务部门的合作路径,受此影响,近年来越来越多的法学院校也纷纷探索建立法治工作部门和高校教师的双向流动机制,并逐步拓展双向合作的范围及深度,建立起常态化的双向交流合作模式。2014 年,党的十八届四中全会通过的《中共中央关于全面推进依法治国若干重大问题的决定》也明确,"健全政法部门和法学院校、法学研究机构人员双向交流机制,实施高校和法治工作部门人员互聘计划""建设高素质学术带头人、骨干教师、专兼职教师队伍",进一步对这一双向交流制度予以肯定。

---

① 资料来源于陕西省教育厅官网,http://jyt.shaanxi.gov.cn/jynews/rdjj/201612/28/64333.html,2024 年 3 月 25 日最后访问。

② 付子堂:《建立以能力培养为核心的法律实务教育体系》,载《光明日报》2007 年 12 月 25 日,第 11 版。

总体来看,法治工作部门与法学院校双向交流机制优势明显,受聘的法官、检察官在法学院校办学中发挥着多方面的作用,他们或者举办专题讲座,或者与专职教师合作研发和开设课程,或者共同指导研究生开题和论文评审,或者参加学位论文答辩,把丰富的实践经验、典型案例素材和现实问题带进教材、带进课堂,不仅有助于学生找到以现实问题为导向的论文选题,而且也使学生有机会切身感受实务专家良好的职业品质和工作风采。同时,受聘的法官、检察官还极大帮助了教师及时了解和掌握法治实践的最新动态,从而有利于实现理论与实际的有机结合。以西北政法大学与法治实务部门的合作为例,双方"携起手"建立双向可持续合作机制,定期由法治实务部门的专家进校开设讲座。同时,学校还邀请各级人民法院选择具有典型性、示范性的案件在校内的模拟法庭公开审理,每学期不少于10场,形成了校内开庭与法官、检察官、律师、教师共同点评庭审过程的合作教学模式。① 与此类似的双向合作已成为各法学院校高素质法律人才培养的常态机制。作为对双向交流合作模式的肯定,2018年9月,教育部、中央政法委公布了"卓法计划2.0",进一步提出深化协同,破除培养机制壁垒,健全法学院校和法治实务部门双向交流机制,不断提升协同育人效果。

四、实务师资融入的不足与未来展望

(一)实务师资融入存在的不足

实务师资融入培养过程是法科学生职业能力培养的关键环节,聘任兼职实务导师、专业实习指导教师"手把手"引导学生学习以及高校与法治工作部门双向交流等形成了当前多元化的师资融入途径,对法科学生职业能力培养发挥了显著成效。与此同时,也应当看到,实务师资融入职业能力培养仍存在诸多困难和不足。

一方面,校外实务师资因其丰富的法律实践经验承担着法科学生实践能力培养的重任,但校外师资不隶属于高校,且承担着较为繁重的本职工作,其在学生实践能力培养过程中发挥的作用受制于多重因素:一是多数法治实务

---

① 资料来源于陕西省教育厅官网,http://jyt.shaanxi.gov.cn/jynews/rdjj/201612/28/64333.html,2024年3月25日最后访问。

部门缺乏选聘或推荐实务专家到高校兼职任教或参与指导的制度和规范,具体选任条件、方式、考核评价等尚不明确,更多是以单位推荐或直接指派的方式参与校内学生培养,个别人员被动参与或主动性不高,影响学生培养效果;二是法治实务部门对外出承担校内培养职责的实务专家的重视度不足,且缺乏相应保障,实务专家在承担本职工作之余额外承担起校内培养职责,其工作时间很难得到合理安排;[1]三是校外实务专家校内履职考评困难,现有考评方式多为提交任职报告或以参与讲座、研讨、答辩等数量计,缺乏直接受众(如学生或者同事)评价,使考评流于形式,难以客观真实地反映校外实务专家履职情况,长此以往易导致履职形式化。

另一方面,也应当看到,实务师资参与法科学生职业能力培养重点在于切实履行职责,如前所述,其一为实务师资结合自身经验参与到授课、讲座、论文指导与答辩等的讲授型履职,即主要体现在实务导师讲授和学生感知的层面;其二为实务师资结合来自法治工作部门的优势,为法科学生提供教学实践或就业途径等的资源型履职,即主要体现在实务导师引导和学生锻炼的层面。在实务师资充分履职的情形下,校内的法科学生得以从法律实务知识、法律实务能力等层面得到培养,比如,相关调研指出,在法律实务能力方面,学生在实务导师的推荐下到单位实习,直接接触、了解法律实务方面的知识,也直接或间接参与了一些实务案件的处理,初步学会了如何将法学理论知识运用到法律实践中;在科研能力方面,学生通过参与实务导师的社会实践活动和实务导师的课题研究,发现现实生活中存在的法律问题,并学会思考怎么运用法学理论知识解决实务中的这些问题;在社交能力方面,学生在平时与实务导师进行交流或在单位进行实习的过程中,参加社交活动的机会增多,无形当中也锻炼了社会交往能力特别是法律职业方面的沟通交流能力。[2]

不过,我们应当注意到,法律职业能力或者实践能力更多依赖于法科学生在实践中主动锻炼,其很难单纯通过知识传授的形式得到提高。当前校外

---

[1] 廖永安、陈海涛:《回顾与展望:"双千计划"实施现状考——以中部某省为分析个案》,载《湖南社会科学》2018年第1期。

[2] 叶明:《西南政法大学经济法学院实行研究生实务导师制的实践与经验》,载《经济法论坛》2013年第2期。

实务师资参与法科学生的培养主要以授课、讲座、指导论文、参与答辩等讲授式方式进行,这虽然对于法科学生开阔视野、认识司法实践、了解法律实务知识是有意义的,但是在职业能力特别是法律职业技能层面的效果仍然有限。

(二)实务师资融入高校教学的未来展望

一方面,鉴于长期以来校内师资队伍建设偏重法学理论层面,且师资来源也往往是由高校(学习)到高校(任教),校内师资缺乏司法实践经验和技能,教学偏重理论层面,因此在相当一段时期,来自校外的实务师资仍然是当前法科学生实践能力培养的主力军。当然,校外实务师资作用的充分发挥还有赖于法学院校与法治工作部门双向交流合作机制的不断完善,特别是法治工作部门在国家既有的教育政策指引下不断加强与法学院校的交流合作。值得注意的是,2019年新修订通过的《法官法》《检察官法》也对双向合作交流机制予以回应,即法官(或者检察官)因工作需要,"经单位选派或者批准,可以在高等学校、科研院所协助开展实践性教学、研究工作,并遵守国家有关规定"。这为法治工作部门专家受聘为高校兼职实务导师提供了法律依据。可以想见,今后高校与法治工作部门一定会延续当前广泛合作的趋势,不断增进合作的广度和深度,持续培养出理论水平与实务能力并重的高素质法律人才。

当然,双向合作交流的另一个现象也值得关注,即法学院校持续选拔推荐内部人才到法治工作部门交流锻炼,或者在法院、检察院、企业,或者在律师事务所兼职从事律师职业,帮助其不断积累和沉淀法律实践经验。随着双向交流合作的日益深入,众多法学院校大量校内教师逐步成长为理论与实践兼备的双师型教师,鉴于其数量远大于校外兼职实务导师且更便于校内管理与考评,未来有望成为法科学生职业能力培养的主要师资力量。

另一方面,从法科学生实践能力培养特别是职业技能培养的视角出发,实务师资履职时有必要在引导学生参与司法实践活动层面予以侧重。实务师资的讲授固然有助于法科学生了解和掌握法律实务知识,但从能力养成的角度出发,更需要法科学生深入实务锻炼。这既需要法学院校在人才培养计划中增加校内实务训练的课程比例,辅之以校内外实务师资予以指导,也需要法学院校进一步深化与法治工作部门的合作,完善法治人才联合培养机制,将法科学生"送出去",在法院、检察院、企业、律师事务所等实务部门完成相应课程的学习。

第二节 双导师制的经验与成效

所谓双导师制是指为一名法科研究生配备校内导师与校外导师,校内导师和校外导师共同协作对研究生进行综合培养的制度。研究生培养过程中试行双导师制由来已久,部分研究生培养单位在早期基于创新培养方式、提升人才培养质量的目的进行过有益尝试。① 例如,2007年山东大学出台《山东大学研究生培养机制改革方案(试行)》,推行以"一个学生,两个导师,三种经历"为主要内容的研究生培养模式改革。② 又如,2009年,教育部出台了《关于做好全日制硕士专业学位研究生培养工作的若干意见》,一方面认为硕士研究生教育基本是以实际应用为主的,"必须重新审视和定位我国硕士研究生的培养目标,进一步调整和优化硕士研究生的类型结构,逐渐将硕士研究生教育从以培养学术型人才为主向以培养应用型人才为主转变";另一方面认为专业学位研究生"课程设置要以实际应用为导向,以职业需求为目标,以综合素养和应用知识与能力的提高为核心",通过"建立健全校内外双导师制,以校内导师指导为主,校外导师参与实践过程、项目研究、课程与论文等多个环节的指导工作。吸收不同学科领域的专家、学者和实践领域有丰富经验的专业人员,共同承担专业学位研究生的培养工作"。再如,国务院学位委员会《硕士、博士专业学位研究生教育发展总体方案》也明确提出构建"双师型师资队伍",要求"各培养单位要提高专任教师的专业实践能力和教育教学能力,提升师资队伍的专业化水平"。

---

① 在我国研究生培养实践中一种新的培养模式正在生成,也就是学校导师和企业、管理部门导师共同指导研究生完成学业的制度,简称"双导师"制。参见周红康:《双导师制:创新型研究生培养的新机制》,载《江苏高教》2006年第5期。

② 《山东大学创新研究生培养机制 积极培育创新型人才》,载中华人民共和国教育部官网2008年9月25日,http://www.moe.gov.cn/jyb_xwfb/s6192/s133/s194/201004/t20100419_84717.html。

一、双导师制成为法律硕士培养的基本模式

法学专业本身就存在较强的实践性,法学高素质人才培养过程离不开具有丰富实践经验的实务师资的深度参与。在研究生教育层面上,无论是学术型硕士研究生,还是专业学位研究生,都需要构建"双师型师资队伍"。不过,从我国研究生教育分类发展的角度来看,法律硕士专业学位教育更注重实践创新人才的培养,在师资层面上更突出校外导师融入。2015 年,全国法律专业学位研究生教育指导委员会推进了深化专业学位研究生教育综合改革试点工作,经过两年试点后,改革工作取得了较好成果。在专业学位师资方面,提出强化法律硕士专业学位教育师资队伍建设,要求全面推行双导师制,明确了双导师的主要工作职责,提出发挥校外导师在实践课程中的作用。[①] 2017 年国务院学位委员会修订《法律硕士专业学位研究生指导性培养方案》,明确要求法律硕士的培养应"加强教学与实践的联系和交流,聘请具有法律实务经验的专家参与教学及培养工作",双导师制成为法律硕士培养的基本模式。

由校内专任导师与校外兼职导师共同指导研究生完成学业的双导师制已成为国内主要法学院校法科研究生培养的常态机制,通过双导师之间的相互衔接与分工配合,形成研究生双师指导模式并实现卓越法治人才培养目标。双导师制度的"双"并不是简单的配备两名指导教师,关键在于两名导师的相互协作、共同培养。在这一过程中,结合主要法学院校就双导师的职责划分来看,校内导师在研究生培养过程中承担主体责任,全面负责学生培养,校外导师则主要在实务能力培养方面发挥作用,具体方式包括举办讲座、开设课程、指导开题与论文写作、参与答辩等。

二、西南政法大学双导师制的经验

法律专业学位研究生与学术型研究生教育长期以来存在同质化现象,这

[①] 《深化法律专业学位研究生教育综合改革经验做法》,载中华人民共和国教育部官网 2018 年 3 月 19 日,http://www.moe.gov.cn/s78/A22/A22_ztzl/zyxw/jyjl/201803/t20180319_330490.html。

与"以实际应用为导向,以职业需求为目标,以综合素养和应用知识与能力的提高为核心"的专业学位研究生教育目标是不匹配的。2010 年,教育部批准了西南政法大学法律硕士研究生教育综合改革试点,根据试点工作方案,学校提出,在师资层面上,一方面遴选法律实践经验丰富的任课教师担任校内导师,另一方面加强兼职导师队伍建设,逐步推进由兼职实务导师与校内导师共同指导研究生试点工作,并取得了较好的培养效果。兼职实务导师通过开设实务课程、举办专题讲座、指导研究生论文写作、参加论文答辩等方式与校内导师一起参与到学术型研究生以及专业学位研究生的培养过程。①

2019 年,为进一步培养高端应用型法治人才,形成高水平、有特色的法律硕士专业学位研究生人才培养体系,在总结以往法律硕士研究生培养经验的基础上,学校制定了《西南政法大学高端法治人才联合培养实施方案》,探索价值塑造、知识传授、能力提升、素养培育"四位一体"的人才培养共建模式,坚持"学校与法律实务部门联合培养"的机制,加强学院与实务部门的合作,共同制定校外法学实践教育的教学目标和培养方案,共同组织校外法学实践教育,共同评价校外法学实践教育的培养质量,形成以分工协作机制、长效运行机制和评估保障机制为主要内容的常态化、规范化的人才培养合作机制。

根据上述实施方案的要求,实务部门要深度参与试点班学生的培养,实务导师应承担起具体明确的责任,包括参与教学活动以及管理实习活动。教学活动中,实习、法律写作、模拟法庭、法律谈判等实训课程由实务导师统一考核。实习活动中,要求试点班学生第一学期到实务部门实习,实务部门引导试点班学生在法律实务部门担任实习法官助理、实习检察官助理、律师助理等职务,协助办理案件,包括但不限于法律谈判、调查取证、参与庭审、调解、起草法律文书等法律实践活动。在师资配置方面,实行校内导师与校外导师共同指导的双导师制。校内培养单位为试点班学生指派本学科知识理论扎实的指导教师;实务部门在试点班学生实习报到 1 个月内为其选派思想政治素质过硬、实务经验丰富、责任心强的业务骨干担任指导教师,该指导教

---

① 叶明:《西南政法大学经济法学院实行研究生实务导师制的实践与经验》,载《经济法论坛》2013 年第 2 期。

师与校内指导教师联合承担教学任务及学生专业实习考核工作,并报学校备案。在实施过程中,学校联合了最高人民法院第五巡回法庭及地方法院、检察院、律师协会等法律实务部门,共同开展了以塑造和提升法律硕士职业胜任力为目标,学校和法律实务部门"双主体"同向发力、"双场景"同频教学、"双导师"同步指导、"双角色"同时轮换,"岗位+课堂"学训一体的培养模式改革与实践,推动学校人才供给端与职场需求端"两端"的有效衔接。① 根据学校对联合培养方案施行情况的调研来看,改革成效显著,在校外兼职导师指导质效方面取得了较好的效果。

三、双导师制存在的不足和展望

当前,国内主要法学院校在研究生培养中普遍重视校外兼职实务导师参与培养过程,多渠道选聘具有深厚理论功底和丰富实践经验的兼职导师,制定兼职导师管理制度规范,引导并督促兼职导师切实履行好实务导师职责,使其与校内导师共同承担起法科研究生培养责任。从履职效果来看,双导师制尽管确实在法科研究生特别是法律硕士研究生职业能力方面培养效果明显,但在具体实施过程中仍存在多方面的不足,如何选好实务导师、用好双导师制是新时代法科研究生教育必须面对的现实问题。

(一)双导师制存在的不足

1. 校外导师在研究生培养过程中的参与度较为有限,部分情况下指导效果难以凸显。一方面,校外导师选聘范围主要集中在法官、检察官、企业法律顾问、执业律师等职业群体,其中又以法官和检察官居多。一般来说,校外导师在本单位承担着较为繁重的工作,能够用来专门指导研究生的时间较为有限,导致缺乏对研究生的指导。另一方面,在校外导师人数有限的情况下,一名校外指导教师往往需要同时指导较多在校研究生,这在客观上也会导致校外导师在研究生指导方面力不从心,指导效果难以显现。

---

① 《塑造职业胜任力的法律专业学位研究生"岗位+课堂"一体培养模式创新与实践》,载西南政法大学研究生院网 2023 年 3 月 29 日,https://yjsy.swupl.edu.cn/pub/yjsb/cyxz/jxcgjsb/f00c7fc83ce64791bbc834e1cb8cd24e.html。

2. 校外导师参与指导的形式较为有限,难以适应高素质法治人才培养需求。2009 年教育部《关于做好全日制硕士专业学位研究生培养工作的若干意见》提出了校外导师参与指导的主要方式,包括参与实践过程、项目研究、课程与论文等。上述工作要求吸收不同学科领域的专家、学者和实务工作人员,共同承担专业学位研究生的培养工作。但是,双导师制从尝试到当前的普遍运用,校外导师参与指导研究生培养的形式仍旧固定化,具有实质性突破的创新举措不多。前述西南政法大学高端法治人才联合培养实施方案要求"学校和法律实务部门'双主体'同向发力、'双场景'同频教学、'双导师'同步指导、'双角色'同时轮换,'岗位+课堂'学训一体培养模式改革与实践",校外导师借助联合培养机制得以深度融入研究生教育培养环节,且实施效果显著,但试点工作目前尚未面向校内全体法科研究生展开,且其有效推进有赖于法治工作部门的深入协作配合,具体执行成效具有相当程度的不确定性。可以说,校外导师参与研究生指导的方式上仍有较大拓展空间。

3. 校内外导师之间互动协作有限,在合力培养研究生教育方面仍有较大改进空间。双导师制的有效实施有赖于校内外导师的协作配合和全程参与,但在法学研究生培养的不同阶段,校内外导师发挥的作用又应当各有侧重,这是一个动态的、有机统一的整体。这就需要校内外导师正面直接的合作交流,而不能仅仅通过被指导的研究生进行间接交流。①

在研究生培养过程中,通常仍以校内导师为主导,且其全面负责研究生培养,校外导师主要以常规形式参与指导,侧重培养学生实务方面的能力,校内校外导师需要常态化互动协助。而且在真实的指导过程中,对于哪些属于实践指导,哪些属于理论指导,很难作出清晰界定,这也更需要校内外导师通力合作,共同完成研究生的培养工作。但是,从对校内导师以及研究生培养管理人员的访谈来看,校内导师与校外导师通常缺乏联系与沟通,往往分别履职,合力不足,缺乏互动协助。

4. 校外导师履职考评难度较大,存在宽松考评现象,不利于督促校外导师尽职履职,也难以淘汰不胜任的校外导师。校外导师仍是由所在单位管理

---

① 陈伟、宋曦:《法学研究生双导师制度的衔接互动机制探究》,载《中国法学教育研究》2018 年第 4 期。

的,学校难以根据校外导师履职情况进行考核。一方面,从校外导师相关职责要求来看,诸如举办讲座、讲授课程、参与答辩等事项是可以量化考核的,但问题是上述活动不指向单个研究生,往往面向所有研究生群体,从这个意义上来看,双导师的内涵并未体现。另一方面,只有校外导师参与研究生论文指导活动,特别是对自己名下研究生的指导,才能真正体现出双导师制的内在要求。不过,恰恰是在这个方面的履职,成为校方考核校外导师履职情况的难点:如何参与指导、如何考评参与指导工作量以及指导效果,难以判定,而校方往往选择从宽认定与考评,这一善举对认真履职的兼职导师是认同和鼓励,但对履职状况不佳的兼职导师而言却无异于放任,最终导致学生无法从双导师制中受益,导致学校难以淘汰不胜任的校外导师,长此以往,双导师制有可能空有其名。也正是这个原因,部分率先启动双导师制的法学院校主动停止面向每位研究生分配校外导师,而是将校外导师集中于讲授实务课程、举办讲座、参与研究生论文答辩等面向全体研究生展开的履职活动,同时也便于校方对校外兼职导师履职情况予以考评。

(二)双导师制在法科研究生培养中的展望

双导师制在法学研究生教育中有其必要性。法学专业的人才培养要求与培育目标决定了法律实践能力的重要性。对于法律实践思维、对法律实务问题的关注与思考能力以及法律实践技能,不应该等学生毕业以后再逐步养成,而应该在校内法学教育过程中有意识地培育学生的法律实践基因。影响法学研究生培养质量的因素众多,但基于导师在学生培育方面的重要作用,法学教育应当特别重视教师队伍建设及其运行方式。当前,在法学研究生的教育教学活动中引入双导师制仍然有其必要性与科学性。[①] 建立双导师制,聘任法官、检察官、企业法律顾问、执业律师等具有丰富法律实践经验的专业人才与高校专职教师共同承担法律硕士的教学和培养,既可以弥补培养单位师资力量的不足和结构性缺陷,又可以让每个学生同时获得校内理论导师和校外实务导师的双重指导;不仅可以克服学理和实务脱离的难题,还能充分

---

① 陈伟、宋曦:《法学研究生双导师制度的衔接互动机制探究》,载《中国法学教育研究》2018年第4期。

利用实务部门的资源优势,借鉴实务导师的宝贵经验,拓宽培养单位与法律实务部门的联系,增加法律硕士的就业渠道。①

不过,也应当看到双导师制在运行中存在的现实问题,特别是校外导师在培养环节的有效参与、勤勉履职以及与校内导师的充分协作等方面仍存在管理及考评方面的困难,上述问题的解决既需要制度规范层面的细化考量,更需要人才培养模式方面的创新与突破。在这个层面上,可将西南政法大学法律硕士培养机制改革视为有益尝试:高校与法治实务部门联合培养的法治人才培养模式中,校外导师充分参与到培养指导过程中,学生以助理身份参与法律谈判、调查取证、庭审、调解、起草法律文书等法律实践活动,并由校外导师对学生的相关实务课程予以考评。一方面,校外兼职导师手把手指导较好地解决了校外导师参与度有限的问题;另一方面,从学生对校外兼职导师指导质效问卷调研反馈的数据来看,学生对其普遍予以肯定,问卷调研方式也较好地解决了双导师制中对校外导师考评困难的现实问题。当然,校内导师和校外导师的相互协作,还需要培养机构的不断引导与细化考评。总体来看,上述人才培养模式的改革与创新具有较大的借鉴意义。

2023年教育部《关于深入推进学术学位与专业学位研究生教育分类发展的意见》充分肯定了双导师制在法科研究生培养中的积极意义,同时也认识到双导师制存在的现实问题,进而提出分类建设导师队伍的建议。一方面,继续要求在专业学位研究生培养方面健全校外导师参加的双导师或导师组制度,不断完善校外导师和行业产业专家库制度,特别提出要制定校外导师评聘标准和政策,明确校外导师责权边界,并开展校外导师培训。另一方面,也鼓励校内导师每年到行业产业一线开展调研实践,加强校内导师实践能力建设;同时也要求合作培养单位支持校外导师定期参与高校教育教学,促进校内外导师合作交流的双向互动。

回顾法科研究生培养过程中的双导师制,从个别高校早期的自发性尝试到教育政策层面的规范化要求,再到当前主流法学院校成熟的常态化培养机制,应当看到,双导师制对法科研究生,特别是专业学位研究生职业能力养成

---

① 黄振中:《"双导师制"在法律硕士教学与培养中的完善与推广》,载《中国大学教学》2012年第2期。

具有重大意义,且可以想见,随着高校与法治工作部门交流合作的逐步深化,特别是《法官法》《检察官法》修订后授权法官(检察官)因工作需要,"经单位选派或者批准,可以在高等学校、科研院所协助开展实践性教学、研究工作",更多校外优秀导师有条件被选聘为兼职导师参与到实务教学与研究生实务能力培养环节,并持续为法科研究生职业能力培养作出贡献。

第三节 实务大讲堂

法科学生职业能力培养的师资融入也离不开各类实务大讲堂的开办。法学院校依托于实务讲堂,邀请法治工作部门富有理论功底与丰富司法实践经验的专家型实务人才到高校开坛讲课,为在校法科学生带来生动鲜活的案例分析以及司法现状与改革发展、司法理论与实践的争鸣等主题,将法治工作部门的优质实践教学资源引进高校,加强法学研究工作者和法治实务工作者之间的交流,助力于培养高素质法治人才。

一、高水平实务大讲堂

(一)中国政法实务大讲堂

2017年,习近平总书记考察中国政法大学并发表重要讲话,之后中央政法委提出并会同教育部、中央各政法单位创办了中国政法实务大讲堂,专门制定了《中国政法实务大讲堂工作方案》,致力于把大讲堂办成精品,助力培养高素质法治人才,助推法学院校教育制度改革。大讲堂在每期授课主题上反复斟酌,力求适应高校师生需求。以2019年最高人民法院周强院长在中国政法实务大讲堂清华大学专题讲座的内容为例,当时为了更好地掌握高校师生的关注重点,面向大讲堂首批16所法学院校,最高人民法院开展了在线问卷调查,前后共收到近3000份问卷反馈。结合问卷调查反馈情况,最高人民法院对前述讲座内容进行了针对性安排,并最终确定了讲座主题。①

---

① 参见蔡长春:《中央政法委创办中国政法实务大讲堂 为全面依法治国培养高素质法治人才》,载《法制日报》2019年11月30日,第3版。

中国政法实务大讲堂属于法治工作部门主动走出去面向高校开设的实务讲堂,其主题多样化,质量及效果均广受好评,在法学院校中已形成影响力,截至2023年年初,中国政法实务大讲堂已遴选30多位部级以上政法领导干部到北大、清华等10多所大学举办专题讲座,助推高校培养高质量的法治人才。①

(二) 中国大法官、大检察官讲坛

中国大法官、大检察官讲坛系由国内大法官、大检察官面向法科学生讲授司法实务及前沿理论问题的高水平法律实务讲堂。早在2003年12月,中国人民大学法学院就举行了"大法官讲坛"开幕式暨首场演讲,拉开了"大法官讲坛""大检察官讲坛""名家法学讲坛"三大讲坛的序幕。"大法官讲坛""大检察官讲坛"的创办旨在创立长期性、高层次、突出理论与实践结合特色的学术阵地,通过举办一系列高层次、高水平、高影响力的演讲,推动司法实践和法学教育的良性互动,并力求成为国内外法学领域最高层次、最高水平、最具影响力的学术品牌。②

2013年以来,随着西南政法大学与最高人民法院、最高人民检察院开展一系列深入合作,"大法官讲坛""大检察官讲坛"纷纷落户西南政法大学。根据相关报道,"中国大法官讲坛旨在借助最高人民法院的资源,让大法官走进校园,并通过他们丰富的司法实践,启迪在校学子努力学习,树立法律人特有的思维方式,引领广大学子献身中国法治进程"③,"中国大检察官讲坛的启动,不仅能使我校师生对检察官钻研法学理论、维护公平正义的法律职业信仰有一个更深的理解,还能为我国法学理论研究与司法实践的互动与融合创造一个新的契机"④。应当看到,"大法官讲坛""大检察官讲坛"的开办将

---

① 《党的十九大以来政法工作取得十大历史性成效》,载中国长安网,http://www.chinapeace.gov.cn/chinapeace/c100007/2023-01/29/content_12627477.shtml。
② 《中国人民大学法学院创办法学领域"三大讲坛" 最高法院院长肖扬出席"大法官讲坛"开幕式并做首场讲演》,载《法学家》2003年第1期。
③ 《"中国大法官讲坛"正式落户西政》,载中国法学创新网2013年7月14日,http://www.fxcxw.org.cn/dyna/content.php?id=2878。
④ 《中国大法官大检察官讲坛纷纷落户西政》,载中国法学会网2014年10月16日,https://www.chinalaw.org.cn/portal/article/index/id/15597/cid/11.html。

法治工作部门丰富的司法实践资源引入了高校法科学生的培养过程中,有助于"卓越法律人才教育培养计划"的开展。

自 2013 年起,先后有数十位大法官、大检察官来到西南政法大学"大法官讲坛""大检察官讲坛",内容涉及司法实践疑难问题、司法改革理论与实践、司法前沿问题等与司法实务密切相关的主题。关于"大法官讲坛",以原最高人民法院江必新副院长"公私融合治理的若干问题"专题讲座为例。讲座中,江必新大法官围绕《民法典》中公私法规范的数量、公法的私法化及私法的公法化趋势、实务中公私法交杂情形三个方面展开对公私融合治理的若干问题的探讨;在互动提问环节,就师生们提出的相关疑难问题予以解答,并希望西南政法大学学子夯实专业基础,对有关公私法融合的问题作出进一步的研究,为国家法治建设和社会治理现代化贡献自己的力量。① 关于"大检察官讲坛",以二级大检察官、原陕西省人民检察院杨春雷检察长的讲座"法学院离检察院有多远——从法律人的特质谈起"为例。杨春雷检察长结合其多年的高校教学及实务部门的工作经历,就法律人的特质、中国法学教育现状、法学课程设置等进行了深刻精彩的讲解。关于法律人的特质,杨春雷检察长认为,主要包括法律思维方式、法律职业技能和法律职业道德三个方面。其中,法律思维方式是法律人具备的基本素质,其基本规则包括权利义务对等原则、合法性优先原则、实事求是原则、程序优先原则、理由优先原则等,杨春雷检察长结合一个个典型案例,深入浅出,逐一释义,生动阐释了如何养成法律思维,实现法律人由感性认识到理性认识的提升;在讲到法律职业技能时,其结合实务工作中的常见问题,就发展和提升写作、沟通、谈判、辩论等多种法律职业活动的技巧和能力等问题与学生进行了深入交流。② 应当看到,"大法官讲坛""大检察官讲坛"的讲座内容多为我国极具深厚法学理论水平的大法官、大检察官多年司法实践经验的总结,"大法官讲坛""大检察官讲坛"已逐步成为国内高水平法律实务大讲堂之一。

---

① 《江必新教授作客中国大法官讲坛》,载西南政法大学新闻网 2020 年 9 月 25 日,https://news.swupl.edu.cn/zhxw/290177.htm。

② 《二级大检察官、陕西省人民检察院党组书记杨春雷检察长作客中国大检察官讲坛》,载西南政法大学新闻网 2020 年 10 月 23 日,https://news.swupl.edu.cn/zhxw/291474.htm。

二、主题类系列实务讲堂

(一) 实务讲堂的多元化

就法科学生职业能力培养中的多元化师资融入,除高水平实务大讲堂之外,还包括众多主题类系列实务讲堂,如中国政法大学端升实务大讲堂、法律硕士学院法律实务系列讲堂,清华大学钱端生法学系列讲座,西南政法大学金开名家讲坛、知识产权名家讲坛、刑事司法大讲堂,华东政法大学知行法援实务大讲堂,西北政法大学民商法律实务大讲堂,等等。国内法学院校普遍认识到法治工作部门具备丰富的司法实践教学资源,师资多元化的关键是如何破除院校与实务部门的壁垒,吸引优秀实务人才走进院校面向学生群体开办讲座。基于此,法学院校创办具有一定影响力并长期持续的系列实务讲堂是比较好的途径。例如,中国政法大学端升实务大讲堂就是落实习近平总书记考察中国政法大学重要讲话精神,打破高校和社会之间的体制壁垒,将实际工作部门的优质实践教学资源引进高校的一项重要举措。[①]

主题类系列实务讲堂表现出多元化特征。一方面,实务讲堂的主题本身存在多元性,如刑事法实务讲堂、刑事辩护实务讲堂、知识产权实务讲堂、民商法律实务讲堂等;另一方面,实务讲堂的开讲人也具有多元性,包括法官、检察官、执业律师、公司法律顾问等各类实务人才。

主题类系列实务讲堂往往着眼于司法实务问题,邀请法治工作部门法学理论素养高、司法实践经验丰富的实务人才面向法科学生群体开坛讲授,上述实务人才常年深入实践,是难得的实践教学资源,引入这些实务师资深入法科学生职业能力培养具有深远意义。以中国政法大学法律硕士学院法律实务系列讲堂为例,该讲堂以法律实务为主题,从2021年3月的第一讲"民法典时代合同的写、审、改",到2024年3月的第四十八讲"大湾区商事仲裁的融合发展:问题与建议",3年时间共举办48场围绕司法实务问题展开的

---

① 《中国政法大学端升实务大讲堂第三期"辩护的力量"主题讲座成功举办》,载中国政法大学新闻网2020年12月4日,https://news.cupl.edu.cn/info/1012/32800.htm。

实务讲堂,主讲人多来自律师行业,具备极为丰富的司法实务经验与技巧。①实务工作人员面对面与法律硕士研究生交流、研讨实务现象与问题,对高素质法治人才的培养极有帮助。

(二)实务讲堂常态化与系统化

各类系列实务讲堂重要作用的发挥也离不开实务讲堂的常态化与系统化建设。所谓的常态化指的是系列实务讲座应当建立起长效机制,相关主办方有必要建构相应的制度规范,形成稳定的工作机制,以促使系列实务讲堂长期举办下去,形成具有品牌影响力的讲堂类型。如华东政法大学知行法援实务大讲堂截至2024年3月已举办44期,鉴于该实务讲堂的常态化举办,其影响力和效应是持续提高的。

所谓实务讲堂系统化的要求,指的是在常态化的基础上要求系列实务讲堂主题内容之间是内在联系的,不是随机确定的。如此对主题内容的系统化要求,有助于不同授课者就司法实务方面相应能力进行体系性讲授,更有助于推动法科学生职业能力培养。例如,关于刑事司法实务系列讲堂,有必要从公诉实务、审判实务、辩护实务等不同维度展开系列讲座,学生通过系列实务讲座的学习可以对相应板块司法实务形成完整性认识,改随机式学习为体系性学习,有助于法科学生职业能力的培养。

三、实务大讲堂在职业能力培养方面的优势与不足

实务大讲堂是法科学生接触和了解法律实践的重要平台和窗口,在法科学生职业能力培养层面上具有独特优势。结合前述各类实务大讲堂及其开展情况来看,其一,实务大讲堂特别是高水平大讲堂具备师资层面的独特优势,授课者多数是在法治工作部门具有长期工作经历并积累了深厚法律理论与实践功底的专家型人才,其结合过往经历对主讲内容进行深入浅出的讲解,对法科学生全面提升法律素养极有助益;其二,实务大讲堂是演讲者传道授业的平台,也是演讲者展示自我的舞台,登上讲坛的实务专家呈现给同学

---

① 法律硕士学院法律实务系列讲堂,载中国政法大学法律硕士学院网,http://flssxy.cupl.edu.cn/kyxs/jzyg.htm。

们的往往是多年积累沉淀的精华内容,既包含法律实务知识,又体现法律实践技能;其三,实务大讲堂往往不是演讲者的一言堂,通常是专业人士坐而论道,观点争鸣,法科学生在这个过程中得以不断开阔视野、拓展思路、锤炼思维,提升法律职业素养;其四,实务大讲堂也是法科学生与众多法律实务大家近距离接触的机会,同学们有机会将自己的所思所想与主讲人进行口头或书面交流,进一步认识了司法实践,同时也锻炼了自己的沟通与表达能力。基于这些因素,主要的法学院校普遍重视实务大讲堂的开设,创造条件建设高水平实务大讲堂,逐步形成常态化和系统化实务讲堂,吸纳了更多优秀的法律实务专家参与到法科生职业能力培养的过程中。

虽然经由各类实务大讲堂法科学生开阔了视野、提升了认识、了解了法律实务知识和技能,但从法科学生职业能力培养层面来看,也需要从以下几个方面完善实务大讲堂:一是实务大讲堂并不是越多越好,讲座主题有必要结合法科学生职业能力培养实际需要来确定,尽量避免实务师资所讲内容与直接受众(学生)之间的脱节,特别是所讲非学生所愿的情形;二是随着线上讲座与研讨越来越多,实务大讲堂的开展形式可以多样化,由此可以最大限度吸引更多校外实务专家参与到法科学生职业能力培养过程中;三是实务大讲堂往往开设容易而坚守不易,且多数情况下主题较为零散,缺乏就法科学生法律职业能力开展系统化培训,因此,需要坚守实务大讲堂的常态化与系统化,稳定持续进行且能够系统开展的实务类讲堂对法科学生法律实践能力的培养意义重大。

第七章 法科学生职业能力培养的协同机制

第一节 产教协同一体育人的理论基础

产教协同一体育人机制的产生和发展并不是一蹴而就的，域外相关国家和地区就此已经进行了多年的探索和发展，形成了比较成熟的理论体系。近年我国在法科学生职业能力培养上结合国情也进行了诸多探索，并对域外相关成熟理论进行了参考，进一步夯实了我国产教协同一体育人机制的理论基础。

一、三螺旋理论

所谓三螺旋，是用以形容政府、高校、企业三者密切合作、相互作用又相对独立的状态，三者在各个不同阶段呈现螺旋状联系，形成了所谓的三螺旋。三螺旋最早源于鲍林（Linus Pauling）和科里（Robert B. Corey）关于DNA的结构观点，后因双螺旋被认为是DNA的正确结构，三螺旋则被用于更复杂的研究场合。如美国著名的遗传学家里查德·列万廷（Richard Lewontin）使用三螺旋形容基因、生物体和环境之间的关系，三者之间处于独立而又相互联系的关系，都同时是因和果，就像三条螺旋缠绕在了一起。其后，亨瑞·埃茨科瓦茨（Henry Etzkowitz）和勒特·雷德斯道夫（Loet Ley‑desdorff）引进三螺旋模式分析高校—企业—政府三者之间密切合作、相互作用又相互独立的关系。① 首先，政校企是独立的线性主体，三者之间是三条独立的螺旋线，它们在自身螺旋内部不断进化发展；其次，任一螺旋都会影响其

---

① 方卫华：《创新研究的三螺旋模型：概念、结构和公共政策含义》，载《自然辩证法研究》2003年第11期。

他两条螺旋,打破了三方主体间各自为政的状态,呈现共生共长态势;最后,三者在相互作用的过程中还会产生新的组织机构和网络。①

三螺旋不仅厘清了政校企三者间的关系,还明确了各自的职责,为产教协同一体育人机制提供了新的生态土壤。其中,政府负责制定相关政策和规划,对产业发展与劳动力资源进行宏观调控,为企业与高校间相互合作和资源互换提供切实有力的保障;企业的深度参与则可以明晰人才培养导向,并提供设施、技术、资金、场地等支持;高校则负责培养输出具备相应知识和技能要求的人才。三者各司其职,协作互促。产教协同中的典型表现即为校企合作,而最早的校企合作教育形式产生于19世纪末的德国,当时职业进修学校的出现以及职业进修学校与企业的教学车间共同承担学徒培训任务的需求成为校企合作教育产生的基础。② 在三螺旋合作生态中,政府的介入将校企合作推向了更深层次,突破了要么以学校为主体要么以企业为主体的校企合作模式,使二者相互渗透,实现互利共赢。③ 在三螺旋理论背景下的产教协同一体育人实践中,政校企的角色定位分别表现为政府推动、学校主导、企业参与。

综上,三螺旋理论在承认政府、高校、企业之间存在利益诉求差异的前提下,更强调三者之间的合作共赢关系,为产教协同一体育人提供了理论基础。人才高质量培养所创造的社会价值,亦将促成政校企三方共同利益的实现。因此,围绕产教协同一体育人的总体目标,首先应充分发挥政府、高校、企业各自的主体优势,其次联动耦合、加强合作、相互促进、相互渗透、资源共享,形成育人合力和多方共赢格局,共同推动产教协同一体育人目标的实现,并为学生提供多样化的发展路径。

二、利益相关者理论

利益相关者理论源于公司治理领域,该理论认为股东仅为公司的利益相

---

① 陈丽君、王敏:《三螺旋理论下职业教育课程思政育人机制研究》,载《中国职业技术教育》2021年第32期。
② 黄亚妮:《高职教育校企合作模式的国际比较》,载《高教探索》2004年第4期。
③ 匡维:《"三螺旋"理论下的高等职业技术教育校企合作》,载《高教探索》2010年第1期。

关者之一，除股东之外任何一个公司的发展都离不开债权人、职工、消费者、供应商等利益相关者的支持和参与。2023年12月29日修订的《公司法》第20条第1款规定："公司从事经营活动，应当充分考虑公司职工、消费者等利益相关者的利益以及生态环境保护等社会公共利益，承担社会责任。"而"公益性是高等教育的本质属性，参与高校的人才培养就是企业承担社会责任的重要体现。"[①]因此，利益相关者理论可以作为产教协同一体育人的重要理论支持。利益相关者之间具有不同的资源秉性，在协作、融合、渗透的过程中具有不同的合作动机和利益诉求，而若想促成协同共治、共赢共融，就需要对各方的利益诉求进行回应、调适，谋求共同利益点，形成合力，推动和促进共同发展。在产教协同一体育人视角下，政府、企业、行业、学校、社会、教师、家长、学生、媒体等都是利益相关者。其中直接参与产教协同一体育人的企业和高校为核心利益相关者；政府部门和行业协会为间接利益相关者；其他企业和高校为潜在利益相关者，其可借鉴协同育人的成功经验，促进自身发展及能力水平的提升；家长、媒体、社会大众等则为边缘利益相关者。以上四种角色，有交叉，有重合，并会与时俱进地发生迭代。[②] 不同角色的利益诉求各不相同，如作为核心利益相关者的企业，其意在以较低成本引入优秀人才和提升企业声誉，作为间接利益相关者的政府，则需要高质量人才以满足产业发展需要并促进学生就业，而家长更关注学生的身心健康、权益保障、工作前景等。

因此，如何平衡各利益相关者的不同利益诉求，成为利益相关者理论关注的重点问题。既然各相关者是因利而聚，就应以"利益"为枢纽，打造利益共同体。除挖掘共同利益外，还应构建"集体责任"机制，让相关主体共同建设、共同管理，共同面对在协同育人过程中因不确定性所产生的风险。还应激发并凝聚相关者的"公共精神"，公共精神要求相关主体在育人目标、价值

---

① 童卫丰、张璐、施俊庆：《利益与合力：基于利益相关者理论的产教融合及其实施路径》，载《教育发展研究》2022年第17期。
② 童卫丰、张璐、施俊庆：《利益与合力：基于利益相关者理论的产教融合及其实施路径》，载《教育发展研究》2022年第17期。

共识上协调一致,并具有强烈的使命担当。① 当利益相关者凝结为利益共同体之时,各相关主体就会为谋求自身发展主动出谋划策,制定协同育人方案、确定激励措施,并在产教协同一体育人的实践过程中持续改进,推进彼此合作的深化。因此,高校要完善内部治理体系,兼顾企业、政府、行业、社会以及其他利益相关者的利益诉求,协调共治,培养高质量人才,推进产教协同高质量发展。

三、协同治理理论

产教协同一体育人是产业界和教育界通力合作,共同促进学生全面发展的育人方式,因此,协同治理理论具有重要的指引作用。"协同治理"是由德国著名物理学家赫尔曼·哈肯在20世纪70年代从对激光理论的研究中发现,并运用于物理学研究的重要理论。② 随着理论自然科学向辩证思维复归的呼声不断提高,以协同治理理论为基础,诞生了以研究社会科学为主的协同治理理论:在一定的治理空间内,政府、市场、企业、公民以及社会组织等主体,各自发挥其所在领域之资源、技术、知识等优势,共同实现特定之目的。③ 同时需要说明的是,协同治理是一个动态过程,既定治理目标的实现不仅需要多元化主体的参与,而且还需要高效的治理运行方式和运行机制。治理运行方式依据主体间协同参与的程度,可划分为协商、协调、协作、协同四种方式;治理运行机制通常以"自律与信任""命令与控制""选择与竞争"三种路径或思路,④结合具体的治理目标和参与主体组合并设计出最具适应性的机制。

目前,协同治理已成为政治学、公共管理学、社会学等学科的热门话

---

① 刘志文、张晓晴:《共同体视角下职业教育产教关系的阐释及重构》,载《教育与职业》2024年第1期。
② 吴翠丽:《协同治理理论视域下研究生思想政治教育新模式的构建》,载《学位与研究生教育》2017年第10期。
③ 方绪军、王屹:《职业院校发展规划执行:从"碎片化"到"协同治理"》,载《职教论坛》2022年第1期。
④ 徐嫣、宋世明:《协同治理理论在中国的具体适用研究》,载《天津社会科学》2016年第2期。

题。① 在具体运用方面,当前高职教育强调产教融合、工学结合和校企合作,具有鲜明的"外部性"特征,②因此,该种类型教育成为协同治理理论运用的典型场景之一。在高职教育情境下,协同治理理论便进一步地细化为高职教育多元治理主体根据高职教育培养目标、遵循高职教育发展规律、依托高职教育资源发挥科学治理功能、提升高职教育效能的过程。③ 换言之,高职教育需充分利用智能化技术,构建智能化的产教融合平台,④促进企业全面积极地参与办学,例如,需在产教融合的信息收集与处理、数字教育资源平台建设以及虚拟仿真实训基地建设等方面深化产教合作。通过产教协同之方式,不仅可实现优化教育资源,提高教育质量的目的,而且还能有效降低运行风险,促进高职教育平衡有序的可持续性发展。

四、资源理论

法科学生职业能力培养离不开高校的资源投入,而高校本身拥有的资源具有局限性。因此,围绕高校为什么要依赖外界资源、高校如何利用外界资源发展出了资源依赖理论、资源基础理论与资源拼凑理论。

(一)资源依赖理论

资源依赖思想萌芽于20世纪40年代,在70年代以后经过杰弗里·普费弗(Jeffrey Pfeffer)与萨兰奇克(Ger-ald Salancik)等学者的修正和完善,逐步形成了系统化的理论,并被广泛应用于社会各个领域的组织关系研究中。资源依赖理论为高校与企业合作、进行产教融合提供了正当性基础,认为组织的生存依赖于外部资源,组织生存的基本特征即与外界进行资源交换。因

---

① 余亚梅、唐贤兴:《协同治理视野下的政策能力:新概念和新框架》,载《南京社会科学》2020年第9期。

② 王明志:《协同治理:高职教育现代化建设的路径选择》,载《黑龙江高教研究》2023年第10期。

③ 王明志:《协同治理:高职教育现代化建设的路径选择》,载《黑龙江高教研究》2023年第10期。

④ 光飞:《新职业发展与高职教育智能化转型》,载《黑龙江高教研究》2023年第1期。

此,组织最核心的能力就是从外界获取资源、与外界进行资源置换的能力。[1] 资源依赖理论有两个核心观点。第一,组织存在外在限制。组织无法独立生存,为获取生存资源需要对掌握重要资源的组织需求进行回应。第二,组织存在外部依赖。为了使组织获得更多的独立性与自主性,组织管理人员要尽可能管理组织的外在依赖情况,防止过度依赖。[2] 总结而言,组织不能完全生产供给自己生存所需的资源,需要与外界进行资源交换,但要将资源依赖控制在一定限度内。因此,要求组织需要具备与其余组织建立良性关系的能力。[3]

资源依赖理论为产教融合的创新型生态系统的构建提供了正当性基础,资源依赖理论的核心观点与产教融合具有高度一致性。[4] 资源依赖理论强调,组织体无法脱离外界资源生存。于高校而言,高校教育不能脱离实践仅进行理论教育。学生学习需要以就业为导向。高校课程类型、课程教学内容需要结合单位所需的就业技能、就业素质进行相应设置。学生还需要去单位进行实习。高校自身是教学、科研场所,一方面,要与企业、单位进行对接才能进一步了解实践需求;另一方面,必须与企业、单位进行合作才能为学生提供实习场所。具体到法科学生职业能力培养上,法学是兼具理论性与实践性的学科,法学理论研究需要实践经验作为支撑。因此,在法科生职业能力培养上,高校要加强与律所、法院等单位的互助合作,整合校内外优势资源,推动人才培养改革、提高人才培养质量。[5] 除此以外,校企合作还可以给学校提供经费来源,用以改善教学质量。

---

[1] 杨华:《职业教育产教融合的学理参照、价值主线与路径建构》,载《教育与职业》2018年第20期。

[2] 虞维华:《非政府组织与政府的关系——资源相互依赖理论的视角》,载《公共管理学报》2005年第2期。

[3] 王屹、梁晨、陈业淼:《地方"双高职校"转型探讨——资源依赖理论与区域建设的良序共生》,载《中国高校科技》2021年第5期。

[4] 杨华:《职业教育产教融合的学理参照、价值主线与路径建构》,载《教育与职业》2018年第20期。

[5] 张淑林、钱亚林、裴旭等:《产教融合标尺下我国工程硕士联合培养的现实审视与推进路径——基于全国108家联合培养基地的实证分析》,载《中国高教研究》2019年第3期。

(二) 资源基础理论

资源依赖理论虽然可以作为产教协同一体育人的理论基础,但也有局限性。资源依赖理论强调组织需要与外界进行资源交换才能生存与可持续发展。问题在于交换的前提是双方拥有对方难以获得且需要的稀缺资源,这要求高校和业界有建立长期合作的基础。当合作双方在资源结构上并不匹配时,组织间的合作将会面临一系列困境。在校企合作中,当企业对学校的资源依赖性弱而学校对企业的资源依赖性更强时,校企合作将会面临一系列困境。[①] 同时,过度依赖外界也很难获得长久的、自主可控的资源。总结而言,如果仅依赖交换资源,高校与业界之间难以建立长期合作机制,难以推进组织的长效发展、高校的人才培养。因此,资源基础理论对资源依赖理论进行了修正,认为组织在获取资源时应增强谈判能力,应增强资源的异质性。资源的异质性程度决定了组织竞争力的高低。[②] 在资源基础理论下,异质性资源是核心竞争力的基础。如果高校想要寻求与业界的长期合作,那么就需要构建自身的核心竞争力。在资源基础理论下,高校应构建产教融合的创新生态体系,进一步提升自主创新能力,提升合作谈判能力,促进产教融合的高质量推进。[③]

于法科院校而言,其需要充分发挥与业界在资源配置上的互补性优势。党的十九大报告指出,全面依法治国任务依然繁重。在法治实践中,无论是律所、公检法单位,还是公司法务等岗位,均需要大量新兴的青年法学人才支援单位工作,促进中国法治建设。与此同时,业界精于实践,对于理论研究仍有欠缺。在遇到疑难案件、具有社会重大影响案件时,仍需要寻求高校的理论支持。法科院校的核心资源主要体现在两方面,一是拥有大量法科学生,二是拥有雄厚的理论实力、科研实力。法科院校提升核心竞争力的路径也随

[①] 赵旖旎、买琳燕、刘科江:《基于"中国制造2025"的职业教育校企协同育人探究》,载《教育与职业》2018年第14期。

[②] 段从宇、迟景明:《中国高等教育资源配置的历史态势及未来进路:兼论地方新建本科院校转型发展》,载《教育科学》2015年第3期。

[③] 李玉倩、史献芝:《资源理论视角下产教融合创新生态系统的构建研究》,载《江苏高教》2021年第8期。

之明确。一是加强法科学生能力培养;二是提升自身科研实力,通过发表高水平理论文章、承担重大科研项目、举办国内外有影响力的学术论坛与讲座等,提升自身学术影响力。

(三)资源拼凑理论

资源拼凑理论也是对资源依赖理论的新发展,针对高校竞争力不足的情况,资源拼凑理论提出了整合资源、提升竞争力的方法。资源拼凑理论认为资源是动态变化的而非静态的,资源可以在组织内部或者组织之间进行重组创造,以进行资源再造、提升资源价值。① 资源拼凑理论包含的核心概念分为三个方面:第一,创业者的现有资源。该资源即创业者无须进行资源置换就可获得的资源,如创业者自身所具有的经验、知识等无形资源。第二,资源的无偏差使用。创业者在面临资源紧缺、资源约束问题时,往往不再纠结现有资源能否产生有益的结果,有资源就使用。第三,资源重构。创业者根据所需要达到的目的,以一种不同于传统的方式创造性地利用资源。② 资源拼凑理论相较于资源基础理论,更强调资源的动态整合与利用;资源基础理论则更倾向于静态识别、判断法科院校自身的核心竞争力。

集约化的资源拼凑能够显著提高产教融合的效率。③ 绝大部分产教融合主体所拥有的资源与其自身所需资源并不一定相匹配。因此,产教融合需要各主体拼凑、交换资源,以突破资源约束、挖掘新的创新机遇和提升资源配置能力。④ 以民办高校为例,由于民办高校在资源累积、资源获取等方面相较公办高校"先天不足",因此,在迈向高水平的发展过程中,其所追求的往往不是资源的最优化,而是在拼凑过程中产生的资源使用的有效性,主要集中体现在财力资源拼凑、硬件资源拼凑、人力资源拼凑、学术资源拼凑、政治

---

① 常悦、李北伟、李桃:《数字时代下欠发达地区产学研合作协同创新研究——基于资源拼凑理论视角》,载《经济纵横》2023年第9期。
② 刘振、管梓旭、李志刚等:《社会创业的资源拼凑——理论背景、独特属性与问题思考》,载《研究与发展管理》2019年第1期。
③ 蔡瑞林、李玉倩:《新时代产教融合高质量发展的新旧动力转换》,载《现代教育学报》2020年第8期。
④ 李玉倩、史献芝:《资源理论视角下产教融合创新生态系统的构建研究》,载《江苏高教》2021年第8期。

资源拼凑等方面。①

五、人才成长的二维时空交融理论

人才成长的二维时空交融理论认为,技能的形成需要时间的积累与空间的转换,是时间与空间有机组合的结果。时间的积累是学生习得技能的前提。无论是理论知识的积淀还是实践能力的成长,都需要一定的时间成本。但是单纯的时间积累并不一定能长效推进技能提升。学生技能的习得还需要空间的转换。例如,从课堂理论学习到工作实践场所,即典型的空间转换。学生只有在不同的空间感受技能的理论样态、实践样态,才能有效提升技能。总结而言,人才成长的二维时空交融理论的核心在于人才技能的培养需要时间与空间的有机结合。②

于法科人才培养而言,法科学生专业素质的培养不仅需要时间积淀,还需要不同空间的结合。例如,法科学生不仅需要在课堂、书本中学习理论知识,还需要在辩论赛、演讲赛等公开场合锻炼口头的逻辑思维表达能力;亦需要在律所、公检法等专业领域提升法学实践能力,真正做到学以致用。总结而言,法科学生能力培养是需要长时间、多空间结合的。

六、系统论和社会系统理论

系统论由美籍奥地利人、生物学家路德维希·冯·贝塔朗菲(Ludwig von Bertalanffy)所创立,是研究系统规律、结构和模式的学说。③ 社会系统论以系统论为基础,是运用系统论的观点和方法研究社会问题的理论,代表人物是德国著名社会学家尼克拉斯·卢曼(Niklas Luhmann)。卢曼认为,"系统是向环境开放的",系统与环境共同构成了一个多层次的结构体,两者之间的互动关系对两者的存在状态和变化轨迹有重大影响,因此在看待和理解系

---

① 阙明坤:《资源拼凑视域下我国高水平民办高校生成机理探究》,载《河北师范大学学报(教育科学版)》2021年第1期。
② 姚远、魏建军:《论建设开放型区域产教融合实践中心的逻辑理路与行动路径》,载《教育与职业》2024年第1期。
③ 孙立新:《知识管理思想史》,企业管理出版社2022年版,第88页。

统行为时,必须把其与环境作为一个整体来加以考察和分析。① 依据社会系统论,社会系统分为多个开放、独立但又相互关联的子系统,教育系统是其中一环,与其他子系统相互影响、相互作用。②

系统论及其相关衍生理论为研究产教融合的创新生态系统构建提供了重要的方法论参考。系统论明确了教育系统的复杂性,涵盖教育、经济、政治等多个领域,是一项系统工程。③ 因此,产教合作必须重视合作意愿、共同目标、信息沟通三个关键词。首先,就合作意愿而言,法科院校既要在院校内部达成合意,也要与企业达成合意。院校内部之间也存在院系利益、部门利益。因此,在与企业合作之前,院校内部之间应先达成合意。企业与法科院校之间也要就资源交换、合作达成一致。其次,合作时应达成共同目标。从微观层面来看,学校与企业之间、学校内部之间的目标各有区别,但需要在某一层面上达成共识,一是保证合作质量,二是保证合作顺利推进。最后,信息沟通是达成合作意愿、共同目标的关键。校企之间要推动长期对话平台的构建,以保证双方及时获知对方的需求,保证信息畅通。

总结而言,产教协同一体育人存在诸多理论基础,但各理论之间并不存在何者为主、何者为先的问题,六个理论可概括为三方面。第一,产教协同一体育人的正当性基础。一方面,产教协同一体育人是企业承担社会责任的体现。无论是《公司法》等法律规范还是社会道德,均要求企业承担社会责任。同时,高校人才培养可以反哺企业发展,为企业经营管理提供人才,形成社会运转的良性循环。另一方面,产教协同育人有助于提升学校人才培养质量,满足学校人才培养的多元价值目标。高校不仅要培养理论型人才,也要培养实践型人才。产教协同育人有助于综合提升学生的实践能力与理论能力。

第二,产教协同一体育人的必要性基础。首先,高校、企业、政府间的资源禀赋不同。高校虽是人才培养高地,但是优势在于理论教学,难以为学生提供实践场所,需要与企业、政府达成合作帮助学生转换学习空间。其次,大

---

① 张建平:《新时代高职产教融合的理论溯源、实践壁垒与破解路径》,载《职业技术教育》2019 年第 7 期。

② 刘康平、李飞、胡芳仁:《"复杂社会系统"理论下的研究生教育产教融合政策改革研究》,载《中国高校科技》2024 年第 1 期。

③ 刘其晴:《职业教育产教融合的理论基础》,载《职教论坛》2018 年第 8 期。

部分学生学习的终极目的是择业、就业,故与企业、政府沟通交流、了解就业市场的需求也是高校应做的工作。最后,正如前文所提及的人才成长的二维时空交融理论,人才技能的培养需要时间与空间的有机结合、相互转换。因此,基于高校、政府、企业不同的资源禀赋,考虑到学生的就业需求,人才培养需要高校、企业、政府的有机结合。于高校而言,只有产教协同才能切实达成人才培养的目标;于企业、政府而言,产教协同才能进一步为企业经营发展、政府工作提供人才支持;于学生就业、社会运转而言,产教协同有助于解决学生就业焦虑,提升人才培养与产业需求之适配度,推动人才培养——企业发展的良性循环。

第三,产教协同一体育人的发展性基础。首先,法科院校应在观念上明确产教协同育人的重要性,树立与企业、政府沟通交流、展开合作的意识。其次,法科院校应明确自身的优势,增强所拥有资源的异质性。专业性法科院校的优势为汇聚全校资源之力推动法科人才的专业化、精细化培养。综合性大学中的法科学院虽具有规模较小之劣势,但可依托综合性大学之平台力量,提升知名度;也可与其余专业结合推动交叉学科研究,形成自身在法学研究中的特有优势。最后,高校应充分发挥其作为育人主体的主导作用,不断创新协同路径、合作形式与机制,提升协同水平和协同效率。

第二节 产教协同一体育人的实践现状

2023年2月,中共中央办公厅、国务院办公厅印发了《关于加强新时代法学教育和法学理论研究的意见》,就强化法学实践教学、深化协同育人,提出了四点要求:一是法治工作部门要加大对法学院校的支持力度,积极提供优质实践教学资源,做好法律职业和法学教育之间的有机衔接。二是法治工作部门要加强实践资源、实践平台和实践机会供给,推动法学教育与法治实务相互融合。三是强化法学实践教学,深化协同育人,推动法学院校与法治工作部门在人才培养方案制定、课程建设、教材建设、学生实习实训等环节的深度衔接。四是建立法治工作部门、法律服务机构等接收法学专业学生实习实训工作制度,探索法学专业学生担任实习法官检察官助理,积极拓宽法学专业学生到国际组织实习的渠道。上述意见为探索法科学生职业能力培养的协同机制指明了方向、提出了要求。摸清当前各法学院校产教协同一体育人现状有助于更好地落实该意见,提高法治人才培养质量。

一、西南政法大学"二维同步"育人模式

"二维同步"育人模式是西南政法大学多年法学实践教学的结晶,始于 2001 年"双师多向互动式教学法",经 20 余载的探索实践,合作模式由"松散式"逐步走向标准化、制度化和规范化,实现了学校法治人才供给端与职业人才市场需求端"两端"衔接,实现理论与实践的二维同步育训,诠释了法律人才培养与法律职业的关系,相关成果多次获国家级教学成果奖。

(一)构建"同向同行"人才培养共同体

法治人才培养不仅仅是高校的责任,需要高校不断调动整合各方力量,实现多方配合、增强合力,多措并举、协同攻关。学校关注学生实习需求与法律实务部门助理岗位需要,积极寻求司法部门与行业支持,与最高人民法院、最高人民检察院、重庆市各级人民法院、重庆市各级人民检察院等法治实务部门,以及律师事务所等行业实务部门建立了不同类型的合作关系,积极构建法治人才培养共同体,充分发挥学校理论研究、人才培养优势与法律实务部门实践专长,实现优势互补。比如,与最高人民法院刑事审判第五庭、国家禁毒委员会办公室合作共建高端智库型研究基地"国家毒品问题治理研究中心",与重庆市高级人民法院共建法律硕士研究生联合培养基地等。

(二)构建"多师同堂"协同教学模式[①]

2001 年,学校首创"双师多向互动式教学法",由两位以上教师共同授课,由学生组成研究小组,采用讲授、辩论、研讨等相结合的方式,灵活使用"设疑开拓法、情景启动法、发散思维训练法、大小课程互动法"等教学方法,以及网络辅助学习等综合教学模式,融入本科和研究生教学。随后,学校在"双师多向互动式教学法"的经验基础上,进一步拓展形成了"多师同堂"协

---

① 付子堂:《聚焦课堂革命:构建"多师同堂"协同教学模式》,载人民网,http://edu.people.com.cn/n/2013/0225/c1053 - 20594142.html。

同教学模式。该模式引入法治实务部门资深法官、检察官、律师等与校内具有不同学科背景的教师共同组建教学团队,同堂同台授课,在教学过程中强调不同学科背景的知识碰撞、教师之间的合作博弈、理论与实践交融激荡、师生间的交流互动,并以问题为引,通过课前文献阅读、课中研讨辩论,达到实现理论与实践互促、教学相长的良好效果。"多师同堂"协同教学一般有4个环节:

1.准备环节。一方面,课程责任教授根据教学内容和授课需要,组建兼具不同学科背景、校内外理论与实务教师兼有的协同教学团队,共同研究制订教学计划、准备研讨案例以及推荐阅读书目;另一方面,学生组成小型研讨小组,提前阅读教师推荐的文献书目,提炼问题,形成自己的观点和看法,为课堂研讨做好准备。

2.讲授环节。根据课程整体教学计划,一般将每门课程教学分解为多个专题,每一专题先由具有相关学科背景和专长的主讲教师就基础理论、前沿问题、国内外研究进展与趋势等进行导学,使学生对本专题所涉理论与实践情况有全面系统了解,为随后的深入研讨、知识理论的理解运用与拓展奠定基础。

3.研讨环节。主讲教师导学后,其他团队教师围绕专题内容,从各自学科视角、理论与实践的不同侧面发表意见、阐述观点,引导学生深入思考、拓宽视野。该环节师生各抒己见、全程研讨,教师要鼓励学生提出不同意见与见解,在相互辩论与质疑、理论和实践穿梭中,加深学生对知识的理解与运用。

4.总结环节。主讲教师全面梳理总结本专题研讨的焦点问题以及有关理论观点,为学生进一步深入学习指引方向、提出建议,其他团队成员亦可根据自己的研究领域和授课心得提出意见与建议。

(三)构建"以岗定课"协同教学体系

学校根据行业需求,与法律实务部门共同确定人才培养方向及其教学体系,解决知识体系与市场需求衔接不精准的问题,构建"以岗定课、职业细分、动态调整"的开放教学体系。

1.根据社会需求细分培养方向。学校要根据全面依法治国的实践需要和法律行业需求,分领域确定企业法实务、监察调查、涉外律师、国际仲裁等法治人才培养方向,并联合行业实务部门共同制定培养方案,在课程设置、专业实习、学位论文、导师指导等方面强化职业化培养导向。

2. 与行业开展订单式人才培养。学校根据行业中用人单位的实际岗位需求和学生的职业发展需要,与行业用人单位开展"订单式"人才培养。新生入学后,学校与用人单位共同组织对愿意参与订单培养的学生进行综合考评,择优选拔;用人单位全程参与人才培养方案的制定与培养过程的管理,安排理论功底扎实、业务能力强的律师、企业法务等到学校兼课并指导学生到律所、企业实习;此外用人单位还为参与订单培养的学生提供部分或者全部学费、奖学金、助学金,学生完成学业后,直接与用人单位签订就业协议。"订单式"人才培养既解决了学生的就业问题,同时也为协同合作单位建立了稳定的人力资源储备。例如,2011年学校与中豪律师集团签订了《联合订单培养法律硕士研究生合作协议》,中豪律师集团以打造律师精英为目标,每年从学校法律硕士研究生中选拔50～100名同学组成"西政中豪律师班",给予该班学员每个月一定的生活补贴并代付学费,且派资深律师或合伙人到学校免费为该班学员开设5～10门律师实务课程。

3. 构建"六个共同"协同育人机制。学校与法律实务部门通过签订联合培育协议,锚定"用户"需求,引入"用户"资源,构建"两端协同"教学实施机制和"六个共同"协同育人机制。学校与联合培育单位共同实施教育管理、共同制定培养方案、共同参与课堂教学、共同组织岗位实训、共同指导论文写作、共同开展质量评价,"六个共同"深度协同,精准施教。

(四)构建"学训一体"协同实践平台

1. 构建"三个同一"实训机制。在学生实习实训的安排上,学校参照"医教协同"教学模式,构建"实境实岗、实训实操、学训一体"的实践教学平台,将学生编入实务部门业务团队(任命法官助理、检察官助理、见习律师等),通过"三个同一"(与实务部门职业人员同一标准、同一要求、同一管理)全程参与司法审判、诉讼代理等法治实践,大大提升了实习效果和学生的实践能力。截至2024年年底,已建成重庆市研究生联合培养基地30个,校级实践基地百余个。

2.持续完善实习标准制度。为了保证规模化实习实训的效果和质量,学校不断深化与实务部门的合作关系、持续完善实习运行机制、标准化实习流程,在实习指导教师的管理、实习大纲、考核标准等方面不断进行制度化、规范化改造,加强实习基地的标准化建设,确保规模化实习不因实习基地不同而出现质量参差不齐的现象。

近年来,西南政法大学进一步推进"二维同步"育人理念和模式纵深发展,并选取部分试点班进行了新的探索,在"双主体"(学校与实务部门)同向发力、"双师多师"同堂授课、"双导师"同步指导的基础上,进一步深化构建了"岗课一体、学训一体"的产教协同一体育人模式,将法治人才培养过程同步为"准法律工作者"的"准执业过程",实现了"二维同步"再次升华,确保培养的法治人才"成品"是符合我国法律职业岗位需要的"优品"。

一是"双场景"同频教学。突破学术教育"先理论后实践"与职业教育"先实践后理论"的不足,突破校内资源和场地的局限,实行"日间在岗上班、晚上周末在校行课"的双场景教学,实现校内知识学习与校外职业能力培养的同步同频。

二是"双角色"同时轮转。参与试点的学生既是在校学生,晚上和周末在校行课,又以职业工作者身份(法官助理、检察官助理、见习律师等)在岗实训,在岗的职业工作者身份和在校的学生身份"双角色"轮转,同时提升专业学习力和职业胜任力,实现培养与执业同步。

三是"双导师"同步指导。在原有校内理论导师指导课业和论文写作、实务导师指导职业技能和就业的分段式和零交互的"双导师"制基础上,构建"双导师"深度协同、同步互动指导机制,校内理论导师与校外实务导师在既有的培养方案基础上根据每个学生的能力与特长,共同制订个性化培养计划,全程参与每个阶段的培养,并实时互动交流人才培养情况。

二、中国政法大学"同步实践"教学模式[①]

"同步实践"教学模式是在传统的学生走进实务部门实习实践的单一教

---

① 黄进等:《创新同步实践教学模式培养卓越法律人才》,载《中国高等教育》2014年第17期。

学模式基础上,通过"庭审进校园""检察案例卷宗阅览""审判案例卷宗阅览""公益法律援助案例卷宗阅览"等活动将优质实务教学资源引入学校,将实践教学贯穿人才培养全过程,实现知识学习与职业能力培养同步,理想信念教育与职业伦理、职业精神培养同步,厚植家国情怀与开阔国际视野同步。

(一)搭建实务资源引进汇聚平台

中国政法大学通过庭审直播、引进原始案例卷宗副本等方式,将分散于全国各地的优质法律实务资源汇聚于校园,搭建实务资源"即时共享"汇聚平台,为实践教学提供优质丰富的教学资源。

1. 实况转播庭审。学校与北京市东城区人民法院、四川省泸州市中级人民法院、吉林省辽源市东丰县人民法院、海南省临高县人民法院、山东省泰安市中级人民法院等多家法院签署协议,同步共享庭审资源,每天上下午各转播一个法院的庭审。通过庭审实况转播,师生在学校就可以全程旁听、观摩法院的庭审实况,实时了解司法前沿动态。

2. 卷宗副本阅览。创建审判案例卷宗副本和检察案例卷宗副本阅览室。学校接受太原市尖草坪区人民法院、泸州市中级人民法院、泰安市中级人民法院、洛阳市西工区人民检察院、河北省围场满族蒙古族自治县人民检察院、广州市天河区人民检察院、西藏自治区芒康县人民检察院等法院、检察院捐赠的原始案例卷宗副本累计超过 5 万套,案卷涵盖地域广泛,案件类型多样,充分反映了我国地区差异的情况,改变了学校过去使用"学理案例""人造案例"进行案例教学的状态。此外,学校还接受全国公益法律援助机构捐赠的卷宗近万套。通过课内外使用真实案卷材料,学生得以在一桩桩鲜活的个案中领悟法治精神,培养其家国情怀和社会责任感,实现理论知识、实践能力、国情教育等的同步培养。

3. 影像资料阅览。学校接受多家法院捐赠的庭审实况录像 2000 多套,同时为方便学生学习,利用信息化手段将经过专家选取的疑难和典型案例卷宗电子文本化,师生可以随时调阅使用和观摩学习。

(二)构建学训一体课程体系平台

中国政法大学通过设置五大课程模块、采用翻转课堂教学模式,引进检察官、法官、公证员、律师等实务专家深度参与课堂教学。

1. 设置五大课程模块。主要包括：(1)实务技能课程。以案例研讨为主要教学形式，聘请法官、检察官、律师、公证员等实务专家作为主讲教师，开展全景式实战演练，培养学生检索、阅读、归纳、分析文献资料的能力以及书面和口头表达能力。(2)双师授课课程。校外法官、检察官、律师等实务专家与校内理论教师同堂授课，通过实践与理论交融碰撞，加深学生对理论和法律问题的理解和把握，培养学生综合运用理论知识解决法律实践问题的能力。(3)模拟法庭课程。全过程模拟司法审判过程，培养学生辩护、谈判、诉讼等职业技能与技巧，帮助学生熟悉庭审业务。(4)角色体验课程。通过让学生扮演案件双方代理人，提高学生以法律职业者和当事人的思维方式处理各类案件的能力，引导学生在角色体验、转换与冲突中完成法庭技能训练。(5)法律诊所课程。学生在指导教师指导下代理真实案件，在实践实战中，培养学生法律思维、实务能力和职业道德观。

2. 采用翻转课堂教学模式。依托优质实务教学资源，以情境教学为理念，实施翻转课堂教学。比如，设置观摩实况庭审课程，教师与学生通过远程观摩实况庭审，体验法庭庭审，庭审结束后主审法官在线讲解案件的法律问题与庭审程序，并与师生互动交流，主讲教师根据庭审案件提出问题，引导学生深入思考，下次课堂上再围绕问题进行深入研讨和案件点评；开展司法卷宗研习课，学生课前按照教师要求完成指定卷宗阅读，梳理案件争议焦点，课堂上师生围绕诉讼过程、证据规则、法律文书等开展研讨和总结点评。

(三)构建协同融合模式运行平台

中国政法大学搭建了"校内—校外""国内—海外"直通的实践教学平台体系，并根据法律职业特点，实行"分站式"实习。学校要求学生在法院、检察院、律师事务所等专业实习站点中，选择2个以上站点实习，并为实习学生配备专业教师和实习导师共同指导。

1. 搭建校内外直通的"协同融合"式实践教学平台。一方面，中国政法大学与司法机关、科研单位等校外单位共建校内教学科研平台和庭审进校园平台，定期选取典型案件进校庭审，开展协同育人。另一方面，在校外与司法机关、律所共建"协同融合"实践平台，推进双向互动与资源共享，在教育教学过程中同步引进司法案件。比如,建设检察、审判信息系统实训教室,司法机关定期向学校传送案件信息,学生全流程模拟法官、检察官角色,深入体验和学习每个办案环节与流程。

2. 搭建海内外直通的"协同融合"式实践教学平台。中国政法大学高起点、体系化建设海外实习实践合作平台,每年派出 500 余名学生出国实习,实习单位遍及欧美主要发达国家。一是建立了规范化、常态化的海外实习实践合作体系。例如,学校与美国密歇根州最高法院、地方法院和巡回法院等开展密切合作,连续 3 年选派学生前往实习,密歇根州最高法院大法官等亲自担任实习导师,并给实习生授课。二是共享海外合作大学的实践基地。中国政法大学通过与海外大学开展"协同融合",共享其实习实践基地,将其纳入学校海外实习实践平台体系,并选派学生到实践基地实习。三是在国内建设国际化联合实习平台。例如,在国内与律所等合作建设国际化实习平台,每年接收来自耶鲁、哈佛等国外一流大学学生 20~30 名,这些学生与在校学生以"结对子"的形式进行"一对一"联合实习。四是建立海外实践教学资助体系。建立海外实习实践的资助体系,资助成绩优秀、家庭经济条件欠佳的学生赴海外实习实践。

近年来,中国政法大学持续推进"同步实践"教学模式深入发展,大力推进其国际化,构建形成了新时代涉外法治人才协同培养体系。一是协同不同专业,打破学科专业藩篱。成立"涉外法律人才培养模式实验班""涉外法治人才联合培养实验班""西班牙语特色人才培养实验班";推进外语教学改革试点,法科学生除修读英语课程外,还可修读法语、日语、俄语、德语以及西班牙语等小语种课程;实验班学生除修读法学专业课程外,还须修读政治学、经济学等专业的"国际关系史""国际经济学"等课程。二是协同育人,推行本硕博贯通培养。针对涉外法治人才的培养,设立"六年制法学人才培养模式改革实验班",实行六年本硕贯通式培养。具有推免读研资格的应届本科毕业生可攻读硕士,部分可直接取得读博资格。在读硕士可申请硕博连读。优秀的德语、英语和翻译专业本科生,可免试攻读比较法学硕士。三是协同课堂内外,耦合显性隐性教育。建成包括国际法学必修课程及选修课程、外国法学课程、比较法学课程、案例课程、实务课程、研讨课程七大核心模块的涉外法学课程体系,每年开课约 240 门。通过承办或组织学生参加国际模拟法庭竞赛、"杰赛普"国际法模拟法庭竞赛等重要国际赛事,打造涉外法治人才培养第二课堂,实现了显性教育与隐性教育的有机统一。四是协同国内院校,共享教育教学资源。与北京外国语大学联合设置"法学+英语联合学士学位项目",打造强强联合育人模式;与对外经济贸易大学等高校联合发起"涉外法治人才教育联盟",携手推动涉外法治人才培养机制创新;接收来自浙江大学、武汉大学等高校的交换生 1000 多名,共享优质涉外法治教育资源。五是协同中外机构,加强海外、境外合作。学校与 54 个国家和地区的 283 所高校建立合作关系。与欧盟合作共建中欧法学院,与美国圣路易斯华盛顿大学合作开展国际法硕士学位项目等,每年邀请百余名海外专家来校授课。六是协同高校社会,打破体制机制壁垒,与国际组织和境外机构合作,设立实习实践基地。每年选派学生到联合国总部、世界贸易组织、世界银行国际金融公司等国际组织、政府部门、跨国企业等单位实习实践。与实务部门共同发起成立"涉外法治高端人才培养联盟",聘请涉外专家担任兼职教授和实务导师。

三、华东政法大学"产学研用"培养模式

华东政法大学对"产学研用"一体化法律实务人才培养模式的探索始于 2005 年,华东政法大学与上海市高级人民法院签订了产学研用联合培养协议,联合开展"法律助理"项目,共建实务人才培养共同体,共同推进高校研究生培养机制改革和政法系统司法改革。经过 10 余年的建设与发展,项目逐渐覆盖上海所有法院,同时覆盖长三角地区各级法院、检察院、司法行政机关近 40 家[①]。

(一)探索"高校—实务部门联合培养"机制

法学是实践之学,华东政法大学充分认识到法治实务部门在法治人才培养中的重要作用,积极探索校内外联合培养机制,构建高校与法律实务部门人员互聘制度,健全学校与法律实务部门的双向交流机制。法院遴选理论水

---

① 叶青:《推进新时代政法院校法律人才培养创新——华东政法大学新时代法律人才培养改革的实践与探索》,载《法学教育研究》2020 年第 1 期。

平高和业务能力强的资深法官到校,他们通过讲授"法律谈判""法律文书""模拟法庭"等实践课程、担任研究生兼职导师等方式参与人才培养全过程;学校鼓励支持高校教师到法律实务部门挂职,努力建设一支专兼结合的法学教师队伍。学校与实务部门共同确定培养目标,共同制定培养方案,共同开发课程与教材,共同组建教学团队,共同建设实习基地,探索形成常态化、规范化的协同育人机制。

(二)探索共建律师学院

2011年,学校成立律师学院,与其他学院不同的是,律师学院与律所深度合作,除构建协同育人机制外,还共同管理学院。近年来,学校依托专业律师团队开发20余门律师实务课程;同时,充分发挥司法部和国家外国专家局授予的"中国国际律师培训中心"优质平台的协同育人作用,实现法学教育与律师实务的无缝对接。①

(三)探索创新校内实训机制

学校通过优化课程结构、实施课堂教学改革和搭建实训平台,强化学生法律职业能力,促进法学教育与法律职业的深度衔接。

1.优化课程结构,增加实践教学比重。学校通过增设法律实务、模拟实训等课程模块和开展法律文书写作、法律职业伦理等实践专题培训,培养法科学生综合实践能力,法科学生实践类课程学分占比达到25%~40%。

2.打造实训平台,强化模拟仿真实训。学校建设打造集模拟法庭、模拟仲裁庭、刑事图像实验室、模拟犯罪现场勘查实验室、物证技术实验室、网络犯罪实验室、法医实验室等于一体的国家级实验教学示范中心——法学综合实验教学中心,通过模拟仿真实训提升学生实践能力,并有力支撑了全校百余门实践课程的开设。

3.改革课堂教学,优化实践教学方法。学校通过建立健全与法律实务部门的双向交流机制和人员互聘制度,打造"双师型"教师队伍,来自实务部门的兼职教师和具有行业实务经验的专任教师约占任课教师总人数四成。依

---

① 郭为禄:《坚持立德树人培养一流法治人才》,载《中国大学教学》2020年第5期。

托"双师型"教师队伍,学校大力推进教学改革创新,开展案例和研讨式教学、模拟庭审与诊所法律教育,培养学生实践能力。

4. 赛教融合育人,丰富实践教学形式。学校围绕全国大学生模拟法庭竞赛、WTO模拟法庭竞赛、"杰赛普"国际法模拟法庭竞赛、国际刑事模拟法庭竞赛等国内外高端竞赛,通过赛课结合、竞赛选拔和培训,使学生在参赛过程中获得成长,实现教学相长。此外,学校还通过举办国际商事模拟仲裁庭上海邀请赛(MOOT Shanghai)、上海市大学生法律案例分析大赛等新型法学实践活动,丰富实践育人形式。

(四)联合开展"法律助理"项目

华东政法大学与法治实务部门构建了覆盖面广、形式多样、内容丰富的实训体系。实训对象实现从博士研究生到法学硕士、法律硕士的全覆盖;实训时间有3个月和6个月两种类型;实训内容包括庭前审阅卷宗,旁听庭审,协助起草裁判文书,参与调解,开展调研,撰写案例分析、调研报告和学术论文等全业务场景。此外,学校与实务部门共同设置了项目管理和协调机构,制定了《法律助理带教指南》《法律助理工作守则》等规范文件,建立了遴选培训、启动仪式、中期走访和总结表彰等规范流程。

四、清华大学实践教育教学模式[①]

清华大学(法学院)积极探索以职业化卓越人才培养为目标的法律硕士研究生实践教学改革,着力革新实践类课程的教学环境,积极探索和优化教学模式,创新性地推动高校与国内前沿实务部门搭建"学院—实务界"平台,与以北京市海淀区人民法院、北京市人民检察院为代表的公检法机关及以国内知名律师事务所为代表的法律实务部门建立密切合作,共同探索职业化法律人才培养的实践教育教学模式。

[①] 《第三届"中国学位与研究生教育学会研究生教育成果奖"申报材料展示》,载清华大学法学院官网2018年5月28日,https://www.law.tsinghua.edu.cn/info/1063/7041.htm。

(一)建立司法实务界与教学单位的双向交流机制

清华大学(法学院)通过与法律实务部门搭建"学院—实务界"平台,搭建司法实务界与教学单位的双向交流机制。一是遴选政治素质过硬、业务能力强、热爱教育事业的法律实务专家参与教学设计和课堂教学,促进法学教育工作者、法学研究工作者和法治实际工作者之间的交流;二是打破高校和社会之间的壁垒,将大量司法实务领域的鲜活案例和司法实践成果引进课堂,更新教学内容,创新学术训练方法,促进以法学理论与司法实践相结合为主要特色的实践课教学模式改革;三是清华大学(法学院)也依托平台互动机制,多年坚持选派教师到司法第一线挂职,教师积极参与第一线立法、司法、执法过程,推动法学理论和科研成果转化,同时也将司法实践中的最新成果带回到课堂。

(二)探索专职与实务教师双向开放式课堂教学模式

探索校内师资和司法实务专家师资相结合的双向开放式课堂教学模式,该教学模式打破了法学院传统的教师主导的讲授式一维教学模式,通过实务场景的搭建,形成"学院—实务界—学生"三角形的知识互动架构,以学有所得的 OBE① 评价理念替换简单的试卷评价。开放式课堂为学生创造了亲身参与司法实务和零距离接触优秀司法实务工作者的机会,学生拥有了司法实务第一线的实感体验,这对学生法律思维的形成、法律职业伦理素养的培养以及日后真正融入法律职业共同体,成为一名合格的法律人打下了较为扎实的思想与业务基础。

(三)创新教学方法

通过引入交互研讨式、案例式、模拟抗辩、庭审观摩等创新性教学模式,结合现代多媒体教学手段,教学资源得以充分地整合,丰富了教学多样性,优化了知识传递的效率与实效。

---

① 基于学习产出的教育模式(Outcomes-based Education, OBE),最早出现于美国和澳大利亚的基础教育改革。

此外，清华大学（法学院）通过举办实践型法学教育高端论坛，深入探讨实践型法学教育中面临的方向性问题和具体问题，呼吁法律实务界加入创新法学人才培养模式的探索中来，通力合作，形成法学教育的共同体；与北京仲裁委员会、金杜律师事务所、海问律师事务所等联合培养单位签订合作协议，共同进行实践基地建设，给学生提供优质实践平台。

五、产教协同育人模式总结分析

从上述法学院校推进法学实践教学、深化产教协同一体育人的实践来看，在育人主体上，主要以法学院校为主导，法律实务部门协同参与，并建立了相对稳定的沟通协调机制；在育人模式上，各法学院校的做法大同小异，在相互借鉴学习中达成了共识，已形成了较为成熟、趋于一致的协同育人模式，总结归纳如下。

（一）引进实务资源

根据资源理论，法科学生职业能力培养离不开各类资源投入，而高校受限于自身资源的局限性，其法科学生职业能力培养体系的建立离不开外部资源的支持，唯有引进外部优质资源与校内资源实现互补与融合，方能满足人才培养的需要。

1.引进实务教师。打造一支专兼结合、结构合理的法学教师队伍是培养高质量法治人才的基础。大多高校都将实务教师引进作为开展法学实践教学的第一步。引进一批理论水平高和业务能力强的法官、检察官、律师、公证员等实务专家到学校授课、开设讲座、担任研究生兼职导师等，已成为各法学院校的通行做法。清华大学法学院的官网将兼职教授、联合导师、客座教授等作为师资力量的一部分与专职教师并列展示。

2.引进教学资源。优质实务教学资源对于人才培养的重要性，就如同土壤之于植物的重要性。各法学院校引进实务教学资源的主要方式有以下两种：一是庭审进校园。这是一种最直接有效的实务教学方式，也是学校与法院深度协同、司法实践与法学教育深度融合的体现，对双方的合作共建水平要求较高，相较其他实务教学资源，其对学生的教育教学效果也最好。如西南政法大学与重庆市第一中级人民法院开展的"庭审进校园"活动。2023 年

5月23日,重庆市第一中级人民法院刑一庭赴西南政法大学公开审理一起故意伤害刑事案件,为该校法学院近200名师生带来一堂庄严、生动、真实的刑法教育实践课。首先,在开展"庭审进校园"前,刑一庭精心挑选具有刑事诉讼程序探讨价值的案件进行校园庭审①,并提前做好了庭审安保等详细预案,以便旁听师生能够充分、清晰地感受庭审过程;其次,庭审活动结束后,合议庭就案涉的死缓复核期间犯罪、死缓考验期间犯罪以及追诉程序异同等相关法律问题为现场师生答疑解惑;最后,学生们表示,"寓学于案""寓教于判"的方式,有助于其对刑事诉讼实务有更为直观和深刻的认识,让抽象的法学理论、法律规定更加易于理解,同时学生们也感受到了法官在复杂的案件事实中恰当适用法律条文的智慧和技巧,切实体会到了法律程序的严谨和法治的力量。二是实况转播庭审以及法院、检察院、律师捐赠原始案例的卷宗副本、庭审实况录像等文字与影像资料。文字与影像资料虽然没有庭审直观,但不受场地限制,易于传播,可以反复观摩学习。例如,中国政法大学搭建了集庭审实况转播、案例卷宗副本阅览室、庭审录像资料库等于一体的实务资源共享汇聚平台,为法科人才培养提供了优质的实务教学资源。

(二)走进实务部门

1. 法学院校教师深入实务部门挂职锻炼。为贯彻落实"卓法计划",探索建立高校与法律实务部门双向交流和人员互聘制度,教育部、中央政法委员会、最高人民法院、最高人民检察院、公安部、司法部等六部门于2013年联合印发了《关于实施高等学校与法律实务部门人员互聘"双千计划"的通知》(教高〔2013〕8号),计划5年内选聘1000名左右具有较高理论水平和丰富实践经验的法律实务部门专家到高校法学院系兼职或挂职任教,承担法学专

---

① 本次校园庭审案件系被告人因贩卖毒品罪被判处死刑,缓期2年执行,剥夺政治权利终身,其在死缓复核期间又犯故意伤害罪。本案由刑一庭庭长担任审判长,与审判员、人民陪审员组成合议庭审理。在审判长的主持下,在法庭调查阶段,法庭依法通知鉴定人出庭,鉴定人针对伤情鉴定报告发表了专业意见,控辩双方在庭审中围绕犯罪事实、证据、定罪量刑分别阐释控辩意见。合议庭在法庭辩论终结后,认真听取了被告人的最后陈述,休庭后当即进行评议,并当庭宣判。合议庭分工明确、配合默契,整个庭审过程规范有序,体现了合议庭严谨、公正、高效、文明的诉讼价值追求,充分诠释了刑事庭审诉讼证据出示在法庭、案件事实查明在法庭、诉辩意见发表在法庭、裁判结果形成在法庭的程序价值,达到了较好的教育教学效果。

业课程的教学任务;选聘1000名左右高校法学专业骨干教师到法律实务部门兼职或挂职,参与法律实务工作。得益于国家的顶层设计和行政力量的推动,"双千计划"有力促进了理论与实践的结合、科研与教学的互动、学界与业界的衔接,建立了政法部门和法学院校、法学研究机构人员之间的双向交流机制。

2. 共建实习基地畅通学生实践平台。学校与法律实务部门共建实习实训基地,学校选派学生到法院、检察院、律所等法律实务部门实习实践。专业实习是法学教育的重要环节,在培养学生职业素养与实践能力等方面发挥着重要作用。目前,大多法学院校都建立了一定数量的实习基地,通过与法院、检察院、律师事务所等签订合作框架协议建立合作关系,在其内部挂牌设立实习基地。

(三)订单式人才培养

订单式人才培养是在引进实务资源和走进实务部门的基础上继续发展的一种深度协同。学校与实务部门共同签订培养协议,实务部门积极参与人才培养方案的制定,并派专业人员到学校授课,提供实训设备和场地,学生被分配到实务部门顶岗实习,实务部门为学生提供部分或者全部学费、奖学金、助学金,学生毕业以后直接到该实务部门工作。实务部门在整个人才培养过程中全方位地参与和监督。这种协同育人模式针对性强,人才培养目标非常明确,将岗前培训等内容融入了人才培养,大大缩短了学生进入企业的适应期。

此外,法学院校与法律实务部门还通过共建科研基地、共研科研项目、共同举办学术会议等合作与交流方式,直接或间接地参与法治人才协同培养。

第三节 产教协同一体育人存在的问题与完善建议

法学是实践之学,其知识体系不是纯粹理性的、形而上学的。马克思认为:立法者不是在创造法律,不是在发明法律,而仅仅是在表述法律,就是强调法律来源于社会生活,服务于社会生活,最终要回归社会生活之中。法学知识的实践属性决定必须加强实践教学,学生通过解决实际问题,将学科所蕴含的观念、思维和方法转化为其核心素养和能力。产教协同无疑是法学人才培养,尤其是应用型法治人才培养的必由之路。因此,在梳理研究有关法学院校产教协同一体育人现状的基础上,找准该模式的薄弱环节和存在的问题,加强对法科学生产教协同一体育人的相关理论与实践研究,并提出建设性意见与建议,对于引导、推进、规范法学实践教学,推动产教学研协同创新,创新法治人才培养方式,提升法治人才培养质量具有重要意义。

一、产教协同一体育人存在的问题

如前文所述,当前法科学生产教协同育人已经形成了一系列常规做法和比较成熟的范式,对应用型法治人才培养起到了积极作用。但在实践中也存在"合而不融,融而不深""校热企冷"等问题,亟待解决。

(一)法律实务部门对校内教学的参与度不高

据一项目组对 12 所高校(3 所"985 工程"高校、3 所"211 工程"高校和 6 所"双非"高校,既有政法类院校也有综合高校,地域分布涵盖北京、上海、武汉、重庆等,具有一定代表性)的法律硕士及教师进行的共计 20 次访谈,[①]法律实务部门在协同培养中参与度不高,主要体现为以下两点:一是校外实务导师在学生培养中的作用发挥得不充分,大多学校的"双导师制"流于形式。经调查,12 所高校实行"双导师制",但只有一所高校要求学生的学位论文需要校内、校外两位导师同时同意,学生才可以参加答辩,部分高校的实务导师不参与学生的学习、实习、毕业论文开题及答辩等环节。二是在校内实践性课程的教学上实务专家参与度不高。访谈结果显示,受访谈高校的法律文书课程均由校内专职教师授课;大多数高校的法律谈判课程也由校内教师讲授,个别高校由校内校外教师共同授课;有 4 所高校的模拟法庭课程以校外实务专家授课为主或由校内外教师各授课一半;此外,有 5 所高校的受访者表示,学校开设的模拟法庭、法律谈判、法律文书写作、法律检索等课程均由校内专职老师讲授,其余学校的情况介于两者之间。可见,校外实务专家在这些实践类课程的教学上参与度不高。

[①] 宗玲:《法律硕士协同培养的困境与对策》,载《高教论坛》2023 年第 12 期。

(二)校外实习基地建设未形成稳定机制

1. 法律实务部门合作意愿不强。法学院校希望合作的实务部门具有一定的规模和实力,能够为学生开展实习实训提供较为便利的条件,但如果对实务部门没有相关激励措施,法院、检察院、律师事务所等实务部门共建实习基地较为被动。法学名校如"五院四系"凭借其在学术界和实务界较高的声望和地位,依托极其优质丰富的校友资源,在实习基地的建设上相对容易,选择性相对较高,但也存在建设质量不一、规模化接收实习生以及规范化、标准化的制度建设有待加强等问题。例如,有的实习基地不能每年如约接收学生开展实习,接收的数量也不稳定。一些实力较弱、区域位置不佳的法学院校在实习基地建设上更加困难,在寻求与法院、检察院及律师事务所合作时常常得不到积极回应,也存在即使建了实习基地,后续运行和沟通不畅、实习安排得不到有效落实、实习质量难以保障等情况。

2. 法学院校专业实习方式不统一。法学院校在学生的实习安排上也各不相同。有以传统政法院校为代表的集中实习制度。比如,根据《中国政法大学专业学位研究生专业实习管理办法(试行)》[1],专业实习以集中实习为主、自主实习为辅。集中实习在学校或学院建立的联合培养基地进行,由学院和联合培养基地集中管理。自主实习须为参加校内导师本人或校内其他教师的重大专项实践调研活动,由本人提出书面申请并提供依据,经校内导师同意以及学院批准后方可进行,由校内导师或实习单位按照学院要求单独管理。也有法学院校采取集中实习与自主实习相结合的方式。比如,根据《南京师范大学法学院硕士研究生专业实习工作实施办法》[2],专业实习工作采取自主实习与统一实习相结合的方式。研究生自主实习的,学生需在研究生导师的指导下制订实习计划,并结合个人意愿,到法院、检察院、公证处、司法行政部门、律师事务所、企事业单位等法律实务部门进行实习;研究生统一实习的,学院结合学生意愿、生源地、实习单位需要等情况统筹安排实习单

---

[1] 《中国政法大学专业学位研究生专业实习管理办法(试行)》,载中国政法大学研究生院官网2019年6月4日,http://yjsy.cupl.edu.cn/info/1099/2534.htm。

[2] 《南京师范大学法学院硕士研究生专业实习工作实施办法(试行)》,载南京师范大学法学院官网2021年12月31日,http://law.njnu.edu.cn/info/1033/2345.htm。

位。自主实习与统一实习的时长分配一般采取"2+4"或"3+3"方式:2个月自主实习加上4个月统一实习,或者3个月自主实习加上3个月统一实习,其中统一实习的时长根据实习单位要求确定。但根据实习单位要求,需要连续实习6个月的,统一实习期为6个月。此外,也有为数不少的法学院校不统一安排专业实习,其中不乏一些"985""211"工程建设高校,它们没有建立固定的学生实习基地,仅对学生的实习时间、实习单位、实习内容等作出要求,如要求实习单位是律师事务所、企事业法务部门、司法行政机关等法律实务部门;实习应以法务为主要工作内容;实习时间一般不少于6个月,可分段进行;实习结束后应提交一份实习报告,形式可以是调研报告、案例分析、论文、实践总结报告等。这种实习方式较为随意,采用此种实习方式既有各法学院校对实践教学理念认识不同的因素,也有实务资源不足等客观条件的限制,当然,还有部分高校对学生实习实践重视不够的因素。显然,学校无法对这种自主实习过程进行监督和管理,也就难以保障其实习质量。

3. 实习安排与管理较为松懈。大多实习基地的实习安排和管理不够规范,没有建立标准化、规范化运行机制和相关配套制度,在实习安排和管理上较为随意,主要体现在三个方面:一是法学院校与法律实务部门没有就实习目标达成共识。由于立场不同、诉求不同,部分法律实务部门虽然可以接收学生实习,但并不是以法治人才培养作为开展工作的目标和初心,只是根据单位自身的需求对学生进行安排,有的学生被安排到非业务部门从事日常管理的事务工作,这样的实习对于学生来说形式意义大于实质意义。二是法学院校与法律实务部门没有制订明确的实习计划。法学院校与法律实务部门没有围绕人才培养目标,制定实习大纲、实习计划、实习要求与考核标准等,导致实习内容缺乏系统性和针对性,实习效果不佳。三是部分法学院校没有对学生实习期间的状况进行追踪管理。大多学校会在实习结束后要求学生提交由实务单位签署意见或盖章的实习证明,并且根据实习报告评定实习成绩,对实习过程缺乏有效管理。实务部门由于精力所限或者认为实习管理主要是高校的职责,对学生也缺少必要的管理。

(三)实务教学资源供给难以满足人才培养需要

一方面,全国高校现有海量法科在校生需要大量实务教育教学资源供给,以保证其实践能力培养成效。截至 2024 年年底,全国开设法学本科专业的院校有 600 余所,拥有法学(法律)硕士学位授权点的院校有 300 余所,具有法学博士学位授权点的高校有 60 余所。① 根据 2020 年教育部公布的普通本科分学科学生数,法学专业在校生共 63.94 万人,尚不包含研究生在校生人数。另一方面,实务资源供给仍由法学院校主动索取,实务部门被动参与和被动供给,各方主动参与、主动产出、主动供给的机制体制尚待建立和完善。由此导致实务教育教学资源需求与供给不平衡,尤其是在培养单位比较集中的城市与地区,这种局面更加突出,实务教育教学资源供给在整体上无法满足人才培养需要。

二、产教协同一体育人问题根源分析

(一)忽视了实务部门利益诉求,内生动力不强

根据利益相关者理论,法学院校和法律实务部门在产教协同一体育人过程中具有不同的合作动机和利益诉求,若想实现高度协同、深入参与,就需要同时考虑学生、学校和实务部门三方的利益诉求。然而在法科产教协同一体育人实践中,法院、检察院、律师事务所等实务部门的利益诉求较少被关注。一方面,在现行公务员考试选拔人才机制下,法院、检察院等部门难以通过参与产教协同一体育人机制选拔心仪人才;另一方面,企业意在以较低成本引入优秀人才、提升企业声誉,深度参与的意愿不强。同时在法院、检察院、律师事务所等实务部门内部,对参与产教协同一体育人的法官、检察官、律师等实务专家也缺少应有激励机制,实务专家靠情怀和热情参与协同育人难以持久。

(二)保障与支撑机制尚不完善,外在动力缺乏

根据资源理论,产教协同需要学校与法院、检察院、律师事务所等实务部门进行资源交换才能可持续发展,但交换的前提是双方拥有对方需要的稀缺资源,这就要求高校和实务部门相互依存、互为支撑,否则合作将会面临一系

---

① 具体数据详见中华人民共和国教育部官网,http://www.moe.gov.cn/jyb_sjzl/moe_560/jytjsj_2019/qg/202006/t20200611_464767.html。

列困境。但是,就目前而言,在合作过程中,高校和实务部门在资源依赖结构上是非对称的,即在协同育人的过程中学校对实务部门资源的依赖远强于实务部门对学校资源的依赖,法院、检察院、律师事务所等法律实务部门很难自觉形成深入的协同培养机制,在此情况下,就需要政府相关部门充分发挥管理职能以促进和保障该项工作的开展。尽管之前教育部、中央政法委员会、最高人民法院、最高人民检察院、公安部、司法部等部门就推动高校与法律实务部门合作和协同育人出台了一系列政策文件,有力推动了校政企合作。比如,2013年教育部等六部门联合印发的"双千计划",2015年最高人民法院印发的《关于建立法律实习生制度的规定》(法〔2015〕230号)和《关于建立法律研修学者制度的规定》(法〔2015〕231号)等,以及2023年2月,中共中央办公厅、国务院办公厅印发的《关于加强新时代法学教育和法学理论研究的意见》,它们对深化协同育人作出了顶层设计,对法治工作部门加大对法学院校的支持力度,积极提供优质实践教学资源,做好法律职业和法学教育之间的有机衔接等提出了明确要求。但在政策落实、具体实施举措及相关保障机制构建上仍需出台针对性措施,并给予经费保障。

(三)高校对实践教学重视不够,理念认识不足

我国应用型高层次法治人才培养仍存有一定短板,不能完全满足新时代法治中国建设并服务高水平对外开放战略,这与我国法学教育中存在的重理论轻实践、重说教轻实践导致的学生职业能力欠缺,无法满足多样化的法律职业需求不无关系。部分法学院校和学者对法学实践教学的目标、定位和功能认识不足,认为我国的法学理论具有大陆法系的概念法学的特征,教学的主要目标在于概念的介绍和原理的阐述,没有深刻认识到法学是一门实践之学,割裂了理论与实践的密切联系;或认为实践教学并不具备相对独立的重要地位,相对于理论教学而言,实践教学应处于辅助性和依附性的地位,对实践教学在培养学生的法律诠释能力、法律推理能力、法律论证能力以及探知法律事实的能力等方面的不可替代作用认识不足,故而对实践教学重视不够。

三、产教协同一体育人发展建议

（一）回应法律实务部门内在需求，实现共赢共融

根据利益相关者理论和资源理论，平衡产教协同各方参与者的不同利益诉求，打造利益共同体是成就人才培养共同体的基础，也是促进实务部门深度参与产教协同的关键。

1. 充分兼顾实务部门参与产教协同的额外付出。对于法院、检察院等司法机关，地方政府应将其用于协同育人的额外成本纳入财政预算，单独拨付，专款专用；对于律师事务所、企业等，应根据其参与协同育人的贡献（接收实习生人数、参与授课学时数、提供的实务教学资源等），对其进行评级（由合作高校和第三方机构评估确定），根据评级可减免一定数额的相关行政事业性收费，或在税收、融资等方面给予一定的政策优惠。

2. 充分考虑实务教师、实习导师的价值贡献。有条件的高校应为实务教师、兼职导师等参照校内专职教师标准计算工作量、计发工资报酬，并参照校内专职教师标准对其工作内容进行考核和过程监管，同时鼓励实务教师、兼职导师所在单位给予配套补贴或奖励。

3. 根据实务部门助理岗位人才需求适配优质学生。一是根据不同层次和类型的学生培养目标定位的不同，根据实务部门助理岗位的用人需求，适配知识和能力相适应的学生。比如，可以为对专业知识素养要求较高的法官助理岗位选配法律（法学）硕士研究生；可以为对复合型知识素养要求较高的企业法务尤其是特定领域（如知识产权、财税法等）的企业法务选配法律（非法学）硕士研究生。二是高校应保证学生最低实习时长，灵活调整校内授课时间，尽量按照实务部门助理岗位需要，合理确定实习时长与实习时间，最大程度实现互利共赢。三是高校可在学生参加岗位实习之前，对学生进行必要的岗前培训，如职业礼仪、工作纪律、基本职业技能等，使学生尽量达到实务部门助理岗位的用人标准，招之能用、来之能战。

（二）发挥政府政策支持保障作用，完善机制体制

根据三螺旋理论和协同治理理论，政府负责制定相关政策和规划，对产

业发展与劳动力资源进行宏观调控,为企业与高校间的相互合作和资源互换提供切实有力的保障,政府、高校、企业三者应各司其职,协作互促。高质量、高水平的产教融合,离不开政府部门的政策支持与制度保障。

《关于加强新时代法学教育和法学理论研究的意见》明确要求,坚持党对法学教育和法学理论研究工作的全面领导,中央依法治国委加强统筹规划,国务院教育主管部门和司法行政部门会同有关法治工作部门密切协作、形成合力,推动各项任务落到实处;各级党委要加强组织领导,及时研究解决重大问题,统筹推进任务落地落实;法治工作部门要加强实践资源、实践平台和实践机会供给,推动法学教育与法治实务相互融合;组织人事、宣传、发展改革、财政等部门要完善政策保障机制,为加强法学教育和法学理论研究创造更好的环境和条件;等等。各级政府和部门应以该意见为指导,做好细化落实。

1. 完善实务部门支持产教协同相关政策体系。一是完善考核制度。针对当前政策没有有效落地或政策执行打折扣的情况,建议通过进一步完善考核机制等推进政策落实。比如,2015 年最高人民法院就印发实施了《关于建立法律实习生制度的规定》(法〔2015〕230 号)和《关于建立法律研修学者制度的规定》(法〔2015〕231 号),要求人民法院根据工作实际,定期接收法律院校学生实习,并要求人民法院指定经验丰富的法官或其他工作人员担任指导老师。这是一项非常好的政策,但各级法院在执行过程中,其重视程度和执行效果差别很大,学生实习质量也参差不齐。建议中央政法委、最高人民法院、最高人民检察院、司法部等国家部委及地方政府将地方法院、检察院等法治实务部门接收法律实习生、参与高校协同育人情况纳入工作考核范围。二是完善激励机制。建立"金融 + 财政 + 信用"组合式激励机制,支持地方出台符合本地实际的政策。比如,对参与产教协同育人的律师事务所、企业等给予上市融资、政府资金支持、产业扶持政策、评优表彰、政务事项办理等方面的优先或便利;对参与产教协同育人的法院、检察院、高校等给予更多的经费支持、科研支持、人员职称评定支持等,调动各方的积极性;将参与产教协同育人情况作为法官、检察官、律师等职务职级晋升、评优评先的考量因素之一。三是破除体制机制障碍。深化改革,破除法学教育与司法实践之间的体制机制障碍。比如,法官、检察官等体制内的实务专家到高校担任兼职教授、实务导师,举办讲座、讲授课程、参加论文答辩等,面临组织人事部门是否允许这样的兼职并提供便利、能不能获取劳动报酬等问题。上述问题的解决仍需要多部门联动,破除体制机制障碍,促进人员、资源等人才培养要素在高校与实务部门之间有序流动。

2. 规范主管部门产教协同政策运行机制。一是健全协调机制。地方教育部门和政法委应就产教协同政策在本地的落实制订实施计划,建立由教育部门、政法委、公检法机关、律师协会等实务部门组成的议事协调机构负责协调解决本地高校与法治实务部门在产教协同育人中出现的问题,并对协同育人效果进行监督。二是建立运行标准。通过一系列的规范、标准与制度的制定,推进产教协同育人标准化、制度化和规范化建设。比如,建立相对统一的学生实习大纲与考核标准、实习指导教师规范、庭审转播等实务资源建设与管理办法、双导师制度等制度规范。三是搭建信息化平台。可由中央政法委牵头搭建全国统一的法治人才协同培养信息平台,或由各省市区政府搭建地方的产教融合信息平台,通过信息化技术实现全程全景协同育人。学校和实务部门通过信息平台实现协同互动,以及对学生的全流程管理与评价考核。

3. 明确地方政府等在产教协同育人机制运行的责任分工。地方政府和政法委在组织协调方面要承担起统筹指导责任,要通过深入调研检视协同育人还存在哪些问题、难点和痛点,要弄清楚抓什么、怎么抓。法院、检察院、律师事务所等法律实务部门要负责制订实习生接收计划、选配实习指导教师、选派实务专家进高校授课或担任实务导师,与高校联合编撰实务教材、开发实务课程,提供优质实务教学资源等。高校是人才培养的主体,要发挥主观能动性,明确人才培养的目标定位,主动联合实务部门制定人才培养方案,开发课程、教材等各类教育教学资源,组织实施课堂教学、实习等教育教学活动,及时向地方政府及实务部门反馈人才培养情况与问题等。此外,高校还应充分发挥理论研究专长,积极组织专家学者就重大疑难案件开展研讨,提供法律咨询意见,使案件审理具备更加有力的理论支撑,促进司法实践与理论研究的良性互动。

(三)树立产教协同一体育人理念,创新协同路径

根据人才成长的二维时空交融理论,"学校本位学习"与"工作本位学

习"是法治人才培养不可或缺的两个部分。国务院办公厅《关于深化产教融合的若干意见》（国办发〔2017〕95号）指出，深化产教融合，促进教育链、人才链与产业链、创新链有机衔接，是当前推进人力资源供给侧结构性改革的迫切要求，对新形势下全面提高教育质量、扩大就业创业、推进经济转型升级、培育经济发展新动能具有重要意义。《关于加强新时代法学教育和法学理论研究的意见》也明确要求，强化法学实践教学，深化协同育人，推动法学院校与法治工作部门在人才培养方案制定、课程建设、教材建设、学生实习实训等环节深度衔接。因此，法学院校与法治实务部门应牢固树立产教协同育人理念，携手共建产教协同育人体系。

1. 法学院校应充分发挥育人主体的主导作用。学校应深入认识产教融合在人才培养过程中的作用和价值，从而形成行动自觉，发挥主导作用，不断创新协同路径、提升协同水平，进而促进人才培养质量的提升。具体来说要做到以下几点：一是牢固树立服务需求导向。高校要提高服务意识，主动对接国家战略需要和区域社会需求，深入法治实务部门了解人才需求，力求解决行业用人问题，助力企业和地方经济社会发展。积极与法律实务部门建立沟通交流机制，邀请法治实务部门深度参与学校法学学科专业发展规划，升级改造传统法学专业，面向区域法治需求，协同制定人才培养方案，共同开发课程、教材等教学资源，提升实践课程、案例课程比重。二是健全人才分类培养体系。就我国目前的法治人才培养体系而言，有法学本科、法学硕士、法律（法学）硕士、法律（非法学）硕士、法学博士以及已经纳入《研究生教育学科专业目录（2022年）》的法律博士，层次类别众多，不同学位的培养目标与定位以及对实践教学的要求也各不相同，在产教协同育人中应有所区分。学术型法律人才培养可侧重课题调研，应把实务界面临的真问题作为学术研究的主要方向；应用型法律人才培养应注重实岗实操，强化职业能力与职业伦理教育。三是创新协同育人路径。协同育人是一种多元化、多方参与、综合性的教育模式，学校、企业、政府部门等多个主体，通过各种合作形式与机制为人才培养提供各类资源和支持，各主体间的合作形式与机制、融合的深度以及协同的效率，决定了人才培养质量，法学院校应充分发挥主观能动性和主导作用，结合学校学科特色、区域优势，因地制宜，不断创新协同育人模式与路径，提升产教融合层次水平与人才培养质量。

2. 法治实务部门应积极承担协同育人的社会责任。公益性是高等教育的本质属性,参与高校人才培养是企业承担社会责任的重要体现。以律师事务所、企业为代表的主体要转变观念、立足长远,不计较一时得失,充分认识高等教育的公益性,积极主动参与高校人才培养全过程。具体应做到以下几点:一是要把法学院校看作人力资源储备库。一方面,法治实务部门要结合自身特点和实际需求,主动加强与法学院校的对接,向法学院校反馈行业人才需求情况,促进人才需求端与供给端良好衔接;另一方面,积极参与法学院校人才培养,向法学院校输送优质实务教学资源,选派实务专家参与高校法学实践课程开发与教学、学生实习与论文指导等,只有确保高校人才培养符合法律职业需要,才能源源不断地从法学院校遴选优秀法律职业人才。二是要把法学院校看作高级智库资源。聚焦重大疑难案件和法治实践前沿问题,面向法学院校公开招标、共同申报课题、委托研究,实现司法实践与理论研究的良性互动,推动理论的发展,推进法治的进步。主动组织法学院校专家学者就重大疑难案件开展研讨、提供法律意见,使案件审理具备更加有力的理论支撑。此外,一些重大法治实践课题也需要理论界和实务界共同研究。

第八章　新时代我国法科学生职业能力培养的新要求与新探索

第一节　涉外法治人才培养

一、涉外法治人才培养的必要性

在当前错综复杂的环境下,世界经济格局深刻演变,国际交流持续深入,中国正走向世界舞台的中央,高水平对外开放继续推进,参与全球治理体系改革和建设的程度不断加深,对涉外法治人才的需求也日益增长。涉外法治人才主要包括在国际组织、政府部门、涉外企业、司法机关、法律服务机构从事国际法律服务的工作者,也包括在高等院校或者研究机构从事国际法教育、科研与决策咨询的专业人才。[1]

围绕涉外法治人才的培养,习近平总书记发表了多次重要讲话,作出了重要指示。2019 年 2 月,习近平总书记在中央全面依法治国委员会第二次会议上指出:"加强涉外法治专业人才培养,积极发展涉外法律服务。"在中共中央政治局第十次集体学习时习近平总书记再次强调:"……完善以实践为导向的培养机制,早日培养出一批政治立场坚定、专业素质过硬、通晓国际规则、精通涉外法律实务的涉外法治人才。"习近平总书记的重要论述为我们不断加强涉外法治人才的培养提供了根本遵循。

2011 年,教育部和中央政法委联合实施的"卓法计划"明确指出,将培养涉外法律人才作为培养应用型、复合型法律职业人才的突破口,将培养一批

---

[1] 韩永红、覃伟英:《面向"一带一路"需求的涉外法治人才培养——现状与展望》,载《中国法学教育研究》2019 年第 1 期。

涉外法律人才作为培养卓越法律人才的主要任务。2021年2月,教育部学位管理与研究生教育司和司法部律师工作局联合发布《关于实施法律硕士专业学位(涉外律师)研究生培养项目的通知》,选取15所试点高校实施法律硕士专业学位(涉外律师)研究生培养项目,计划每年培养约500名涉外律师方向的研究生,为建设一支高素质的涉外法律人才队伍奠定基础。2023年2月,中共中央办公厅、国务院办公厅印发的《关于加强新时代法学教育和法学理论研究的意见》中指出,要加快培养具有国际视野,精通国际法、国别法的涉外法治紧缺人才。由此可见,培养高素质涉外法治人才是新时代法科学生职业能力培养的新要求。

(一)推进法治中国建设的基础工程

"法治兴则国兴,法治强则国强。"法治是国家治理体系和治理能力的重要依托,是治国理政的基本方式,是中国共产党和中国人民的不懈追求。以中国的立场和本位来看,法治包括国内法治和涉外法治,两者相互延伸、相互促进,共同构成了全面依法治国、建设法治中国的"鸟之两翼",都不可或缺。

党的十八届四中全会通过的《中共中央关于全面推进依法治国若干重大问题的决定》提出法治中国建设要"加强涉外法律工作"。2020年11月,习近平总书记在中央全面依法治国工作会议上进一步指出"要坚持统筹推进国内法治和涉外法治"。这一目标将"涉外法治"与"国内法治"等量齐观,是我国法治建设的一大创新发展。2021年年初,中共中央印发的《法治中国建设规划(2020—2025年)》再次强调,建设法治中国,必须加强涉外法治工作,运用法治思维和法治方式处理好国际经济、政治、社会事务,推动涉外工作法治化。由此可见,涉外法治体系作为中国特色社会主义法治体系的重要组成部分,对统筹推进国内法治和涉外法治、推进全面依法治国、建设法治中国至关重要。

人才是第一资源。涉外法治人才是处理涉外法律事务的新时代实践者,更是我国统筹推进国内法治和涉外法治、推动全球治理体系变革不可或缺的重要战略资源。在涉外法治建设系统工程中,培养高素质涉外法治人才具有基础性、先导性、源头性的作用,是加强涉外法治建设的题中应有之义。2017年,习近平总书记在考察中国政法大学时指出:"法治人才培养上不去,法治领域不能人才辈出,全面依法治国就不可能做好。"因此,在中华民族伟大复兴的壮阔征程中,又恰逢世界百年未有之大变局,我们迫切需要培养一批高素质、复合型的涉外法治人才。这些人才必须具有坚定的政治立场,具备国际视野,通晓国际规则,并且能够熟练处理涉外法律事务。这是推进法治中国建设的关键基石,是引领我们朝着法治目标前进的先导力量,更是实现中华民族伟大复兴的中国梦的坚实保障。

(二)积极参与全球治理的重要支撑

当前,世界百年未有之大变局加速演进,国际局势波谲云诡,经济全球化遭遇逆风,多边主义与单边主义之争更加尖锐,保护主义逆流而动,恐怖主义再度猖獗,和平赤字、发展赤字、安全赤字、信任赤字、治理赤字加重,全球发展和安全形势错综复杂,不稳定性和不确定性因素明显增加,全球治理体系面临不少严峻的挑战。

中国作为国际社会中负责任的大国,始终坚持多边主义原则,致力于全球治理体系的革新与完善。我们积极践行共商共建共享的全球治理理念,力求在国际规则制定的过程中积极发出中国声音、贡献中国方案,如"人类命运共同体"理念、"一带一路"建设、全球发展倡议、全球安全倡议等。这些举措不仅为构建新型国际关系提供了动力,也推动着全球治理体系朝着更加公正、更加合理的方向发展。

在中国积极参与全球治理体系改革和建设的过程中,涉外法治人才作为代表中国形象,发出中国声音,维护国家主权、安全、发展利益的国际治理人才,对于参与国际规则制定、争取国际法治话语权、践行多边主义、推动构建新型国际关系和人类命运共同体具有至关重要的意义。[①] 换言之,涉外法治人才是我国参与全球治理体系变革的重要支撑和中坚力量。中国若想更加全面且深入地参与全球治理,广泛参与国际规则的制定和运用,提升制度性话语权,拓展全球公共产品的供给领域,离不开一大批既通晓国际规则,能够熟练参与国际事务,又能在国际社会中维护我国利益的复合型涉外法治人

[①] 单晓华、王子仪:《新时代涉外法治人才培养模式探索与创新(教育科学版)》,载《沈阳师范大学学报》2023 年第 4 期。

才。因此,从全球治理的视角出发,培养专业能力强、善于处理涉外法律事务的新时代涉外法治人才势在必行。

(三)深化高水平对外开放的现实需求

在新时代新征程上,我国始终高举改革开放的旗帜,奉行互利共赢的开放战略,坚持扩大高水平对外开放,构建面向全球的高标准自由贸易区网络,共建"一带一路"国际合作,积极推动区域经济合作,倡导普惠包容的经济全球化理念。

习近平总书记在中共中央政治局第十次集体学习时指出:"加强涉外法治建设既是以中国式现代化全面推进强国建设、民族复兴伟业的长远所需,也是推进高水平对外开放、应对外部风险挑战的当务之急。"因此,在坚定不移推进更高水平对外开放的同时,要坚持推进涉外法治建设。其中,高素质涉外法治人才和队伍作为涉外法治建设的重要内容,对于推动高质量发展、高水平对外开放具有十分重要的意义。

在扩大高水平对外开放的背景下,越来越多的中国企业选择"走出去",更广、更深地参与国际市场开拓。然而,我国企业"走出去"也正面临着许多法律风险,主要有外汇风险、税务风险、知识产权风险、劳工风险、环保风险等,上述风险削减了国内企业"走出去"的积极性。因此,唯有加快建设高素质涉外法律人才队伍、健全涉外法律服务方式、提升涉外法律服务能力,才能为我国企业"走出去"保驾护航,促进对外投资稳健发展。

总而言之,在日趋激烈的综合国力竞争中,涉外法治人才的培养是涉外法治建设的重要保障,在统筹国内法治和国际法治、建设法治中国、深入参与全球治理体系改革和建设、服务"一带一路"建设、进一步扩大高水平对外开放等方面具有非常重要的作用。换言之,随着我国日益走近世界舞台中央,涉外法律事务越来越多,对涉外法治人才的需求不断增加。

然而,各法学院校在涉外法治人才培养方面仍然存在一些问题,如培养目标不明确、培养方案不适应现实需求、课程设置不科学等,从而导致目前各高校培养的涉外法律专业毕业生能力欠佳,我国涉外法治人才队伍仍然存在较大缺口,难以满足实际需求。一方面,现有的涉外法治人才数量严重不足。

截至 2023 年 6 月,全国共有律师 67.7 万余人,但专职涉外律师只有 1.2 万人①,供给远远少于需求。另一方面,涉外法治人才的质量也远不能满足新时代推进涉外法治建设、深入参与全球治理体系、参与国际秩序变革以及服务高水平对外开放的现实需求。

因此,培养一大批德才兼备的涉外法治人才已经成为我国现代化建设的当务之急。

二、新时代涉外法治人才培养的新要求

进入 21 世纪以来,随着经济全球化的深入发展和我国对外开放步伐的加快,我国涉外法治建设和涉外法治人才培养机制也随之完善。教育部、中央政法委联合实施的"卓法计划2.0"明确指出,应当培养一批具有国际视野、通晓国际规则、能够参与国际法律事务、善于维护国家利益、勇于推动全球治理规则变革的高层次涉外法治人才。《法律硕士专业学位(涉外律师)研究生指导性培养方案》指出:"法律硕士专业学位(涉外律师)是法律硕士专业学位的专项培养项目,旨在为涉外法律服务机构和大型企事业单位法务部门培养一批跨文化、跨学科、跨法域,懂政治、懂经济、懂外语的德才兼备的高层次复合型、应用型、国际型法治人才,为建设一支法学功底扎实、具有国际视野、通晓国际法律规则、善于处理涉外法律事务的涉外律师人才队伍奠定基础。"由此可见,在新时代背景下,我国对涉外法治人才的要求呈现出复合性,不仅包括深厚的法学专业能力,也包括良好的思想品质和综合素质,这些要素共同构成了新时代涉外法治人才的核心素养。具言之,新时代涉外法治人才培养应当满足以下要求:

(一)兼具中国立场与国际视野

兼具中国立场与国际视野是新时代推进高水平对外开放、全面建设社会主义现代化国家对涉外法治人才提出的首要要求。

首先,热爱祖国是立身之本、成才之基。新时代所培养的涉外法治人才

---

① 黄惠康:《破解法学教育困局 加强高素质涉外法治人才培养》,载《中国高等教育》2024 年第 2 期。

必须始终坚持中国立场,心怀"国之大者",忠于党、忠于国家、忠于人民,具有扎根中国、融通中外,立足时代、面向未来的基本素质,主动把人生理想融入国家和民族的法治事业中去①,勇于担当责任,维护国家长治久安。换言之,只有心系国家和人民,具有强烈的家国情怀和高尚的道德情操,胸怀服务国家战略需要的使命担当,涉外法治人才才能真正捍卫国家主权、安全和发展利益,推动构建人类命运共同体。

其次,国际视野要求我国涉外法治人才要以国际全局的视角看待和分析涉外法律案件,推动中国法与国际法以及世界各国法律之间的良性互动。②一方面,在国际竞争与合作相互交织的复杂形势下,我国迫切需要一大批具有全球大局观和国际视野,熟悉国际法律规则和国际组织框架,善于处理跨国商业活动、国际法律问题的涉外法治人才,为积极参与全球治理体系改革和建设、推动共建"一带一路"行稳致远、维护国家利益提供不可或缺的智力支撑。另一方面,在处理涉外法律事务时,涉外法治人才应当对不同国家或者民族的文化持有开放、包容的心态,全面深入了解其他国家的历史文化、社会形态和法律制度,在坚定文化自信的基础上正确对待文化差异与冲突,适应多元文化环境,具备跨文化的沟通交流和国际合作的能力,为国际交流和合作、跨国法律纠纷的解决提供专业支撑。

因此,新时代涉外法治人才必须自觉秉持中国立场,同时具备国际视野,精通国际法、国别法,在国际交流和合作中发出中国声音,传播中国方案,促进我国对外交往。因此,培养涉外法治人才也必须坚持以"中国立场、国际视野"为育人理念,既立足中国又面向世界,持续创新涉外法治人才培养模式,紧跟国家需要。

(二)卓越的法律专业能力

涉外法治人才,仍然属于法治人才。较强的法律专业能力是新时代涉外法治人才必不可少的能力之一,也是涉外法治人才培养工作中的基础任务。

---

① 杜承铭等:《创新法治人才培养机制》,经济科学出版社2021年版,第125页。
② 袁东维、张光:《新时代我国涉外法治人才培养的路径创新》,载《陕西行政学院学报》2023年第4期。

首先，涉外法治人才的核心素养在于其深厚的法学理论功底。法学具有极强的专业性，法律理论功底的扎实程度将直接决定涉外法治人才在处理涉外法律事务时的具体表现。一方面，涉外法治人才作为中国特色社会主义法治人才的组成部分，必须全面、系统地掌握本国法律的知识体系及其运用方法。另一方面，在具备深厚的国内法基础之上，涉外法治人才还应当系统学习国际法，主要包括领土法、国际海洋法、国际航空法、外层空间法、国际环境法、外交关系法、领事关系法等。同时，涉外法治人才应当紧跟国家外交步伐，掌握与我国密切相关的重要国际条约和国际惯例，特别是我国签署的相关国际条约，及时更新自己的知识储备。

只有通晓国际法律规则、精通国际法相关知识，涉外法治人才才能在国际交往和合作中妥善处理涉外法治问题，维护国家利益。比如，2020年11月15日，我国正式加入《区域全面经济伙伴关系协定》(RCEP)。随着RCEP的全面生效，在各成员国间的货物贸易往来更加密切的同时，各类贸易摩擦也难以避免，这就需要涉外法治人才运用涉外法治领域的相关知识来处理跨国纠纷。①

其次，涉外法治人才应当具备精湛的法律实务能力。涉外法治人才只有具备精湛的法律实务能力，才能够将知识运用到实践中，解决实际的涉外法律纠纷，从而更好地维护国家利益。具言之，涉外法治人才应当具备的法律实务能力主要包括：第一，法律检索能力。这是涉外法治人才重要、核心的实务技能之一。无论是从事国际法律服务的工作者，如涉外律师，还是从事国际法教育、科研与决策咨询的专业人才，法律检索能力都是不可或缺的能力。以涉外律师为例，在处理跨国法律纠纷时，涉外律师需要高效、准确地找到相应的国际法律规则和类似案件，出具法律意见书。第二，文书写作能力。从事涉外法律服务的工作者应当注重培养自己的写作能力，做到语言精准、脉络清晰、逻辑严密、说理透彻。第三，表达能力。这也是涉外法治人才必备的职业技能素质，在国际诉讼、国际谈判等工作中至关重要。此外，涉外法治人才还应具备法条研读技能、证据分析技能等法律实务能力。

---

① 袁东维、张光：《新时代我国涉外法治人才培养的路径创新》，载《陕西行政学院学报》2023年第4期。

最后，涉外法治人才是法律职业共同体中的一员，高尚的职业道德素养对其同样至关重要。涉外法治人才应当保持政治坚定，心怀国家、民族和人民的福祉，以法律为准绳，恪尽职守，勤勉尽责，勇于担当责任，无畏困难与挑战，维护社会公平与正义。

因此，涉外法治人才必须具备深厚的法学理论功底，精湛的法律实务能力和高尚的职业道德素养，为设计争端解决机制、开展国际商务谈判等工作提供专业支撑。

（三）出色的外语运用能力

随着全球化的发展，外语成为国际交流和合作中的重要工具。不同于国内法治人才，涉外法治人才所面对的法律事务主要是国家之间的纠纷，需要熟练使用外语。以涉外律师为例，无论是提供外国投资法律咨询服务、助力中国企业"走出去"，还是了解案情和相关国家的法律、解决跨国贸易争议，出色的外语运用能力是至关重要的。

涉外法治人才除精通英语这一国际通用语言外，还需要尽力掌握一些小语种，特别是"一带一路"共建国家的语言，如阿拉伯语、俄语、西班牙语、法语等，助力"一带一路"倡议走深走实和国际交流的深入开展。值得注意的是，这里强调的外语主要是法律外语，是法律与外语两者科学交叉融合所形成的结晶，如法律英语。法律外语不是法律与外语的简单结合，要求涉外法治人才既要熟练运用外语也要精通国内外法律。目前，有不少学校已经开设了法律英语课程，以满足涉外法律服务的现实需求和对外开放的战略需求。

总之，涉外法治人才的关键是"涉外+法治"，是复合型的人才，需要交叉运用法学和外语相关知识。

（四）较强的跨学科综合能力

涉外事务不仅是法律事务，还是经济、政治、文化等各方面的事务，因此，新时代涉外法治人才还应当具有较强的跨学科综合能力，增加相关学科的知识储备。①

---

① 陈丹：《涉外法治人才培养的影响因素及机制构建》，载《黑龙江教师发展学院学报》2022年第6期。

"复合型"人才是涉外法治人才培养的目标之一。在复杂的国际环境下,单一的知识结构已经不能满足现实的需求,①仅仅具备法律专业能力的涉外法治人才注定会在全球化的浪潮中被淘汰。因此,涉外法治人才应该是兼备国内、国际法律知识与其他相关学科知识的人才,如法学与计算机科学、法学与经济学、法学与社会学等。

综上所述,面对复杂的国际形势和艰巨繁重的改革发展稳定任务,新时代的涉外法治人才不仅肩负着国家治理能力、治理体系在涉外关系中法治化的任务,又承担着构建涉外良法、塑造涉外善治的重任。② 因此,新时代的涉外法治人才应当具备多元化知识体系、具备多方面的实践能力和素质,应当是高层次复合型、应用型、国际化的法治人才。

三、新时代涉外法治人才培养的路径探索

高校是涉外法治人才培养的第一阵地,在涉外法治人才培养中具有基础性、先导性作用。目前,为了满足新时代下国家对涉外法治人才的现实需求,各法学院校正在积极探索新时代涉外法治人才的培养模式,例如,中国政法大学成立涉外法治人才培养实验班、西班牙语特色人才培养实验班,通过"外语+法学"的复合型国际化培养模式,完善"本科—硕士一贯制"培养机制。③ 西南政法大学开设涉外法律人才培养实验班、"一带一路"法律人才实验班,从以"新国际法学"加强学科建设、以实践为导向完善人才培养机制、以智库平台讲好中国法治故事等方面打造高素质涉外法治人才培养新高地④。对外经济贸易大学法学院与本校英语学院合作,共同成立了涉外型卓越经贸法

---

① 吴汉东主编:《卓越法律人才培养探索》,中国法制出版社 2014 年版,第 24 页。
② 何燕华:《新时代我国高校涉外法治人才培养机制创新》,载《中南民族大学学报(人文社会科学版)》2023 年第 7 期。
③ 《中国政法大学积极加强新时代涉外法治人才培养》,载中华人民共和国教育部官网 2022 年 11 月 7 日, http://www.moe.gov.cn/jyb_xwfb/s6192/s133/s149/202211/t20221109_980691.html。
④ 《西南政法大学"通专结合"培养涉外法治人才》,载微信公众号"重庆法治报"2023 年 12 月 5 日, https://mp.weixin.qq.com/s/ORJkFUKuQogVhn12MdKO2Q。

律人才实验班,执行单独的特色培养方案。①

然而,我国现有涉外法治人才培养机制仍然存在诸多弊端,比如,部分高校重视程度低、培养体系未与国家战略充分对接、培养方案单一、师资力量薄弱、涉外实践能力培养不足、对法律外语的学习存在误区、缺乏跨学科知识体系的构建等,难以满足新时代涉外法治人才的培养目标。

因此,立足于新时代涉外法治建设的现实需求,本书将结合现有涉外法治人才培养经验,提出新时代涉外法治人才培养的新路径,完善新时代以实践为导向的涉外法治人才培养机制。

(一)推动思政教育融入专业教育

在新时代新征程上,涉外法治人才肩负着维护国家和人民利益的历史使命,不仅需要具备较强的专业能力、熟知国际法律规则,也应当具有坚定的政治立场,懂政治、有德行。因此,在培养涉外法治人才的过程中,思政教育是必不可少的。

2018年,习近平总书记在北京大学师生座谈会上指出:"人才培养一定是育人和育才相统一的过程,而育人是本。"培养涉外法治人才应当坚持育人和育才相结合,在法学专业教育中深度融入思政教育,构建"大思政"指导下的法学专业课程,促使法学知识传授与思想政治教育实现有效衔接,努力培养具有坚定理想信念、强烈家国情怀的高素质涉外法治人才。

一方面,构建法学专业课程思政教育体系。在教育部门相关政策的指引下,各高校应当坚持"育人为本、德育为先"的理念,结合本校实际情况,以习近平新时代中国特色社会主义思想为指导,加强法学课程思政教育的顶层设计,搭建思政教育平台,从课程设置、教材体系、教学内容等方面进行优化,将思想政治教育有机融入涉外法治人才的培养方案中,引导学生体会其中所蕴含的思想政治元素。

另一方面,提升法学专业教师的育人能力和思想政治素养。专业课教师

---

① 《2022级法学专业(涉外型卓越经贸法律人才实验班)选拔方案》,载对外经济贸易大学法学院官网 2022 年 8 月 16 日,http://law.uibe.edu.cn/xwzx/tzgg/44f8f09ff36f4f4eb51eb9f4b1e16044.htm。

的思想政治素质和道德品质对学生的思想、言行和举止具有潜移默化的影响。首先,高校教师应当具有坚定的理想信念,自觉学习理论知识,将专业课教学与思政元素相结合,如习近平法治思想、社会主义法治理念、中华优秀传统法律文化,践行为党育人、为国育才的神圣使命。其次,高校应当扎实开展理论学习,将课程思政纳入教师培训中,积极开展课程思政建设专题培训,提升专业课教师的思想政治水平。

(二)创新涉外法治人才的培养模式

在百年未有之大变局中,我国培养涉外法治人才的目的是打造一批兼具中国立场和国际视野,具有扎实的法律专业知识,熟练运用法律外语,储备多学科知识,能够参与国际法律事务和维护国家利益,能够服务我国高水平对外开放战略的复合型、应用型、创新型、国际型的法治人才。然而,当前我国涉外法治人才培养机制较为粗放、单一,难以满足我国统筹"两个大局"和推进"一带一路"倡议的现实需求,涉外法治人才的培养模式亟待改进和创新,培养高质量的涉外法治人才势在必行。

1. 分层次优化培养模式。相较于国内法治人才,我国对涉外法治人才的要求更具复合性,包括素质、知识和能力,这也决定了涉外法治人才的培养需要经历更长周期,采用更加系统化的方式。① 从整体性视角出发,教育行政部门和各高校在设计涉外法治人才培养方案时,应当精准定位本科、硕士和博士三个不同层次的法科生的需求,针对性地设计涉外法治人才培养的具体目标和模式,针对不同层次的培养人群因材施教。

在本科阶段,各高校应当以服务"一带一路"倡议为宗旨,采用"宽口径、厚基础"的培养模式,开设相关国际法课程,夯实法学专业基础,拓宽与国际高水平大学和国际组织合作交流的渠道,着力强化实践教学。值得注意的是,在本科生阶段从只具备高中基础而无任何社会经历的学生中培养高层次国际法律人才的设想是不现实的,不符合国际法律人才培养的客观规律,至

---

① 王祥修、薛清嘉:《新时代涉外法治人才培养的守正与出新》,载《法学教育研究》2023年第2期。

少无法成为涉外法治人才培养的普遍模式。①

研究生阶段是高素质涉外法治人才培养的关键时期,更加符合对涉外法治工作队伍复合型、应用型、高度专业化的要求②,应当针对硕士、博士两个不同层次优化涉外法治人才培养模式。近几年来,15 所试点高校联合律师事务所、仲裁委员会等法律实务部门积极探索国际仲裁方向和涉外律师方向的法律硕士培养模式,完善涉外法治高层次人才培养体系。同时,不少法学院校都在尝试创新涉外法治人才培养机制,如中国政法大学针对涉外法治人才探索了联合培养和本硕贯通的培养模式;中国法学会依托西南政法大学开办中国—东盟高端法律人才培养基地东盟英才博士班项目。在新时代新征程上,教育行政部门仍然要明确不同人才培养方向的具体目标,加强涉外法治人才培养方案的顶层设计,出台更系统、更全面的研究生阶段涉外法治人才培养规划。同时,各高校应当结合本校实际情况,科学定位硕士阶段和博士阶段的培养目标,打造涉外法治人才特色项目。

2. 重视国别法治人才培养。随着"一带一路"倡议的深入推进,中国企业在海外参与"一带一路"建设的过程中不可避免地会面临与国内迥异的法治生态环境,存在潜在的法律风险。③ 因此,我国亟须一大批具有世界眼光、通晓"一带一路"共建国家和区域的法律、擅长处理涉外法律事务的国别法治人才,更好地保护国家和企业的海外利益。

然而,从目前来看,我国的涉外法治人才培养模式存在"重国际法、轻国别法"的现象,导致通晓具体对象国法律制度的国别法律人才极度匮乏,难以保障我国"走出去"的企业的海外合法权益,难以满足我国"一带一路"倡议深入推进和对外开放不断扩大的现实需求。

在新时代新征程上,各高校应当以回应国家的战略需求为导向,设计卓越国别法治人才培养的具体方案,创新国别法治人才的培养模式,坚持国际

---

① 王晨光:《以人才素质为导向 以人才培养规律为依据 科学设置培养模式——国际法律人才培养的模式、内容与方法刍议》,载《法学教育研究》2021 年第 4 期。

② 王祥修、薛清嘉:《新时代涉外法治人才培养的守正与出新》,载《法学教育研究》2023 年第 2 期。

③ 简基松、陈良奎:《论涉外法律人才之供求错位与对策》,载《法学教育研究》2022 年第 2 期。

法与国别法并重,与对象国高校之间开展合作办学项目,开设东盟法、欧盟法等区域国别法课程,推进高质量国别法教师队伍建设,加快培养高素质的国别法治人才。

(三)强化实践训练

法学是一门实践性很强的学科,涉外法治人才的主要工作是处理错综复杂的国际法律争端,为国家对外开放战略提供支撑,坚决捍卫国家利益,以理论为主的教学方式无法充分满足涉外法治人才在实务操作上的需求。因此,在培养涉外法治人才时,我们需要特别强调理论与实践的深度融合,进一步完善以实践为导向的现代化培养机制,从而提升涉外法治人才的法律实务能力。

1. 完善实践教学课程。完善实践教学课程是涉外法治人才培养的必然要求,能够训练和培养学生的实务能力。首先,各高校应当大力开展案例教学、模拟法庭、国际仲裁实务、涉外案例研讨、法律文书写作等法学实践课程,提升涉外法治人才的法律检索、法律适用、文书写作、语言表达等法律实务能力。其次,各法学院校可以通过"法律诊所"这一新型教学模式,以真实的国际商贸纠纷、跨境投资争端等为对象,模拟会见当事人、谈判、调查取证、调解、仲裁、诉讼等,使学生在真实案件中了解涉外法治的重点和难点,积累实践经验,提升学生的法律专业素养和法律职业技能。

2. 搭建多元化的涉外法治实践平台。一方面,各法学院校应当积极组织学生参加各类国际模拟法庭竞赛、模拟仲裁庭竞赛,如"杰赛普"国际法模拟法庭竞赛、红十字国际人道法模拟法庭比赛、国际投资仲裁模拟法庭竞赛、"贸仲杯"国际商事仲裁模拟仲裁庭辩论赛等,以赛促学,学赛结合,不仅能够培养学生对国际法理论与规则的理解和运用能力,还能提高学生的法律英语水平;另一方面,各高校应当完善涉外法治人才培养的协同机制,与国内外大学、国内外著名律师事务所、涉外企业、涉外审判机构、涉外仲裁机构、国际组织等单位开展深度合作,将优质的实践教学资源引入学校[1],建设多元化的校外实践基地,为学生提供海内外实习机会,助力于涉外法治人才提高自

---

[1] 马怀德:《加强涉外法治人才培养》,载《红旗文稿》2023年第24期。

身的实践实战能力。

(四)构建高水平教学体系

1. 优化课程设置。课程是人才培养的核心,体系化的课程设置是提升涉外法治人才培养质量的关键。首先,各法学院校应当推进涉外法治人才课程体系改革,在课程设计上应当注重涉外法律课程,开设高质量的国际私法、国际商法、国际经济法等涉外法方向的必修课程,同时增设国际环境法、海商法、比较法、国别法等相关选修课程,加强涉外法治人才的专业能力。其次,各高校应当结合地域和学科特色,深入推进"法学+外语"的复合培养模式,开设法律英语、法律俄语等法律外语课程,提高涉外法治人才的外语运用能力。最后,复合型涉外法治人才不仅需要具备国内国外法律知识,还需要储备历史、政治、经济、文化等多方面的知识。因此,各法学院校应当积极探索学科交叉的培养模式,设计一系列跨学科课程,推进法学与国际贸易、国际政治、国际关系等相关专业的深度融合,创新涉外法治人才教学体系。

2. 加强教师队伍建设。教师是立教之本、兴教之源,培养高素质的涉外法治人才,离不开一流的教师队伍。首先,各高校应当积极引进法学理论基础扎实、通晓和熟练运用国际法律规则、涉外实务经验丰富的涉外法律人才,夯实师资力量。其次,各高校应当对参与涉外课程教学的教师进行培训,定期安排教师到实务部门、科研机构、国内外顶尖院校、国际组织进行学习和交流,提升教师的专业素质,打造一支高素质、专业化的教师团队。[①]

第二节 复合法治人才培养

一、复合法治人才培养的必要性

法律职业人才与社会经济发展存在紧密的结合关系,法律职业人才在精

---

① 袁东维、张光:《新时代我国涉外法治人才培养的路径创新》,载《陕西行政学院学报》2023年第4期。

准适用法律规范的同时,应当对特定社会经济背景有着深刻的理解。① 换言之,立足于新时代,随着科技的日新月异和经济的迅猛增长,我国急需一大批复合型卓越法治人才。这些法治人才不仅具有深厚的法学理论基础和出色的法律实务能力,还具备经济、科技、环境、医学、计算机等跨学科的知识体系,以适应新时代复杂多变的法律实践环境。

(一)数字化时代下的内在需求

随着互联网、5G、大数据、人工智能、区块链等技术的发展,当今世界正在步入数字时代,人们的生活方式和生产方式也随之改变,"数字化生存"成为人类生产生活的常态。尤其是近年来,伴随新一轮科技革命和产业变革的加速演进,大数据、云计算、人工智能等新兴技术与法学理论和实践不断融合,给整个法学行业带来了一场数字化、智能化的变革,不仅给法律制度、司法实践带来了前所未有的挑战,也催生了数字化时代对法治人才的新要求——新时代下的法治人才应当是复合型的,既具有全面系统的法律知识和完整熟练的法治实践能力,又具备一定的数字素养,了解人工智能、大数据、元宇宙等前沿信息科学技术。

"理论法学+部门法学"的传统法学教育模式往往从部门法着眼,注重专业细分,强调传授法学理论知识,存在严重的学科壁垒,与当下的市场需求背道而驰,培养出来的法治人才是单一型的,其思维方式相对狭窄,欠缺从多视角思考和处理复杂、综合社会问题的知识储备与创新能力,②难以应对复杂多变的现实问题。简言之,在新时代背景下,司法实践中出现了越来越复杂的综合性问题,仅仅依靠单一的法学知识是难以解决的,需要综合应用多学科知识来解决。由此可见,在数字化时代下,单一型法治人才已经与社会脱节,显然无法适应社会发展的现实需求,亟须一大批既懂法律,又懂经济、历史、政治、医学工程技术、计算机等其他学科知识的复合型、应用型法治人才。

---

① 龙卫球:《新型复合型法律人才的需求趋势与培养模式》,载《西北工业大学学报(社会科学版)》2022年第2期。

② 刘艳红:《从学科交叉到交叉学科:法学教育的新文科发展之路》,载《中国高教研究》2022年第10期。

总而言之,从社会发展和市场需求的角度来看,数字化时代对法治人才的要求是多样化的。只有培养具有法学专业和其相关专业知识和能力的复合型、应用型法治人才,才能满足社会发展需求。

(二)加快新文科建设的关键举措

"新文科"这一概念最早由美国希拉姆学院于2017年提出,是指对传统文科进行学科重组、文理交叉,即把现代信息技术融入哲学、文学、语言等课程中,使学生进行综合性的跨学科学习。[①] 2018年,中国官方首次使用"新文科"概念。2019年4月,教育部、中央政法委、科技部、财政部、工业和信息化部等13个部门联合启动实施"六卓越一拔尖"计划2.0,明确提出大力推动文科建设。[②]

2020年11月,新文科建设工作组发布的《新文科建设宣言》提出:"新科技和产业革命浪潮奔腾而至,社会问题日益综合化复杂化,应对新变化、解决复杂问题亟需跨学科专业的知识整合,推动融合发展是新文科建设的必然选择。"[③]当前,面对日益复杂的社会问题,面对新文科建设的迅速发展,我国迫切需要一大批知识复合、能力复合、思维复合的新型人才。

新文科建设在法学领域的展开就是新法学建设。在新文科建设的背景下,新法学建设要以新时代的社会需求为导向,改革传统法学教育模式,突破学科之间的壁垒,深化法学与其他学科的交叉融合发展,培养实践能力强、具备复合思维的法治人才,为全面推进新文科建设提供人才支撑。换言之,复合型法治人才的培养是新文科建设的重要组成部分,推进新文科建设走深走实,离不开一批既具备法学专业知识和能力又具有跨学科的知识和能力的复合型法治人才。因此,打破学科之间的层层壁垒,培养具有多学科知识和能力的复合型法治人才是推进新文科建设的关键举措。

---

① 王之康:《新文科:一场学科融合的盛宴》,载求是网,http://www.qstheory.cn/science/2019-05/08/c_1124487626.htm。

② 《中国高等教育的质量革命启动实施"六卓越一拔尖"计划2.0有关情况》,载中华人民共和国教育部官网,http://www.moe.gov.cn/fbh/live/2019/50601/sfcl/201904/t20190429_379943.html。

③ 《新文科建设宣言》,载中国社会科学网,https://www.cssn.cn/ztzl/yingxiangshixue/zhengcewenjian/202302/t20230216_5588800.shtml。

(三)推动国家治理现代化的重要保障

在中华民族伟大复兴宏伟蓝图的指引下,我国已全面建成小康社会,实现了第一个百年奋斗目标,踏上了全面建设社会主义现代化国家、朝着第二个百年奋斗目标迈进的新征程。

党的二十大报告明确指出:"教育、科技、人才是全面建设社会主义现代化国家的基础性、战略性支撑。"党的十八大以来,中国特色社会主义进入新时代,党和国家事业取得了历史性成就,发生了历史性变革,其中教育、科技、人才事业发挥了事关全局的重要作用。[①]实践证明,人才是第一资源,实现国家富强、民族复兴离不开雄厚的人才支撑。当下,世界主要国家之间综合国力的竞争更趋激烈,对人才的需求更加迫切;中华民族比历史上任何时候都更接近实现伟大复兴的宏伟目标,同样也比历史上任何时候都更加渴求人才。[②]在实现中华民族伟大复兴的关键时期,法治是国家治理体系和治理能力的重要依托,而法治人才则是提升国家综合实力、全面建设社会主义现代化国家的战略支撑。

此外,在新时代新征程中,习近平总书记曾指出:"法治建设既要抓末端、治已病,更要抓前端、治未病。"[③]党的二十大报告提出,及时把矛盾纠纷化解在基层、化解在萌芽状态。为了适应新时代基层治理特点,做深做实新时代"枫桥经验",法科学生职业能力培养应当强调法治人才的多元化纠纷解决能力,应加强非诉讼纠纷解决的法律专业技能的培养。换言之,在强调推进国家治理体系和治理能力现代化的今天,培养具有综合能力的复合型基层法治人才也是当下需要思考的方向。

因此,在亟须高素质人才的时代背景下,要想加快推进中国式现代化、实现中华民族伟大复兴,必须坚持全面依法治国,培养既懂法律又具备经济、政

[①]《二十大报告辅导百问|如何理解教育、科技、人才是全面建设社会主义现代化国家的基础性、战略性支撑?》,载共产党员网,https://www.12371.cn/2023/01/13/ARTI1673600559067327.shtml。

[②]孟庆伟:《强化现代化建设的人才支撑》,载光明网,https://epaper.gmw.cn/gmrb/html/2023-11/20/nw.D110000gmrb_20231120_2-05.htm。

[③]习近平:《坚定不移走中国特色社会主义法治道路 为全面建设社会主义现代化国家提供有力法治保障》,载《求是》2021年第5期。

治、外语、技术等相关领域知识且具有多元化纠纷解决能力的复合型法治人才。总而言之,复合型法治人才的培养是推进国家治理体系和治理能力现代化的重要保障。

二、新时代复合法治人才培养的基本原则

2021年4月19日,习近平总书记在考察清华大学时指出:"高等教育体系是一个有机整体,其内部各部分具有内在的相互依存关系。要用好学科交叉融合的'催化剂',加强基础学科培养能力,打破学科专业壁垒……推进新工科、新医科、新农科、新文科建设,加快培养紧缺人才。"新时代新气象,在全面推进依法治国的进程中,新文科建设的呼声越来越响亮,将新文科建设与全面推进依法治国结合,无疑将在法学教育领域掀起一阵新兴改革热潮。《新文科建设宣言》指出,推进新文科建设要遵循守正创新、价值引领、分类推进"三个基本原则",要把握专业优化、课程提质、模式创新"三大重要抓手",要抓好中国政法实务大讲堂、中国新闻传播大讲堂、中国经济大讲堂、中国艺术大讲堂"四大关键突破",培养适应新时代要求的应用型复合型文科人才。① 作为新文科建设的关键领域,新时代法学教育为了培养复合型法治人才,对法科学生的职业能力提出了更高的要求。

目前,我国复合型卓越法治人才培养工作尚不能完全适应法治中国建设的需要,主要存在传统法律人才培养学科壁垒难以打破、"法学+N"模式中特色课程学习不深入等困难。具体而言,我国传统法学教育长期以来在人才培养理念、人才培养模式、人才培养机制等多个方面有待完善,存在知识单一、重理论轻实践、开放程度不高、国际化人才培养关注度不够等问题。且在进行"法学+金融、经济、语言、计算机、社会"的教学教育模式改革时,许多高校存在着特色法学复合优势不明显,特色专业课程学习不够深入,教学资源整合度不高,跨学科的师资力量难以适应复合型卓越法治人才培养要求等问题。② 为了破解上述难题,首先应当明确复合型法治人才的含义与基本

---

① 《新文科建设宣言》,载中国社会科学网,https://www.cssn.cn/ztzl/yingxiangshixue/zhengcewenjian/202302/t20230216_5588800.shtml。

② 孟磊:《我国复合型卓越法治人才培养探究》,载《中国高教研究》2021年第11期。

原则。

所谓复合型法治人才包括法律内的复合与法律外的复合。法律内的复合通常认为应具备"法学理论、法律实践能力及法律职业伦理"三要素,或是"法律理论+法律实践+法律技术"三位一体型的复合模式。例如,西南政法大学早在10年前为培养应用型、复合型卓越法律人才而设立的目标,即旨在培养德、智、体、美全面发展,具有社会主义法治理念、法律职业人品格素养、法律职业人逻辑思维、法律职业人话语体系的高级法律人才。职业定向于司法机关,同时能在其他国家机关、企事业单位和社会团体从事立法、行政、法律服务、法学教育、法学研究等职业。① 法律外的复合指既要有法律专业知识与技能,也要有其他专业的知识与技能,要求培养既懂法律,又懂经济、管理、社会学等其他专业的知识的法律人才。在新时代的背景下,本书所提及的复合型法治人才偏向于后者,即法律外的复合,不仅仅着眼于法律内部的知识范围,更强调法学和其他社会科学或自然科学的有机结合。

复合型法治人才的基本内涵和要素包括:第一,扎实的法律知识、深厚的法学理论功底、丰富的法律实践经验、娴熟的法律技术运用以及较高的法律职业道德;第二,经济、政治、文化、社会生活等方方面面的专业知识,从而形成"法律+A+B+C+……"的复合型组合。复合型卓越法治人才需具有法学与其他学科交叉复合的专业知识、专业能力和跨学科思维能力,无论是文科内部交叉,还是文理交叉、文工交叉,复合型卓越法治人才打破了不同学科之间的学科壁垒,实现了法学和其他学科的深度融合。②

2018年9月17日,教育部、中央政法委发布的"卓法计划2.0"进一步提出了厚德育、强专业、重实践、深协同、强德能、拓渠道、促开放、立标准等8项改革任务和重点举措,为新时代推进法学教育教学改革、培养德法兼修的卓越法治人才提供了依据。该意见提出要紧密结合新时代高素质法治人才成长需要,紧扣应用型、复合型、创新型法治人才培养目标,紧跟法治中国建设新进程新需求,建设高等法学院校质量文化,构建具有中国特色、紧跟世界水

---

① 蒋后强、章晓明:《应用型、复合型卓越法律人才教育培养的理论与实践:以西南政法大学为例》,载《西南政法大学学报》2015年第1期。
② 孟磊:《我国复合型卓越法治人才培养探究》,载《中国高教研究》2021年第11期。

平的法学教育质量保障体系。具言之,结合教育部关于培育复合型法治人才的意见以及经济社会发展的需求,复合型法治人才的培养应当坚持以下原则。

(一)注重双重坚实基础

复合型法治人才的核心特质在于跨学科知识的融合与技术的集成。这就对法科学生的职业能力提出了更高的要求,不仅要精通法学知识,还需要掌握社会学、经济学、政治学、计算机科学等多领域的基础知识,从而能够从多维角度全面审视和分析实际问题。因此,培养复合型法治人才,需要强大的法学实力与强大的其他学科实力的强强融合。在过去,出于法学教育、理工科等学科仍处于初步发展阶段等综合因素,即使将法学教育与其他学科进行结合发展也难以成功培育复合型法治人才。换言之,复合型法治人才的培育需建立在法学教育基础扎实与其他学科发展强大的良好土壤上。

目前,我国法学人才培养的基础日渐向好,建成了一批一流法学专业点,教材课程、师资力量、教学方法、实践教学等关键环节改革取得显著成效,高等法学教育教学质量显著提升,为复合型法治人才的培育奠定了坚实的基础。值得注意的是,法治人才首先必须是以法律为主科的人才,其次才是"+不同学科或专业知识"的复合人才,故首先要强调法学教育基础。与此同时,在结合的过程中,仍然应当强调经济、金融、社会、计算机、管理、土木工程等"被结合学科"的不断发展与巩固。

不少学者将法学与其他学科的结合总结为"10+X"型学习模式。其中,"10"是指法学专业学生在本科阶段必须学习的10门专业必修课,包括法理学、宪法学、中国法律史、刑法、民法、刑事诉讼法、民事诉讼法、行政法与行政诉讼法、国际法和法律职业伦理。"X"是指各院校根据办学特色开设的其他专业必修课,包括会计、财务管理、金融学、计算机信息技术、证据法和财税法等。在此模式下,各院校应当结合学校本身发展的特点增添其他学科的特色内容。比如,财经类专业院校充分利用财务管理、会计学、金融学的雄厚资源设置相应的选修课程以培养复合型法治人才掌握财经方面的知识;理工类学校可以借助其丰富的科技资源开展"环境能源与政策""网络信息法前沿""人工智能法律研究""科技伦理与法律实践""数字时代个人信息保护法"等课程,充分调动法科学生深入了解学习理工科技术知识的积极性与能动性。

(二)利用发展需求导向

法学与其他学科之间的强强融合不是漫无目的的简单结合,而是根据市场经济发展的需求培养复合法治人才。随着人工智能、区块链、数字经济、虚拟技术等大量新兴技术的出现,人文社会学科与理学、工学新兴领域进行交叉融合成为新文科的重要内容。法学教育方面也要学会运用现代的科学技术,增强高等教育要素流动方向与社会人才需求导向之间的匹配度。如"互联网+"、大数据和人工智能技术逐渐渗透至司法领域,法治人才亟须熟练掌握并运用相应的"智慧司法"服务平台。

当前,我国改革开放事业步入"深水区",多元利益主体之间的多元利益格局正在形成并不断发生变化,各种深层次的社会矛盾日益凸显,经济社会发展与社会综合治理体系的完善均依托法治建设的进一步推进,而复合型法治人才对于推进法治中国的建设是不可或缺的。[①] 社会治理手段的不断更新与丰富,司法领域中人工智能、大数据与区块链等高新技术要素的不断增加凸显了复合型法治人才培养的紧缺性与稀缺性。

(三)构建科学法学体系

党的十八届四中全会提出,加强法学教育,创新法治人才培养机制,必须加强法学基础理论研究,形成完善的中国特色社会主义法学理论体系、学科体系、课程体系。法治人才培养离不开法学理论的引领,也离不开法学学科体系、课程体系、教材体系的保障和支撑。面对新形势新要求,我国的法学体系建设应当具备以下特点:其一,要突出民族性。坚持"取其精华,去其糟粕"的精神,在参考国外优秀法治经验同时,应当坚定文化自信,发展具有中国特色的法学理论,绝不一味照搬国外法治模式与经验,注重吸取中华优秀传统法律文化,中外并用。其二,要体现创新性。[②] 创新是发展的第一动力,

---

[①] 李喜莲、彭泽兵:《"互联网+"时代复合型法治人才培养机制研究》,载《齐齐哈尔师范高等专科学校学报》2022年第3期。

[②] 胡东:《关于构建中国特色社会主义法学理论体系、学科体系、课程体系的思考——学习习近平总书记在哲学社会科学工作座谈会上的讲话》,载《学术交流》2016年第7期。

当代中国法学体系的建设需要体现社会发展规律,体现独特性与原创性,才能形成中国特色和优势。其三,具有系统性。当前,我国在法学理论体系建设方面还有待加强,在法学学科体系建设方面还不够健全,特别是法学新兴学科、交叉学科建设还比较薄弱,需努力构建一个完善的法学体系。

(四)坚持德法兼修的培养理念

法治人才的培养应当坚持立德树人、德法兼修的法治人才培养导向。"才者,德之资也;德者,才之帅也。"有才无德会败坏党和人民事业,有德无才同样会贻误党和人民的事业。中国特色社会主义法治道路的一个鲜明特点,就是坚持依法治国和以德治国相结合,强调法治和德治两手都要抓、两手都要硬。立德树人、德法兼修是法治人才培养的导向,培养复合型法治人才必须把立德树人作为教育的根本任务,要把思想政治建设放在首位,加强理想信念教育,用马克思主义法学思想和中国特色社会主义法治理论全方位占领高校、科研机构的法学教育和法学研究阵地,将社会主义核心价值观教育融入法治人才培养的全过程和各个环节。此外,法学人才的培养应当加强社会主义法治理念和法律职业伦理教育,引导学生树立坚定的法治信仰和崇高的职业道德,注重学生法治精神和法治思维的形成。①

三、新时代复合法治人才培养的新要求

2023年2月,中共中央办公厅、国务院办公厅联合印发的《关于加强新时代法学教育和法学理论研究的意见》强调,必须优化法学学科体系,构建自主设置与引导设置相结合的学科专业建设新机制。目前,法学教育内涵式发展正面临着"智能转型"的机遇与挑战,而学科交叉融合是当前优化法学学科体系的重要举措。

从培养类型的角度来看,不同类型的复合法治人才的培养目标有所差别。针对学术型复合法治人才,培养目标应当是学术研究与教育教学,为新文科背景下的法学专业推陈出新、升级换代提供理论支持,为复合型法治人才队伍培养储备师资力量;针对专业型复合法治人才,应当以提高解决数字

---

① 王群瑛:《新时代法治人才培养的基本要求》,载《中国高等教育》2018年第19期。

时代新情况新问题的综合实务能力为目标,其进入社会工作后应当有能力解决传统法学难以应对的问题。① 无论是学术型复合法治人才还是专业型复合法治人才,都应当满足以下新要求。

(一)具备坚定理想信念

新时代复合型法治人才应当具备坚定的理想信念,具有爱国主义情怀。新时代法学教育要贯彻马克思主义法学的基本原理、基本立场,坚持马克思主义法学及习近平法治思想的指导地位,培养坚持中国共产党领导、坚持中国特色社会主义制度,对中国特色社会主义事业和中国特色社会主义法治建设拥有坚定信念的社会主义建设者和接班人。法治人才应是宪法法律的信仰者、公平正义的捍卫者、法治建设的实践者、法治进程的推动者、法治文明的传承者,不仅要具有坚持法律至上、维护法律权威的规则伦理,而且要具有坚持公平正义、维护公共利益、保护社会弱势群体的社会伦理。② 秉持上述观念才能够培养具备正确的政治立场和政治方向的法治人才,推动政治品格、道德素养和专业能力有机结合的高素质法治人才的养成。

(二)深厚的复合学科知识储备

复合型法治人才是以法学为主复合其他学科或专业的人才。法学学科本身具有丰富的知识体系和理论学说,包含法理学、宪法学、民法学、刑法学、国际法学、诉讼法学等多重基础学科,目前不少院校还将法学和政治学、哲学、历史学、社会学、经济学、心理学、新闻学等结合,产生法政治学、法哲学、法史学、法社会学、法经济学、法心理学、新闻法学等新的社会科学交叉学科。此外,法学也可与自然科学或工程技术结合,产生诸如知识产权法学、人工智能法学、工程技术法学、数据法学、建设工程法学等理法交叉、工法交叉的新学科。复合型法治人才的培养应当建立在法科学生扎实的法学功底之上,否则法科学生难以有效接纳其他理工学科、社会学科的知识,甚至导致对两者都无法有效吸收学习。

---

① 邓辉:《培养高质量复合型法治人才》,载《法治日报》2023年4月19日,第5版。
② 邓辉:《培养高质量复合型法治人才》,载《法治日报》2023年4月19日,第5版。

在新时代背景下,学科间的交叉融合、知识的相互渗透以及技术的集成创新,已经成为当今社会的鲜明特点,同时也是培养复合型法治人才的新要求。学科交叉要求复合型法治人才应当掌握扎实的法律知识和至少一门社会科学、自然科学知识;知识互通要求复合型法治人才能够将所学习的法学知识与其他学科知识有效对应、结合,而不是机械地输入复合学科的知识内容;技术融合则希望复合型法治人才在实践中能够灵活地运用所学的复合知识以及掌握的技能独立自主地解决各种社会、法律问题。总而言之,复合型法治人才需要具备深厚的知识储备。

(三)思维方式的融合性

法学学科具有专门的、完整的逻辑体系和思维方式,这使其有别于其他人文社会学科和自然科学学科,尤其是与理工科等自然学科存在较大的差异,在进行学科交叉学习时不同的思维方式必将发生碰撞。因此,在培养复合型法治人才的职业能力时,特别需要强调思维方式的融合与贯通。虽然将已经定型的思维方式进行真正的融合面临诸多挑战,但是这种跨学科的思维方式的复合对于法科学生职业能力的培养是非常必要的。由此可见,法科学生不仅要学习和掌握两种思维方式,更要将这两种思维方式有机融合,以实现法学与其他学科的深度融合。

(四)恪守职业伦理和职业操守

2017年5月,习近平总书记在中国政法大学进行考察时强调:"……立德树人,德法兼修,培养大批高素质法治人才。"在党的十八届四中全会第二次全体会议上,习近平总书记明确指出:"全面推进依法治国,建设一支德才兼备的高素质法治队伍至关重要。"法学院校不仅要让学生学会挥法律之利剑,更要让学生学会持正义之天平;不仅要让学生掌握能够有效防范法律职业伦理风险的技能,而且要让学生具备恪守法律职业良知的品格。

目前大部分法学院校都开设了法律职业伦理课程,为塑造法科学生的职业道德和职业操守提供了可行路径。《普通高校法学类本科专业教学质量国家标准》明确规定:"法学类专业教育具有很强的应用性和实践性,在国家民主法治建设中发挥着重要的基础性作用。法学类专业教育是素质教育和专业教育基础上的职业教育。"因此,职业教育就应强化职业伦理教育,培养法治人才的职业道德。法治人才应该遵守职业伦理规范,将伦理中的道义充分发挥出来,并通过职业伦理来抑制其职业技术理性中的非道德性成分,将其控制在最低限度。① 法律职业伦理的缺位将产生机会主义和机械教条主义,阻碍我国社会主义法治建设的进程。故复合型法治人才应当德法兼修,具备高尚的综合素质,恪守法律职业伦理。

四、新时代复合法治人才培养的模式探索

(一)目前我国部分高校关于复合法治人才培养的模式类型

目前,聚焦于复合法治人才的培养,不同高校的培养模式有所差异,主要形成了三种模式。第一种模式是"法科扶持发展模式"。部分传统法律专业类大学或者具有深厚文科底蕴的法学院,如中国政法大学、西南政法大学、中国人民大学法学院、武汉大学法学院等,通过设置专门的二级学院或挂靠研究院,以针对性的扶持战略推动法律与科技融合学科的快速发展。第二种模式是"法工交叉融合模式"。此模式由北京航空航天大学法学院、华中科技大学法学院等部分理工科大学的法学院所创设。这些法学院选择与校内优势新科技领域的工科学院建立紧密合作关系,共同开展复合型法律人才联合培养项目或者设立研究基地,进而推动法律与科技融合学科的研究和相关人才的培养。第三种模式则是多数大学的做法,学校或学院尚未形成扶持法律与新科技融合的顶层规划,而是由有兴趣的教师进行自由探索。② 上述培养模式各具特色,也各有局限。目前我国培养新时代复合型法治人才的各项条件都较为成熟,本书就复合型法治人才的培养模式提出以下探讨。

(二)新时代复合法治人才培养的探索

1. 本科阶段。本科阶段的学习通常为四年制,各高校应当结合自身院校优势学科和特色学科精细化设计培养方案。例如,北京航天航空大学、清华

---

① 孙笑侠:《法律家的技能与伦理》,载《法学研究》2001年第4期。
② 龙卫球:《新型复合型法律人才的需求趋势与培养模式》,载《西北工业大学学报(社会科学版)》2022年第2期。

大学等工科优势大学应当充分利用法工融合的优势条件,对接工信部、中央网信办、教育部、中国科协、最高人民法院等机构,成立一批融合型的重点基地和智库,以此作为法律与新科技融合研究的策源地,以及复合型法律人才培养的新型阵地。①同时应当细化具体的培养方案,合理利用"10+X"培养模式,有条件的高校还应推广"双学位双证"培养模式。财经类高校在开设基础法律学科的同时应当鼓励学生学习会计学、金融学、大数据与商务智能、人工智能与数据分析基础、证券法、财税法、保险法、房地产法、票据法等特色学科,对符合条件、达到标准的学生,经过申请可授予其第二学位证书。② 又如,西南政法大学"法学+"双学士学位复合型人才培养项目,该项目依据国务院学位委员会 2019 年出台的《学士学位授权与授予管理办法》开展,以学校法学一级学科博士学位授权点为依托,着力打造"法学+"复合型人才。该项目专业为法学,设置"法学+工商管理""法学+英语""法学+刑事科学技术""法学+公共事业管理"等培养组合,以培养具有良好的科学文化素养、法治理念、实践能力和创新精神的复合型人才。学生完成双学位项目的人才培养方案要求的学分并符合学士学位授予条件的,可获得西南政法大学法学专业本科毕业证书,被授予西南政法大学双学士学位。

2. 硕士研究生阶段。我国关于法学生硕士阶段的培养有多种类型,分为学术型硕士与专业型硕士,其中专业型法律硕士分为法律硕士(法学)与法律硕士(非法学),此外还存在全日制与非全日制的区分。目前我国关于复合型法治人才的培养较少关注硕士研究生阶段,事实上由于法律硕士(非法学)存在本科阶段其他学科的基础和背景,培养复合型知识人才的可行性更强。值得注意的是,各院校在培养复合法治人才时,应当设置各类实践性课程,以便培养学生思维方式的融合性以及综合的科学文化素养。

3. 博士研究生阶段。复合型卓越法治人才的培养除在本科阶段和硕士研究生阶段大有可为外,应当探索在国家急需的领域设置复合型法治人才培养的博士点,探索顶尖复合型法治人才的培养途径。例如,2020 年 6 月,中国

---

① 龙卫球:《新型复合型法律人才的需求趋势与培养模式》,载《西北工业大学学报(社会科学版)》2022 年第 2 期。

② 刘帷、李珺、伍晨:《"卓越法治人才"培养模式的创新与实践——以湖北经济学院法学专业为例》,载《湖北经济学院学报(人文社会科学版)》2021 年第 2 期。

石油大学(华东)文法学院获批建设能源治理与法律交叉学科博士点,以及该校自主设定的能源治理与法学专业相结合的博士学位,授课的大量师资来自理工科,更大程度上实现了学科交叉,有利于培养国家和地方所需要的能源法治建设人才,同时也打开了法学博士研究生的发展思路。总之,复合型卓越法治人才的培养并非一个院校、一个单位单独能够完成的任务,需要深化"政产学研用"五位一体的研究与教育模式,即将政府、产业部门、高校、研究机构和用人单位多方力量结合起来,共同为复合型卓越法治人才培养贡献力量。①

第三节 人才培养创新

一、互联网对法科学生职业能力培养的价值与挑战

"互联网+"代表着一种新的经济形态,在法律领域中的应用与变革显著且深远。随着大数据、云计算、人工智能等技术的飞速发展,法律服务逐渐实现了智能化、便捷化。在线法律咨询、电子合同、智能法律检索等应用日益普及,极大地提高了法律服务的效率和质量。

在为法律服务提供便利的同时,互联网科技的迅速发展也给法科学生职业能力的培养带来了价值和挑战。其价值在于,互联网可以提供丰富的法律资源和典型案例,有助于学生拓宽自我视野、提升实践能力。同时,在线学习平台、在线庭审等工具也促进了教学方式的创新,在法科学生的教育中已产生良好效果。然而,互联网技术带来的挑战也不容忽视。互联网信息的繁杂性和碎片化更考验学生筛选、鉴别信息的能力,对其辨别力和批判性思维提出了更高的要求。此外,网络安全和隐私保护也是法科学生需要给予关注的问题。因此,法科教育应充分利用互联网技术,结合传统教学方式,培养学生综合运用和处理信息的能力,加强其法律思维并提高其实践能力,以应对互联网时代的挑战。此外,应当加强网络安全和隐私保护教育,确保学生在掌握职业技能的同时,也具备良好的职业素养。

---

① 孟磊:《我国复合型卓越法治人才培养探究》,载《中国高教研究》2021年第11期。

(一)互联网技术对法科学生职业能力培养的价值

1. 信息获取与资源整合能力的提升。互联网技术为法科学生开启了一扇通向无尽知识的大门,涵盖了丰富的法律条文和案例库、法学课程在线学习平台等资源。这些资源使学生不必再受限于传统的面授课堂和图书馆,而是可以依托互联网资源,轻松获取国内外最新的法律法规、典型指导案例、前沿学术研究成果等目标资料。这种便捷性极大地降低了学生获取信息的难度,提高了学生的学习效率,使他们在短时间内能够掌握大量法律知识和信息。除此之外,学生还可以利用现代互联网技术中的搜索引擎、数据挖掘等检索技术对海量的信息进行筛选、整合和分析。这不仅锻炼了学生的信息检索能力,更培养了他们的批判性思维和信息处理能力。通过深入分析法律条文、案例细节,学生能够在比较和鉴别中形成自己的法律见解,为未来的法律实践打下坚实的基础。

2. 实践能力与创新思维的培养。互联网技术为法科学生提供了前所未有的实践机会,如线上模拟法庭、在线法律咨询、远程实习等,这些平台为学生们搭建了一个运用法律知识的广阔舞台。具言之,在线上模拟法庭中,学生可以扮演律师、法官等角色,亲身参与案件审理,熟悉法律程序,锻炼法律思维。[①] 在线法律咨询则让学生有机会提前接触实践中的疑难问题,提供法律咨询,使他们能够将理论知识应用于实际问题的解决。此外,在法律实习受到较大地域性限制的背景下,线上的远程实习提供了一个成本较低而效果不减的实习机会,使法科学生可以尝试处理各种法律事务。这些实践机会不仅让学生能够在实践中学习和运用法律知识,更提高了他们解决实际问题的能力。通过参与这些活动,学生可以更好地理解法律条文背后的逻辑和原则,掌握法律实务操作的技巧和方法。此外,互联网技术还为法科学生搭建了参与法律研究、案例分析、项目合作等活动的平台。通过这些活动,学生可以深入了解相关领域的前沿问题,与同行进行交流和合作,培养创新思维和团队协作能力。

---

① 郭晶:《论"雨课堂"技术下的全参与式模拟法庭教学法》,载《法学教育研究》2020年第1期。

值得一提的是,互联网技术还为法科学生提供了探索新兴领域法律问题的机会。随着科技的不断发展,网络安全法、数据保护法、人工智能法律等新兴法律领域逐渐显现。学生可以利用互联网技术,了解这些新领域的法律需求和发展趋势,进行跨学科研究和实践,拓宽未来的法律职业发展道路。

3.沟通交流与协作能力的提高。互联网技术使远程沟通与合作变得简便可行,为法科学生提供了与前辈、专家进行深入交流的机会。通过电子邮件、在线会议等便捷的沟通方式,学生们可以跨越地域限制,与专家学者即时互动,分享学术见解,研讨法律难题。这种交流不仅拓宽了学生的认知视野,更让他们能够站在更高的维度审视法律问题,提升了其法律思维的高度,拓展了其法律思维的广度。不仅如此,互联网技术还为法科学生提供了丰富的团队协作工具,如项目管理软件、共享文档等。通过这些工具,学生可以更加高效地进行协作分工和项目合作,实现信息的实时共享和协同编辑。这不仅提高了团队协作的效率,更在无形中锻炼了他们的沟通能力,塑造了协作精神。互联网技术还有助于培养学生的跨文化交流能力。在全球化的今天,比较法研究往往涉及不同国家和地区的法律体系和文化背景,通过参与国际法律交流项目、合作研究等活动,学生们可以深入了解各国的法律文化和法律实践,拓宽自己的国际视野并提升跨文化交流能力。

(二)互联网技术对法科学生职业能力培养的挑战

1.信息过载与真伪难辨挑战。"互联网+"计算机信息处理技术存在三个主要问题,分别是信息安全威胁、信息筛选低效、信息存储空间受限。[①] 面对海量的法律信息,法科学生往往很难从众多的论文、期刊、专著中筛选出符合检索目标的资源。在这种情况下,学生不仅会耗费大量的时间和精力,还可能因为误信错误、过时的讯息而导致进入误区。过量的信息如果没有得到及时有效的整合和应用,很可能会成为学生的一种负担,学生难以系统、深入、全面地学习法学基础知识,不利于培养其职业能力,也难以解决实践问题。

---

① 曾红霞、王林波:《基于"互联网+"的计算机信息处理技术研究》,载《数字通信世界》2020年第2期。

2. 网络安全与隐私保护挑战。当今，由于互联网信息传播具有交互性强、覆盖面广和发布门槛低等特点，公民的安全意识面临着敌对势力思潮的冲击以及网络渗透的危险和威胁。[①] 法科学生肩负着未来维护社会网络安全、保护公民个人隐私的重任。正因如此，法科学生自身对于网络安全和隐私保护的理解需要达到更深的层次。

因此，在职业能力培养中，加强网络安全教育势在必行。学校和教育机构应当将网络安全作为法律教育的重要内容之一，通过增设课程、开展讲座等方式，提高学生的网络安全意识。同时，学校和教育机构应当引导学生学会利用权威的法律数据库、学术期刊等资源，提高他们的信息筛选能力和真伪辨识能力。

此外，为了给学生提供一个安全、可靠的网络学习环境，各高校也需要加强校园网络的建设和管理，确保网络的安全性和稳定性。同时，高校还可以与实务部门合作，建立多元化的实践基地，为学生提供更多的实践机会和实践经验，让他们在实践中更深入地理解和应用法律知识。

3. 技术更新与适应能力挑战。技术更新速度之快，要求法科学生必须保持持续学习的状态。这一挑战主要源于互联网时代下，科技与法律交叉领域的迅猛发展。在过去，法科学生的学习主要围绕传统的法律关系、法律规定和典型案例展开，他们通过教材和课堂教学来系统掌握法律知识。然而，在互联网时代，技术的日新月异使法律领域也在不断地拓宽和深化。区块链、人工智能、大数据等新兴技术不仅催生了新的法律应用场景，还推动了传统法律理论和立法司法实践的创新发展。对于法科学生来说，这意味着他们不能囿于传统的法律课程和知识体系，而是要积极拥抱新技术，不断学习和掌握这些技术，积极推进新技术在法律领域的应用。例如，他们需要了解区块链技术在智能合约、版权保护和证据存证等方面的法律应用，以及发挥人工智能在法律咨询、案件分析和法律决策支持等方面的作用。此外，随着大数据技术的不断发展，法科学生还需要掌握数据挖掘和分析的技能，以便能够从海量的法律数据中提取有价值的信息，为法律实践提供数据支持。

---

① 崔杰祥：《网络社交媒体信息对大学生国家安全意识影响研究》，载《网络空间安全》2023年第1期。

不仅如此,互联网环境下的法律实践对法科学生的适应能力提出了更高要求。在过去的法律实践中,律师和法官等主要依托于书面文件来处理案件。然而,在互联网时代,法律实践的环境和方式都发生了巨大的变化。越来越多的法律服务开始转向在线化、电子化,如在线法律咨询、电子文档处理、在线法庭等新型法律实践方式逐渐兴起。这种变化要求法科学生具备较强的信息收集能力和计算机操作能力。他们需要熟练掌握各种办公软件、法律数据库和网络工具,以便能够高效地处理电子文档、进行在线法律研究和提供远程法律服务。此外,他们还需要适应互联网环境下的沟通方式,如通过电子邮件、即时通信工具和视频会议等方式与当事人、同事或法官进行有效沟通。法学教育需要以法学和智能科技深入融合的方式创新人才培养模式,利用大数据、网络技术进行教学,在现有法学课程中开设数据法学类课程,设置人工智能法学、网络法学学科,以培养"互联网+"的复合型法治人才。①

二、区块链技术对法科学生职业能力培养的价值与挑战

区块链技术是一种去中心化、分布式、不可篡改的数据存储和传输技术,其以链式数据结构为基础,通过密码学保证数据传输和访问的安全。它允许多个参与者在没有中心化的第三方机构的干涉下达成共识,并且所有数据都是公开的、透明的。这种技术可以被用于多种场景,如数字货币交易、供应链管理、电子投票等。区块链中的每个数据块都包含了一定的信息,包括交易信息、时间戳、链上地址等,并且每个数据块都被数字签名和加密算法保护,以确保其完整性和真实性。每个数据块都按照时间顺序被链接在一起,形成一个不可篡改的数据链,其中的每个数据块都被称为"区块",而整个数据链被称为"区块链"。在法律领域,区块链技术的应用还处于探索和发展阶段,但已经展现出了一些潜在的应用场景。区块链算法改变了传统法律下的担保与信用机制。智能合约是区块链算法的核心,也是区块链技术对传统法律制度冲击最大的部分。区块链算法应当在传统法律框架下运行,应坚持依法

---

① 王渊、吴双全:《"互联网+"时代法学教育变革研究》,载《高教探索》2019 年第 7 期。

治链与"以链治链"相结合。①

借鉴金融领域应用区块链的经验,教育领域的区块链主要体现为六大应用模式:建立个体学信大数据、打造智能化教育淘宝平台、开发学位证书系统、构建开放教育资源新生态、实现网络学习社区"自组织"运行以及开发去中心化教育系统。② 传统的法律教育常受限于纸质记录和中心化管理,而区块链技术为法律教育带来了全新的可能性。通过区块链,学历证书、法律文件等可以安全存储并可验证其真实性,智能合约则能帮助学生更直观地理解法律条款的执行。这一技术的应用背景在于数字时代对法律教育效率和透明度的追求,以及对未来法律职业者技能培养的前瞻性思考。

(一)区块链技术对法科学生职业能力培养的价值

1. 区块链智能合约前景广阔。区块链智能合约在法律教育领域正逐渐展现出巨大的潜力。智能合约作为基于区块链技术的自动化协议,不仅具备自动执行和验证合约条款的能力,而且由于其透明性、不可篡改性和去中心化的特性,为法律教育带来了前所未有的变革。当事人发布智能合约是可以变更权利义务的意思表示行为。在现行法下,仍应将智能合约的发布及其代码执行行为认定为法律意义上的合同。③ 在法律教育的实践中,智能合约可以被应用于多个场景。

首先,它可以用于创建和管理学习合同。这些合同可以详细规定学生的学习目标、时间表、评估标准以及完成课程后应获得的证书或资格。通过智能合约,这些条款可以被自动执行和验证,确保双方都遵守了合同的规定,从而减少了因误解或欺诈而产生的争议。其次,智能合约在课程版权保护方面也发挥着重要作用。在传统的法律教育中,版权问题一直是一个棘手的问题,但智能合约可以为版权所有者提供一种有效的保护手段。通过智能合约,教育者可以设定特定的访问和使用权限,只有符合条件的学生或机构才能访问和使用课程材料。任何未经授权的访问或使用都会触发合约的自动

---

① 赵磊:《区块链技术的算法规制》,载《现代法学》2020 年第 2 期。
② 杨现民等:《区块链技术在教育领域的应用模式与现实挑战》,载《现代远程教育研究》2017 年第 2 期。
③ 陈吉栋:《智能合约的法律构造》,载《东方法学》2019 年第 3 期。

执行机制,从而对侵权行为进行惩罚。最后,智能合约还可以用于学生的成绩管理。通过智能合约,学生的成绩可以被自动记录、计算和验证,确保成绩的准确性和公正性。同时,智能合约还可以设定特定的奖励和惩罚机制,激励学生努力学习并遵守学校的规章制度。

2. 培养法科学生交叉学科思维。区块链作为一种新兴的、跨学科的技术,具有天然的交叉学科特性。智能合约、监管区块链以及区块链存证等区块链技术在法律行业的运用突出展现了新时代法学教育应以交叉性、团队式、实务型为宗旨,培养适应时代需求的复合型法治人才。① 在法科教育中,引入区块链技术可以帮助学生培养交叉学科思维,提高学生的综合素质和适应能力。首先,区块链技术涉及计算机科学、密码学、经济学、法学等多个学科领域。在法科学生教育培养体系中,适当引入区块链技术可以帮助学生了解这些学科领域的基本原理和最新发展,促进他们对跨学科知识的理解和掌握。这种跨学科的学习有助于打破传统一级学科之间的壁垒,让学生能够运用交叉学科思维,从多个角度分析和解决问题。其次,通过学习区块链技术,法科学生可以以区块链技术的中心化、透明性、不可篡改性等特点作为出发点和创新点,探索区块链技术在法律领域的应用场景,如智能合约、数字身份认证、电子证据等,这些应用有助于提高法律服务的效率和公正性。最后,培养交叉学科思维有助于法科学生更好地适应未来的职业发展。随着科技的不断进步和社会的不断发展,法律领域对于跨学科人才的需求越来越大。拥有跨学科融合思维的法科学生在未来的职业道路上将更具竞争优势,更能顺应时代的发展潮流。

总之,区块链技术在法律教育中的应用还处于起步阶段,但随着技术的不断发展和应用场景的不断拓展,其在法律教育中的应用潜力将逐渐显现出来。未来的法律教育可以借助区块链技术,提高信息的可信度和透明度,减少管理和验证成本,促进跨学科研究和实践,培养高素质的法治人才。

---

① 阮晨欣、刘艳红:《大数据司法领域对法学教育的渗透与影响——以区块链技术的法律行业运用为视角》,载《法学教育研究》2020年第1期。

(二) 区块链技术对法科学生职业能力培养的挑战

1. 技术背景和理论知识欠缺。作为近年来兴起的一种颠覆性技术,区块链技术融合了计算机科学、密码学、经济学等多个复杂领域的知识。对于不具有理工科背景的法科学生来说,想要理解并掌握这些技术知识,确实可能会面临较大的挑战。区块链技术的专业性和跨学科性要求法科学生必须具备一定程度的计算机技术和密码学基础。然而,由于法学与这些学科在知识体系和方法论上存在较大的差异,法科学生往往需要从基础开始学习相关的概念和原理。例如,他们需要了解区块链的基本架构、共识机制、加密算法等核心技术,以及这些技术如何保障数据的不可篡改性和去中心化等特性。且法科学生学习区块链技术不仅是为了理解其技术原理,更重要的是要能够将其与法律领域相结合。这就对法科学生应具备的跨学科思维和实践能力提出了较高要求,法科学生应从法律的角度审视区块链技术的应用场景和潜在风险,并提出配套的法律应对之策。如在智能合约、数字身份认证、数据隐私保护等领域,法科学生需要思考如何运用法律来规范区块链技术的使用和发展。

2. 相关法律与监管的不确定性。当前,与区块链相关的法律法规和监管政策尚存在许多空白和不确定性,区块链技术与相关法律法规体系之间的融合仍在探索之中。对于法科学生而言,这种不确定性增加了处理区块链相关法律问题的难度。他们不仅要深入理解区块链技术的原理和应用,还要努力将这些技术与现有的法律体系进行对接。然而,由于法律法规的滞后性和监管政策的不确定性,法科学生往往难以找到明确的法律依据来指导他们的实践。为了应对这种不确定性,法科学生需要保持高度的敏感性和警觉性,且必须时刻关注与区块链相关的法律法规的更新和变化,以便及时了解最新的法律动态和监管要求。同时,他们还需要深入研究这些法律法规背后的立法目的和监管思路,以便更准确地把握法律的精神和指引。

三、ChatGPT 对法科学生职业能力的价值与挑战

ChatGPT 是一种基于 GPT(Generative Pre-trained Transformer)模型的大型语言模型,是人工智能研究实验室 OpenAI 推出的一种由人工智能技术

驱动的自然语言处理工具。它采用 Transformer 神经网络架构(一种处理序列数据的模型),具备语言理解和文本生成能力。ChatGPT 会通过链接大量的语料库的方式来训练模型,使其几乎无所不知,还能根据聊天的上下文语境进行互动,几乎能够与人类进行无障碍交流。ChatGPT 不仅仅是聊天机器人,还能够同时进行撰写邮件、编辑视频脚本、编辑文案、翻译、写代码等任务。ChatGPT 依托大量的文本数据进行预训练,可以准确理解并捕捉到文本数据中的规律和文义信息,从而能够根据输入生成具有逻辑和连贯性的文本回复。因此,ChatGPT 具有非常广泛的应用领域,可以应用于客户服务、教育培训、智能客服、娱乐等方面。然而,ChatGPT 并不能完全替代人类的智识和经验,因此在使用 ChatGPT 的过程中需要保持极为审慎和理性的态度。

(一)ChatGPT 对法科学生职业能力培养的价值

1.提高法律研究效率。ChatGPT 在法律文献和案例的搜索、整理和分析方面具有显著的价值。传统的法律研究过程往往烦琐且耗时久,涉及大量的文献整理和案例比较。ChatGPT 具备强大的搜索能力,可以极大地简化这一过程。通过自然语言处理技术,ChatGPT 能够精准理解法科学生的检索意图,并快速地从海量的法律文献和案例中检索出相关信息。这不仅节省了学生在不同数据库和平台间切换的时间,还能确保搜索结果的相关性和准确性。此外,ChatGPT 在整理法律文献和案例方面表现优异,它能够自动提取关键信息,如案件事实、法律依据和裁判结果,并将其以结构化、可视化的形式呈现。这有助于学生快速掌握案例的核心要旨,避免了手动整理信息的烦琐过程。不仅如此,ChatGPT 还能辅助法科学生进行法律理论分析,通过对相关文献和案例的深度调研,ChatGPT 能够识别出法律原则、规则和具体事实之间的内在联系,为学生提供深入的法律见解。这有助于学生在研究过程中提出新的问题和观点,进而强化他们的法律思维并提升他们的研究水平。

2.辅助法律决策。在协助法科学生对法律问题进行深入理解和分析的过程中,ChatGPT 的自然语言处理技术展现出了卓越的能力,为法律决策提供了有力的支持。在法律领域,实务问题的复杂性和多样性常常使学生的理解和分析变得困难。借助 ChatGPT 先进的自然语言处理技术,学生能够深入解析法律问题的内在逻辑和关联。ChatGPT 可以理解和诠释法律条文的不同含义,把握案例的核心要点,从而协助法科学生更全面地理解法律问题。

此外,ChatGPT还能够根据已知的法律原则和案例,为法科学生提供更为深入的见解。它能够层次化地分析不同法律原则之间的关联和冲突,帮助学生分析各种可能的法律解释和适用情况。这使学生在面对复杂的法律问题时,能够作出更准确、全面的决策。更重要的是,ChatGPT还可以模拟法律专家的思维过程,为法科学生提供决策支持。它可以根据输入的法律问题,生成逻辑清晰、易于理解的解答和建议,因此学生在借助ChatGPT进行法律决策时,能够迅速明确问题的关键点,把握决策的方向和依据。

(二)ChatGPT对法科学生职业能力培养的挑战

ChatGPT预示着强人工智能时代的到来。但人工智能的底层运作原理决定了它只是一款运算程序和学习模型,并不具有人类的自我意识和自由意志。对于法律职业活动而言,反思能力与道德能力必不可少,因此ChatGPT将取代法律人无疑是一种虚假的假设。真正的挑战在于,ChatGPT可能会导致使用者思维的庸化和道德的钝化,使其逐渐封闭自我意识,放弃自由意志,造成法律人主体性的消解,这不利于法科学生职业能力的提升。ChatGPT在未来可能展现的最大威胁是法律实践内在意义的消解,以及技术文明取代法律文明(人的文明)的可能性。①

1. 隐私与数据保护问题。法科学生在使用ChatGPT处理法律问题时,应当首要考虑:ChatGPT作为一种智能语言模型,可能需要接触和处理大量不特定的敏感信息,这些信息包括但不限于个人隐私、商业机密、客户与律师之间的保密通信甚至是国家秘密。这些信息一旦泄露或被不当使用,会对个人权益、市场经济乃至国家利益造成严重损害。ChatGPT这种基础模型的同质化与编辑的便利性使其极易被推广适用并与其他领域的风险叠加,造成系统性的社会风险。② 因此,如何确保隐私和数据安全成为ChatGPT应用于法律领域所面临的首要挑战。对于法科学生而言,由于其在今后的职业生涯中所

---

① 雷磊:《ChatGPT对法律人主体性的挑战》,载《法学》2023年第9期。
② 戴杕:《ChatGPT:人工智能的通用性发展及其法律规制》,载《西南政法大学学报》2023年第4期。

涉及的案件、数据等常常关乎个人隐私、公共利益乃至国家机密,一旦在使用ChatGPT时疏忽泄密,将很可能被第三方主体不当利用,产生不必要的风险。

2. 学术规范问题。ChatGPT等人工智能工具可以帮助学生快速生成论文和其他学术作品,但这也可能导致学生过度依赖这些工具,忽视对学术规范和引用规则的学习和遵守。例如,学生在写作过程中可能出现抄袭、剽窃等学术不端行为,这种行为不仅违反了学术道德,损害了学术的公正性和严肃性,也不利于提升法科学生的逻辑思维能力、法律写作能力等。ChatGPT等人工智能工具的使用也可能使一些法科学生在写作过程中忽视对原始数据和文献的深入理解和分析,只是简单地利用这些工具来生成结论。这种行为可能导致学生的学术能力下降,对法律知识的理解和运用能力也会受到影响。

3. 人工智能的技术局限性。ChatGPT在法律领域具有广泛的应用前景,能够为用户提供法律咨询、文件起草、案例研究等多方面的服务,但其仍存在一定的局限性,无法完全替代人类法律专家的经验和判断。在处理复杂的法律问题时,人类专家能够运用自己的专业知识和经验,对问题进行深入的分析和判断,而ChatGPT可能仅提供表面的、一般性的建议。法律领域涉及大量的法律条文、案例和司法解释,这些都需要深入的理解和研究。人类法律专家在长期的学习和实践中,对这些内容有了深入的理解和把握,能够准确地运用它们来解决实际问题。ChatGPT虽然可以访问大量的法律数据,但其理解和运用这些数据的能力还有待提高。

此外,法律领域还涉及许多伦理、道德和社会价值观的问题。在处理这些问题时,人类法律专家能够根据自己的价值观和判断作出符合社会公共利益和公序良俗的决策。ChatGPT作为一个机器模型,缺乏这方面的能力和敏感度。

因此,尽管ChatGPT在法律领域具有广泛的应用前景,能够为人们提供便捷、高效的法律服务,但它仍无法完全替代人类法律专家的判断和经验。在未来的法律实践中,ChatGPT可以作为人类法律专家的辅助工具,帮助他们更好地处理法律问题,但不能完全取代他们的地位和作用。